BANQUES CENTRALES, DERNIER REMPART CONTRE LA DÉFLATION

PERSPECTIVES 2014-2015

avril 2014

sous la direction de Xavier Timbeau

PERSPECTIVES 2014-2015

avril 2014

ofce

Revue de l'OFCE / *Analyse et prévisions*

OFCE

L'Observatoire français des conjonctures économiques est un organisme indépendant de prévision, de recherche et d'évaluation des politiques publiques. Créé par une convention passée entre l'État et la Fondation nationale des sciences politiques approuvée par le décret n° 81.175 du 11 février 1981, l'OFCE regroupe plus de 40 chercheurs français et étrangers. « Mettre au service du débat public en économie les fruits de la rigueur scientifique et de l'indépendance universitaire », telle est la mission que l'OFCE remplit en conduisant des travaux théoriques et empiriques, en participant aux réseaux scientifiques internationaux, en assurant une présence régulière dans les médias et en coopérant étroitement avec les pouvoirs publics français et européens. Philippe Weil a présidé l'OFCE de 2011 à 2013, à la suite de Jean-Paul Fitoussi, qui a succédé en 1989 au fondateur de l'OFCE, Jean-Marcel Jeanneney. Le président de l'OFCE est assisté d'un conseil scientifique qui délibère sur l'orientation de ses travaux et l'utilisation des moyens.

Publication
Jean-Luc Gaffard et Henri Sterdyniak (directeurs de la publication),
Laurence Duboys Fresney (secrétaire de rédaction),
Najette Moummi (responsable de la fabrication)

Contact
OFCE, 69 quai d'Orsay 75340 Paris cedex 07
Tel. : +33(0)1 44 18 54 87
mail : revue@ofce.sciences-po.fr
web : www.ofce.sciences-po.fr

Dépôt légal : mai 2014 ISBN : 978-2-312-02187-4
N° ISSN 1265-9576 – ISSN en ligne 1777-5647 –

Sommaire

PERSPECTIVES 2014-2015

sous la direction de Xavier Timbeau

PRÉVISIONS

FICHE THÉMATIQUE ET FICHES PAYS

ÉTUDES SPÉCIALES

Avertissement

Ce numéro spécial sur les prévisions est composé de plusieurs articles qui peuvent être lus indépendamment. Le premier article présente le scénario de prévision pour l'ensemble du monde et le deuxième pour la zone euro. Le troisième article détaille l'analyse conjoncturelle de la France. Des fiches pays et thématiques suivent ces trois articles, détaillant d'autres zones géographiques.

Une étude spéciale porte sur la politique monétaire et les mesures non conventionnelles prises par les banques centrales. Elle s'intitule : « Politiques monétaires : normalisation ou divergence ? ».

Un article écrit par Mahito Uchida analyse plus spécifiquement le cas de la politique monétaire du Japon. Il a pour titre : " Towards the end of deflation in Japan? Monetary policy under Abenomics and the role of the central bank".

Insérés dans cette prévision, 7 encadrés abordent des points spécifiques.

Enfin, le débat sur les perspectives économiques permet de confronter les analyses de l'OFCE à celles de Paola Monperrus-Veroni et de Xavier Ragot.

Partie 1

PRÉVISIONS

BANQUES CENTRALES, DERNIER REMPART CONTRE LA DÉFLATION

PERSPECTIVES 2014-2015 POUR L'ÉCONOMIE MONDIALE

Département analyse et prévision[1], sous la direction de Xavier Timbeau

Six ans après le déclenchement de la récession, peu de pays ont rattrapé le niveau d'activité de 2008. Le double choc de la récession en 2008 et en 2009 et des politiques de consolidation budgétaire mises en place à partir de 2010 pour réduire les déficits hérités de la première phase de la crise ont plongé les économies dans un *double dip* dont elles ne sont toujours pas sorties.

Les politiques monétaires très accommodantes se sont efforcées d'atténuer l'effet récessif des plans d'austérité, mais la zone euro, confrontée à la violence de la crise des dettes souveraines, n'a pas bénéficié de la stabilité financière des États-Unis. Les politiques de rigueur y ont provoqué une deuxième récession au moment où les multiplicateurs étaient élevés. Les objectifs initiaux de réduction des déficits n'ont pas été atteints, les marchés n'ont pas été rassurés et les taux d'intérêt n'ont pas reculé. La rigueur a donc été accentuée.

Un pas vers la résolution de la crise des dettes souveraines a été accompli par la Banque centrale européenne, avec les déclarations de son président en juillet 2012 (*The ECB is ready to do whatever it takes to preserve the euro*) et la création du dispositif d'Opérations Monétaires sur Titres en septembre, qui ont convaincu les marchés et permis la baisse des taux.

En 2013, la zone euro est sortie de la récession. Mais la « vraie » reprise se fera attendre. En 2014 et en 2015, la croissance restera molle de part et d'autre de l'Atlantique. D'abord parce que les politiques budgétaires resteront restrictives, même si elles le seront moins que par le passé. Ensuite parce que le ralentissement de l'inflation, et même la menace d'une entrée en déflation, réévaluent les taux réels d'aujourd'hui et de demain. Enfin parce que les pays émergents subissent plus qu'ils n'impulsent la croissance mondiale.

---

1. Ce texte synthétise l'analyse de la conjoncture menée par le département analyse et prévision de l'OFCE au printemps 2014. Il a été rédigé par Céline Antonin, Christophe Blot, Sabine Le Bayon, Hervé Péléraux, Christine Rifflart, Danielle Schweisguth et Xavier Timbeau. Il s'appuie sur le travail d'une équipe dirigée par Xavier Timbeau et composée de Céline Antonin, Christophe Blot, Marion Cochard, Bruno Ducoudré, Amel Falah, Éric Heyer, Sabine Le Bayon, Catherine Mathieu, Hervé Péléraux, Christine Rifflart et Danielle Schweisguth. Il intègre les informations disponibles au 11 avril 2014.

1. Cheminements divergents

La Grande Récession qui s'est engagée au début de 2008 après l'éclatement de la crise financière à l'été 2007 laisse aujourd'hui les économies de nombreux pays développés dans un état désastreux. Au quatrième trimestre 2013, seuls les États-Unis, le Japon et l'Allemagne ont dépassé le niveau de PIB par tête d'avant le déclenchement de la crise (graphique 1). Pour ces pays, la croissance du revenu par tête aura été en moyenne sur les six dernières années nulle ou presque. L'Europe n'a pas connu ce rebond. Pour le Royaume-Uni et la zone euro, les pertes de revenu par tête sont encore de l'ordre de 5 %. L'Italie et l'Espagne sont les plus affectées : le PIB par tête s'y est effondré d'environ 10 % depuis le début de 2008. La France est dans une position intermédiaire, avec un recul de l'ordre de 4 %.

Ces disparités résultent d'abord des mécanismes différenciés de propagation de la récession initiale aux économies qui ont relativement protégé certains pays et au contraire accentué le choc dans d'autres. L'Allemagne et le Japon par exemple, plus ouverts au commerce international, ont davantage subit la contraction des échanges mondiaux que la France, l'Espagne ou les États-Unis dont la croissance reposait davantage sur la demande intérieure. L'éclatement de bulles immobilières (principalement en Espagne et aux États-Unis) et la spécialisation dans la finance (comme au Royaume-Uni et en Irlande) ont aggravé l'impact de la crise. Le niveau de protection sociale propre à chaque pays, tout comme les réponses apportées à la crise, ont également joué sur l'intensité de la récession. Ainsi, les stabilisateurs automatiques ont été plus actifs en France qu'au Royaume-Uni.

Mais la différence des politiques économiques menées pour contrer la récession explique aussi que tous les pays n'aient pas été touchés au même degré. Les États-Unis ont été les plus prompts à réagir, avec la mise en place de plans de relance massifs dès 2008, équivalant à une impulsion cumulée de près de 7 % du PIB en 2008 et en 2009 (tableau 1). Au sein des pays industrialisés, les États-Unis affichent les pertes de production les moins fortes, avec un recul du PIB par tête de 4,7 % entre le premier trimestre 2008 et le deuxième trimestre 2009.

Graphique 1. PIB par tête en volume des pays industrialisés

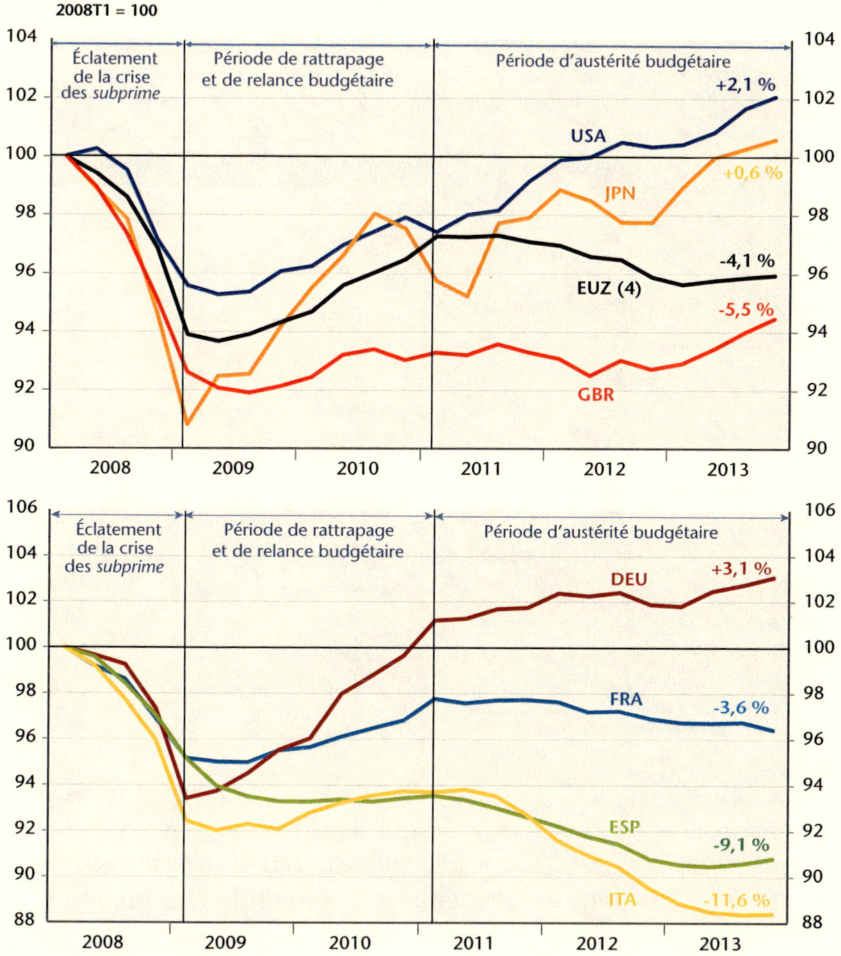

Sources : Comptabilités nationales, calculs OFCE.

Par rapport aux États-Unis, le Japon, le Royaume-Uni et la zone euro dans son ensemble ont mis en place plus tardivement le soutien de l'activité, avec pour conséquence des pertes de production plus prononcées au cours de la récession. C'est en 2009 que les impulsions budgétaires sont devenues significativement positives, mais elles sont restées très en deçà de celles engagées outre-Atlantique. L'impulsion au Royaume-Uni a été en retrait de un point sur celle affichée aux États-Unis et celle de la zone euro deux fois plus faible. Au sein de la zone euro, les réponses de politique économique ont aussi été très différentes entre l'Allemagne ou l'Italie, où le volontarisme a été très faible, et l'Espagne ou la France qui se différencient par des impulsions initialement plus fortes avec, pour corollaire, des pertes de production moins importantes.

Tableau 1. Impulsions budgétaires dans les pays développés

En points de PIB

	2008-2009	2010-2013	2014	2015	2008-2015
DEU	0,7	-0,8	0,3	0,1	0,3
AUT	-0,1	-2,6	-0,4	-0,3	-3,5
BEL	2,5	-1,8	-0,5	-0,9	-0,6
ESP	4,4	-7,7	-0,6	-0,6	-4,4
FIN	1,2	-0,2	-0,2	-0,2	0,6
FRA	2,6	-4,7	-0,7	-0,6	-3,4
GRC	6,0	-19,4	-1,3	-0,9	-15,7
IRL	5,1	-10,1	-1,8	-1,1	-7,9
ITA	1,0	-4,1	0,4	0,0	-2,8
NLD	3,8	-3,8	-0,9	-1,0	-1,9
PRT	5,5	-9,8	-0,5	-0,5	-5,3
EUZ 11	2,1	-3,9	-0,2	-0,3	-2,3
USA	6,8	-5,0	-1,0	-0,7	0,1
GBR	3,4	-6,8	-0,7	-0,7	-4,8
JPN	3,9	2,1	-1,6	-2,1	2,3

Sources : Comptabilités nationales, calculs OFCE.

Sollicitées par les plans de relance et le jeu des stabilisateurs automatiques, les finances publiques sont sorties exsangues de la récession de 2008-2009. Les réponses hétérogènes des gouvernements face à la montée du déficit et de l'endettement publics a ensuite déterminé le cheminement des économies jusqu'à aujourd'hui. En zone euro la crise des dettes souveraines a conduit à un scénario particulier.

Dès 2010, les politiques budgétaires ont pris un tour restrictif dans la majorité des pays. La politique de rigueur a été plus intense aux États-Unis qu'en zone euro après 2009, avec des impulsions négatives cumulées de respectivement -5 et -3,9 points de PIB sur la période 2010-2013. Apparemment, les PIB des deux zones ont suivi des trajectoires divergentes, sans effet de l'austérité sur celle des États-Unis, avec un impact marqué sur celle de la zone euro qui, de fait, est à nouveau entrée en récession 2011. Les réponses différentes des politiques monétaires d'accompagnement de l'assainissement budgétaire expliquent en partie ces différences de trajectoire. Les États-Unis ont adopté d'emblée des mesures de politique monétaire non-conventionnelles consistant à racheter des titres publics ou à les garantir par l'État pour désamorcer la défiance des marchés, contenir la hausse des taux et maintenir des conditions de financement de l'économie qui n'étouffent pas la croissance.

Mais c'est l'examen des écarts de production qui réconcilie les trajectoires des États-Unis et de la zone euro (graphique 2). Aux États-Unis, comme en zone euro, les écarts de production se sont creusés en 2013 et sont très importants. Ceci est confirmé par le niveau du chômage ou, plus précisément, des taux d'emplois, puisqu'aux États-Unis la baisse récente du chômage s'explique presque entièrement par la baisse des taux d'activité de la main-d'œuvre (voir fiche pays États-Unis). C'est cette situation qui alimente aujourd'hui les craintes d'une déflation.

Graphique 2. Écart de production des pays industrialisés

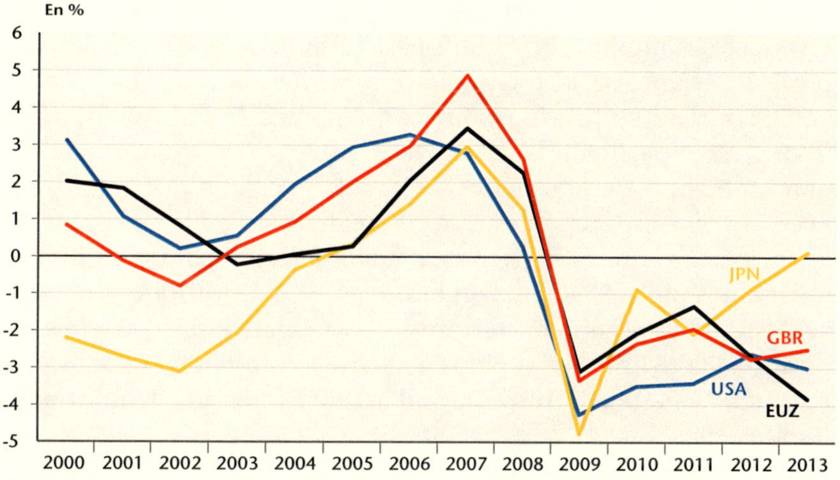

Source : OCDE.

Contrastant avec la stabilité financière des États-Unis favorable à la croissance, la crise financière a fait rage à partir du printemps 2010 en zone euro, quand l'éclatement de la crise grecque a gagné les petits pays, puis l'Espagne et l'Italie, et finalement menacé la zone euro d'éclatement. Du fait de la défiance des marchés, les taux sur la dette publique de ces pays sont montés en flèche, laissant les États en difficulté au bord de l'insolvabilité (graphique 3).

Graphique 3. Taux d'intérêt publics dans la zone euro

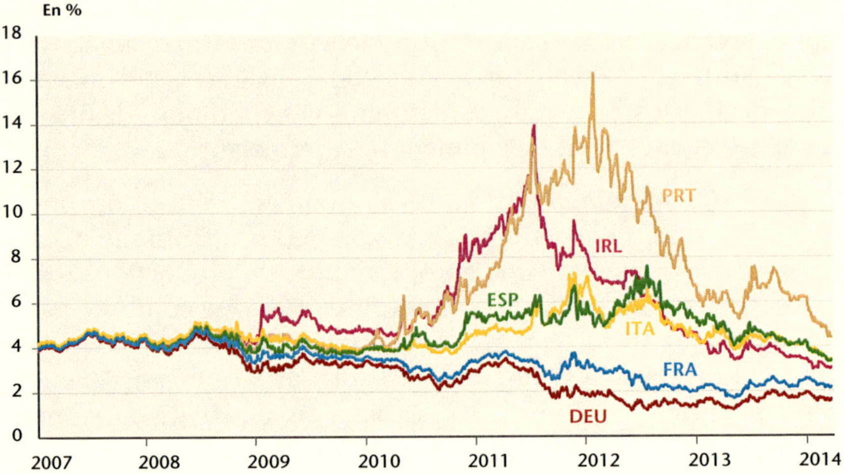

Source : Datastream.

La réaction initiale a été d'accentuer la restriction budgétaire en zone euro afin de rassurer les marchés financiers et de tenter de retrouver des taux d'intérêt plus bas. La montée en flèche des taux d'intérêt, couplée à la fragmentation structurelle des marchés de crédit en zone euro, a eu pour conséquence la montée des taux privés, en particulier pour les entreprises non-financières (graphique 4). La combinaison de ces deux éléments a accentué la récession en zone euro et est à l'origine du double plongeon (*double dip*) de l'économie. La recherche de taux plus bas par des politiques budgétaires plus restrictives au moment où les multiplicateurs sont élevés n'a pas permis de retrouver la confiance des marchés. Ce n'est pas la crédibilité des plans d'ajustement qui a fait défaut mais leurs conséquences en termes d'activité qui en démontraient l'inefficacité.

La Commission européenne avait vu dans les politiques budgétaires restrictives le moyen d'engager un processus de réduction des déficits qui rassure les marchés, qui permette d'obtenir une baisse des taux souverains et finalement favorise les conditions d'une reprise. En partant du principe que les multiplicateurs étaient faibles, la correction des déséquilibres des finances publiques ne devait pas être trop coûteuse en termes de croissance, surtout en présupposant comme acquis l'effet de la baisse des taux d'intérêt sur l'activité.

Graphique 4. Taux d'intérêt aux entreprises dans la zone euro*

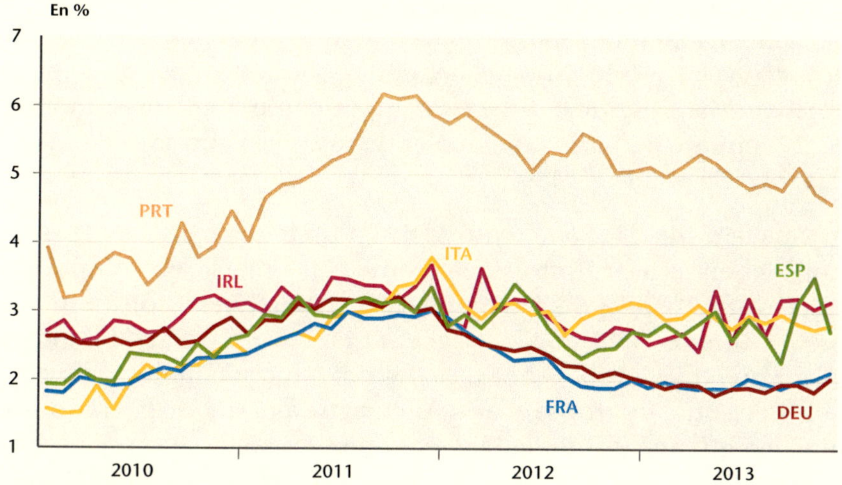

* Sur les prêts de plus de 1 million d'euro.
Source : Banque centrale européenne.

Les autorités européennes, et principalement la Banque centrale européenne, se sont efforcées de trouver les réponses pour désamorcer la crise. Elles ont consisté à mutualiser les risques au sein de la zone, avec la mise en place en mai 2010 du FESF (Fonds européen de stabilité financière) puis du MES en septembre 2012 (Mécanisme européen de stabilité). Conçus comme des fonds commun de créance, ces entités visent à assurer, avec la garantie des États membres, le financement des États en difficulté qui ne peuvent plus emprunter sur les marchés financiers à des taux soutenables. À partir de mai 2010, la crainte d'un emballement de la crise grecque a conduit la BCE à intervenir sur les marchés secondaires de dette publique dans le cadre du SMP (*Securities Market Program*). En septembre 2012, le SMP laisse place à l'OMT (*Outright Monetary Transactions* ou Opérations Monétaires sur Titres). Ce dispositif permet également à la BCE d'acheter sur le marché secondaire des titres publics, mais en ne fixant aucune limite à ses interventions et en conditionnant son action à la mise en œuvre d'un plan d'assainissement des finances publiques dans le cadre du MES. Finalement, la situation a radicalement changé après la déclaration, le 26 juillet 2012, de Mario Draghi qui s'est engagé à faire « tout ce qui sera nécessaire[2] » pour préserver l'euro, après la mise

2. "*Within our mandate, the ECB is ready to do whatever it takes to preserve the euro. And believe me, it will be enough.*" Mario Draghi, http://ftalphaville.ft.com//2012/07/26/1096961/draghi-on-that-transmission-mechanism/

en place en septembre d'un dispositif plus ambitieux que le programme SMP et après le démarrage des négociations sur l'Union bancaire. La mesure de la corrélation entre les taux des CDS (*Credit default swap*) et le niveau de dette publique des principaux émetteurs de titres de la zone euro apporte une solide présomption sur la coupure du lien entre taux et dette après l'annonce de Mario Draghi (encadré 1).

Au sein de la zone euro, les contreperformances les plus notables en termes de croissance sont ainsi à mettre au compte des pays ayant été les plus chahutés par les marchés et contraints de pratiquer une politique de rigueur forcenée, comme l'Italie et l'Espagne, tout en subissant une politique monétaire restrictive de fait. La cassure de croissance en Allemagne à partir de 2011 montre que, malgré une politique budgétaire nationale accommodante et des conditions monétaires favorables, l'Allemagne ne peut s'isoler de la zone euro : l'impulsion budgétaire négative interne a été modérée, mais par le canal du commerce extérieur, l'affaissement de la demande adressée par ses principaux partenaires a durement pénalisé l'économie allemande.

Encadré 1. « *Whatever it takes* », un tournant symbolique

La déclaration de Mario Draghi, le 26 juillet 2012, a marqué un tournant dans la crise des dettes souveraines en zone euro. Dans les jours qui ont suivi, le niveau des *spreads* souverains a baissé de manière évidente dans les pays fragiles de la zone euro (Espagne, Grèce, Irlande, Italie, Portugal). Une relation de cause à effet semble s'être établie entre cette déclaration et la rupture du lien entre niveau de la dette publique et taux d'intérêt sur les obligations publiques. La mesure de la corrélation entre le niveau des CDS (*Credit default swap*, ou contrats d'assurance contre le défaut d'un pays) et le niveau de la dette publique, avant et après le discours de Mario Draghi va dans ce sens. Ainsi, en partant de la régression linéaire suivante :

$$\textit{niveau CDS}_t = \alpha_t \, \textit{dette publique}_t + \beta_t$$

le niveau des CDS étant mesuré en euros et la dette publique en points de PIB, avec une périodicité journalière et sans pondération. Le graphique 5 représente l'évolution du coefficient α au cours du temps (+/- un écart-type représenté par la zone grisée), et notamment avant et après le 26 juillet 2012. On constate que le discours de Mario Draghi coïncide avec une baisse de la corrélation entre dette publique et niveau des CDS : en décembre 2012, le coefficient est revenu au niveau du début de 2010.

L'estimation de cette régression entre janvier 2014 et mi-avril 2014, donne $\alpha = 1{,}35$ et $\beta = 0{,}81$, ce qui signifie qu'un point de dette publique supplémentaire implique une hausse moyenne du niveau de CDS de 1,35 euro.

Graphique 5. Corrélation entre niveau des CDS et niveau des dettes publiques en zone euro*

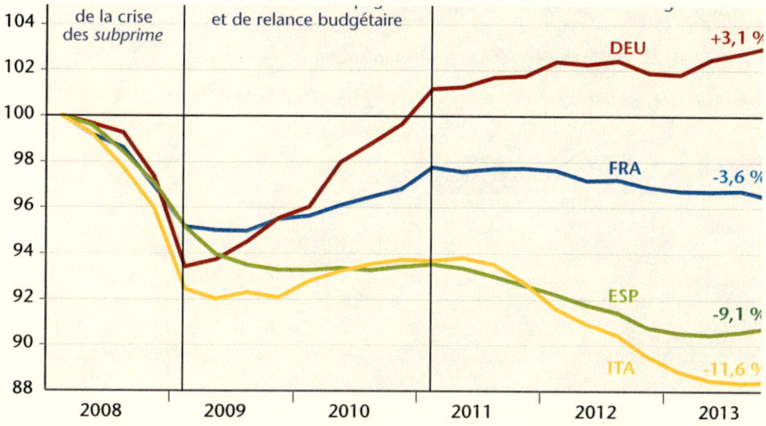

* Zone euro-12 : Allemagne, Autriche, Belgique, Espagne, Finlande, France, Italie, Irlande, Pays-Bas, Portugal, Slovaquie, Slovénie. Les autres pays pour lesquels les données sur les CDS sont manquantes sont exclus. On exclut également la Grèce qui apparaît comme un point aberrant dans la régression, dans la mesure où le défaut partiel sur sa dette en 2012 a eu un impact direct sur le niveau des CDS.
Source : OCDE, Datastream, calculs OFCE.

Le bilan des six dernières années en termes de croissance est indiscutablement négatif pour les pays ayant mené une stratégie de consolidation budgétaire. La corrélation positive mise en évidence sur le graphique 6 entre l'impulsion cumulée de 2008 à 2013 et l'évolution du PIB par tête sur la même période ne laisse guère de doute sur la responsabilité des choix de politique dans la performance désastreuse de certains pays.

Au total, face aux crises financières et réelles les plus dramatiques depuis la crise des années 1930, la réponse apportée par la majorité des pays a été la rigueur, y compris en intégrant les plans initiaux de relance. Dans ces conditions, les pays qui n'ont ne serait-ce que simplement rattrapé le niveau de PIB par tête d'avant le déclenchement de la récession en 2008, paraissent sortir la tête haute de cette période de crise. Mais un jugement aussi favorable oublie que la référence n'est pas statique, sauf à considérer que le moyen-terme des économies est devenu la stabilité absolue, ou tout au moins qu'il s'est considérablement infléchi, c'est-à-dire que les ressorts de la croissance ont été cassés très durablement par la récession. Et que dire alors du potentiel de pays comme l'Espagne ou l'Italie dont les PIB par tête se situent, à la fin de 2013, 10 % sous leurs niveaux de 2008 ?

Graphique 6. Impulsion budgétaire cumulée et variation du PIB par tête

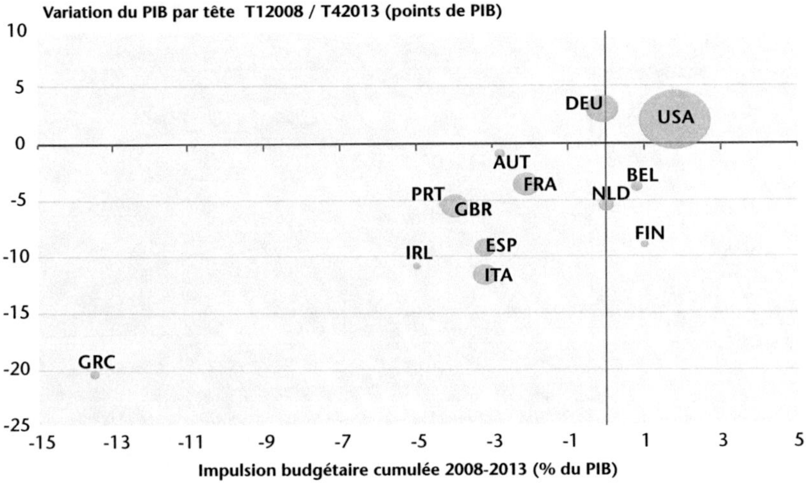

Sources : Comptabilités nationales, calculs OFCE.

Le bas niveau d'activité dans ces pays, et dans une moindre mesure en France, ne résulte pas d'un effondrement du potentiel mais plus directement de la mise en place de politiques de rigueur forcenées qui étouffent toute possibilité de rebond et créent l'illusion d'un affaissement, voire pour certains pays d'une disparition du potentiel de croissance à moyen terme (graphique 7).

La littérature récente s'est penchée sur le lien entre crises financières et pertes de potentiel[3] pour conclure à des pertes définitives de niveau production, plutôt qu'à une inflexion de la croissance

3. Furcieri D. et Zdzienicka A (2011), « How costly are debt crises? », *FMI Working paper* 11/280. Furcieri D. et Mourougane A. (2009), « The effect of financial crises on potential output: new empirical evidence from OECD countries », *OCDE, Working paper*, 699. Reinhart C.M. et Rogoff K.S. (2009), « This time is different: a panoramic view of eight centuries of financial crises », *NBER, Working paper*, 13 882.

post-crise. Mais les preuves empiriques apportées sont loin d'être consensuelles et les canaux de transmission des crises financières au potentiel mal décrits.

Graphique 7. PIB effectif et estimations du potentiel...

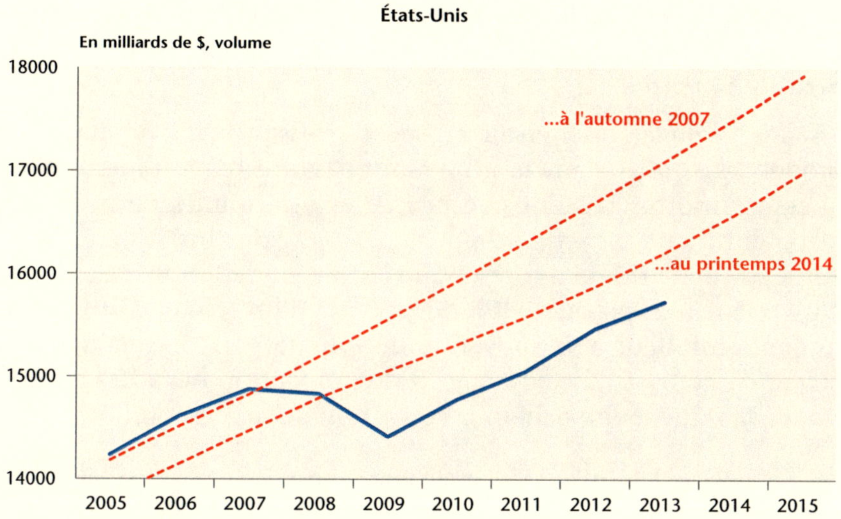

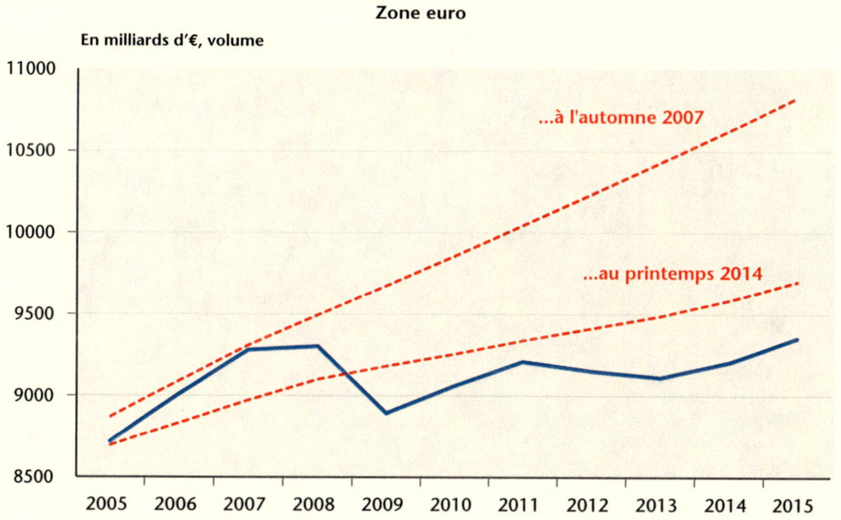

Source : OCDE.

On pourra arguer que la faible croissance ou la récession sont responsables de la chute du potentiel de production. Les effets d'hystérèse sur le marché du travail avec l'exclusion des chômeurs de longue durée, la chute de l'effort de R&D, le retard pris dans les infrastructures, voire les coupes budgétaires dans l'éducation ou dans la lutte contre la pauvreté obscurcissent les perspectives de long terme. Mais dans ce cas, l'austérité aura elle-même créé la perte du potentiel.

Sans préjuger du niveau et de la croissance du potentiel de production, qui au demeurant ne sont pas directement mesurables, quelques indices laissent penser que les économies européennes disposent d'une capacité de reprise. La chute de l'inflation en zone euro, qui nourrit les craintes d'une entrée en déflation, l'existence d'un écart de productivité négatif et d'un taux d'utilisation toujours inférieur à sa moyenne de longue période, plaident en faveur de la persistance d'un écart de production négatif. Les politiques de rigueur empêchent la correction de ces déséquilibres.

Graphique 8. Inflation sous-jacente dans la zone euro et aux États-Unis

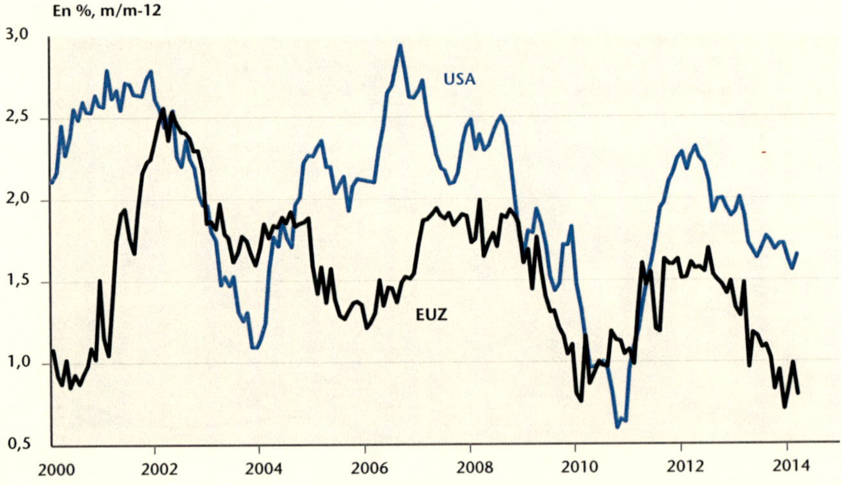

Source : Eurostat.

L'écart persistant entre l'offre potentielle et la faible demande accentue les pressions déflationnistes en zone euro. La chute de l'inflation sous-jacente sous 1 % au tournant des années 2013 et 2014 montre que le risque d'entrée en déflation n'est plus une vue de l'esprit (graphique 8). La mécanique de la dégradation du marché du travail, qui conduit au maintien du chômage à un niveau élevé, pèse sur les salaires et accentue les pressions déflationnistes (graphique 9). De plus, les gains de compétitivité liés à la déflation salariale dans plusieurs pays – précédemment en déficit – ont augmenté l'excédent courant de la zone euro, ce qui a favorisé l'appréciation de l'euro et accentué les pressions désinflationnistes. Les situations nationales sont certes hétérogènes, avec d'un côté les pays ayant conduit des politiques d'austérité modérées comme l'Allemagne, où les salaires continuent à progresser et qui affichent un taux d'inflation compris entre 1,5 et 2 % à la fin 2013, et les pays soumis à des plans d'austérité drastiques comme les pays du Sud de la zone où les salaires baissent et qui frôlent la déflation s'ils n'y sont pas déjà entrés. Face à une politique budgétaire restrictive et à une politique monétaire qui n'est pas assez accommodante, aucun élément ne vient contebalancer ces pressions à la baisse des salaires.

Graphique 9. Niveau du taux de chômage et taux de croissance du salaire réel

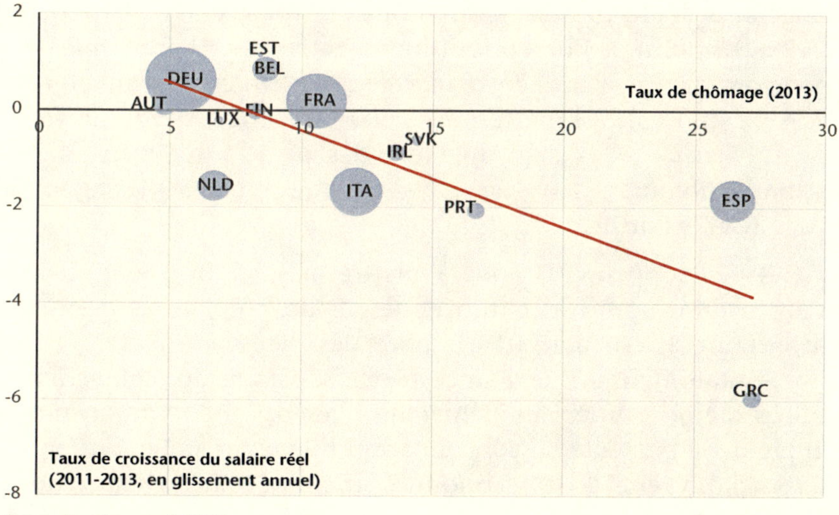

Source : Eurostat, calculs OFCE.

Le basculement dans la déflation serait lourd de conséquences car l'activité, déjà malmenée par les politiques d'austérité, subirait un nouveau choc. La reprise de la demande interne serait compromise car les ménages différeraient leurs achats dans l'attente de baisses de prix futures et les entreprises renonceraient à réaliser des investissements qu'elles sauraient ne pas pouvoir rentabiliser.

D'autre part, en alourdissant le poids des dettes publiques et privées, la déflation accentuerait les efforts nécessaires pour parvenir au désendettement privé et public.

2. Rebond sans reprise

L'année 2013 marque une généralisation du retour à la croissance dans les pays développés (tableau 2). Après un trou d'air en 2012, les États-Unis et le Japon ont renoué avec l'expansion. Mais surtout, la zone euro s'est extraite au deuxième trimestre 2013 d'une phase de récession qui aura duré deux ans depuis le deuxième trimestre 2011. Le Royaume-Uni s'est également joint au train de la reprise.

Le rebond de la croissance en zone euro en 2013 s'explique davantage par l'allègement des contraintes qui ont pesé sur l'activité depuis 2010 que par l'apparition des premiers effets positifs de la stratégie de consolidation budgétaire. D'une part, la politique budgétaire a été globalement moins restrictive en 2013 qu'en 2012 : -0,7 point de PIB d'impulsion négative pour l'ensemble de la zone euro contre -1,8. D'autre part, le mouvement de convergence des taux d'intérêt à long terme sur les obligations publiques s'est poursuivi en 2013, avec l'ample repli des taux d'intérêt sur les obligations publiques dans les pays comme l'Italie, l'Espagne ou l'Irlande et le Portugal.

Ces développements sont à mettre au compte des décisions prises par les autorités européennes. D'un côté, la Commission européenne a, en mai 2013, reporté les dates butoir de certains pays, notamment de la France, pour satisfaire aux objectifs de déficit. Même si une telle démarche n'est pas un abandon pur et simple de la stratégie de consolidation budgétaire, elle a offert un ballon d'oxygène à des économies anémiées par la restriction[4]. Ensuite, la baisse des taux souverains n'a été pérenne qu'à partir de l'automne 2012, après l'annonce par la BCE de la mise en place du dispositif OMT qui, en actant l'engagement irrévocable de l'institution à soutenir un pays en difficulté, a désamorcé les craintes d'insolvabilité et rasséréné les marchés.

4. Voir sur ce point, voir Cochard M. et Schweisguth D. (2013), « Austérité en Europe : changement de cap ? », *Notes de l'OFCE*, n° 29, juillet 2013.

Tableau 2. Perspectives de croissance mondiale

Taux de croissance annuels, en %

	Poids[1] dans le total	PIB en volume		
		2013	2014	2015
DEU	4,2	0,5	1,8	1,7
FRA	3,1	0,3	1,2	1,6
ITA	2,6	-1,8	0,7	1,0
ESP	2,0	-1,2	1,2	2,0
NLD	1,0	-0,8	1,4	1,1
BEL	0,6	0,2	1,9	1,7
FIN	0,5	-1,5	0,8	1,8
AUT	0,5	0,4	1,1	1,6
PRT	0,3	-1,4	1,4	1,4
GRC	0,3	-3,7	-0,3	0,6
IRL	0,3	0,0	1,9	1,7
EUZ	**15,5**	**-0,4**	**1,3**	**1,6**
GBR	3,2	1,7	2,7	2,0
SWE	0,5	1,2	2,4	2,8
DNK	0,3	0,3	1,4	1,8
Union européenne à 15	**19,4**	**0,0**	**1,6**	**1,6**
13 nouveaux pays membres	2,7	1,4	2,4	2,8
Union européenne à 28	**22,1**	**0,1**	**1,6**	**1,8**
CHE	0,5	1,7	2,1	2,3
NOR	0,4	2,3	2,0	2,3
Europe	**22,9**	**0,2**	**1,7**	**1,8**
USA	20,8	1,9	2,6	2,9
JPN	6,3	1,5	1,3	1,3
CAN	1,9	2,0	2,2	2,4
Pays développés	**53,5**	**1,1**	**2,0**	**2,1**
Pays candidats à l'UE[2]	1,5	3,8	2,2	3,7
RUS	3,3	1,5	0,9	2,0
Autres CEI[3]	1,3	2,4	0,0	3,8
CHN	11,5	7,7	7,5	7,4
Autres pays d'Asie	13,2	4,4	4,5	4,7
Amérique latine	8,7	2,6	2,0	2,8
Afrique subsaharienne	2,3	5,1	6,1	5,8
Moyen-Orient et Afrique du nord	4,8	2,4	3,3	4,8
Monde	**100**	**2,6**	**3,0**	**3,4**

1. Pondération selon le PIB et les PPA de 2008 estimés par le FMI.
2. Islande, Macédoine, Monténégro, Serbie et Turquie.
3. Communauté des États indépendants.
Sources : FMI, OCDE, sources nationales, calculs et prévision OFCE avril 2014.

Pour autant, la zone euro reste enlisée dans une situation de chômage de masse avec, pour l'instant, une croissance insuffisante pour permettre sa décrue. Les enquêtes de confiance poursuivent leur amélioration entamée à la fin de 2012 et confirment la poursuite de la croissance au début de l'année 2014. Les politiques budgétaires demeureront restrictives, mais l'austérité s'atténuera progressivement et pèsera moins sur l'activité (tableau 1). La politique monétaire apportera également un soutien à l'activité : les taux directeurs resteront à leur niveau historiquement bas et la transmission de la politique monétaire sera sans doute meilleure grâce à la rémission de la crise des dettes souveraines. La progression du PIB serait de 1,3 % en 2014 dans l'ensemble de la zone euro, et de 1,6 % en 2015. La croissance sera donc moins freinée, mais le maintien de politiques de rigueur empêchera l'enclenchement d'une véritable dynamique de reprise.

La croissance sera pour une large par tirée par l'investissement qui devrait enfin rebondir grâce aux effets de l'accélérateur et à la répercussion de la normalisation des taux des crédits aux entreprises. En revanche, la situation du marché du travail ne devrait pas s'améliorer spectaculairement en 2014 et en 2015, ce qui ne permettra pas une véritable reprise de la consommation. La reprise des créations d'emplois sera freinée par la fermeture des cycles de productivité, affectés par les chocs conjoncturels de ces dernières années. À l'horizon de la prévision, une réduction significative du taux de chômage est hors de portée. Celui-ci ne baissera que de 0,2 point en 2014 et de 0,3 en 2015 pour se maintenir au-dessus de 11 %. C'est dire le chemin qui restera à parcourir pour revenir au taux de chômage de 7,5 % d'avant la crise. Dans un tel contexte, les pressions déflationnistes constitueront toujours une menace pour la zone euro, même s'il est sans doute hâtif d'anticiper une entrée en déflation de la zone euro dans son ensemble.

L'hypothèse d'un assouplissement supplémentaire de la politique monétaire qui pourrait rehausser les perspectives est de plus en plus évoquée. Mais elle est trop imprécise à ce stade pour pouvoir être intégrée dans un scénario de prévision. La communication récente de la BCE reste assez floue sur cette intention. D'une part, certains membres du Conseil des gouverneurs ont fait des déclarations publiques indiquant que la BCE pourrait, si elle le jugeait nécessaire, prendre des mesures supplémentaires d'assouplissement de la politique monétaire. D'autre part, les communiqués diffusés à l'issue des réunions de la BCE semblent indiquer qu'étant donné le niveau actuel de l'inflation et les anticipations de la BCE, l'orientation de la politique monétaire reste appropriée, fermant la porte à une action supplémentaire.

Les hésitations américaines montrent qu'outre-Atlantique aussi la conjoncture n'est pas insensible aux effets des politiques restrictives. Les péripéties budgétaires de 2012 et de 2013, liées aux fameux *fiscal cliff* et *shutdown*, ont contraint le gouvernement à poursuivre l'effort d'assainissement engagé en 2010. Mais dans le même temps la politique monétaire est restée très accommodante, mobilisant de surcroît les instruments non-conventionnels au travers du *quantitative easing*, de telle sorte que les États-Unis ont, à la différence de la zone euro, maintenu les conditions d'une poursuite de la croissance malgré l'austérité. En 2014 et en 2015, les impulsions budgétaires négatives devraient s'atténuer, de -1,5 point de PIB en 2013 à -1 et -0,7 respectivement. L'action conjointe de la rigueur et de la croissance a en effet conduit à une réduction simultanée des déficits structurel et conjoncturel pour ramener le déficit total de 9,3 % en 2012 à 6,4 % en 2013 du PIB. Fort de ces résultats et en tablant sur la poursuite de cette dynamique vertueuse, le gouvernement américain pourra alléger son programme de consolidation budgétaire sans mettre en péril la réduction du déficit public. Ce dernier reviendrait à 5,1 du PIB en 2014 et à 4 % en 2015. La croissance devrait redémarrer en 2014 et en 2015, pour s'établir au rythme modéré de 2,6 et 2,9 % respectivement. L'environnement monétaire resterait permissif et la réduction des interventions de la Réserve fédérale, largement anticipée par les marchés, n'apparaît pas à même de compromettre ces perspectives.

L'économie du Royaume-Uni a redémarré rapidement en 2013, à un rythme moyen de 0,7/0,8 % par trimestre qui contraste avec le rebond poussif de la zone euro à 0,2 % par trimestre. Le gouvernement n'a pourtant pas relâché la rigueur par rapport à 2012, avec une impulsion budgétaire négative de 1 point de PIB en hausse de 0,5 point. Il faut plutôt rechercher du côté d'un effet de richesse positif les raisons de la performance britannique récente. L'effet patrimonial positif généré par la hausse de 10 % des prix immobiliers en 2013 et la hausse de la bourse a poussé à la baisse le taux d'épargne des ménages. La reprise de la consommation qui s'en est suivie a dopé la croissance, mais reste tributaire de facteurs intrinsèquement instables. Sous l'hypothèse que cette instabilité ne se matérialise pas en 2014 et en 2015 et que l'investissement des entreprises puisse prendre le relai d'une consommation vulnérable, la croissance britannique accélérerait à 2,7 % en 2014, après 1,7 % en 2013, pour s'installer sur un rythme de croisière à 2 % en 2015.

3. Baisse du chômage en trompe l'œil

L'amélioration du marché du travail aux États-Unis, avec un recul du taux de chômage de 10 % à la fin de 2009 à 7 % à la fin de 2013, peut être vue comme la conséquence logique, et heureuse, de la phase de croissance qui s'est réengagée après la récession de 2008-2009. Pourtant, les créations d'emplois restent le talon d'Achille de la reprise outre-Atlantique. L'emploi a progressé sur la période, mais rapporté à la population en âge de travailler, la performance apparaît moins flatteuse (graphique 10).

Après quatre années de croissance ininterrompue du PIB, le taux d'emploi aux États-Unis demeure environ cinq points sous son niveau d'avant-crise, n'ayant même pas rattrapé le niveau de son étiage de 2010. La baisse du chômage a ainsi été obtenue par des sorties ou des non-entrées de population active sur le marché du travail du fait d'actifs potentiels probablement découragés, ce qui contribue à faire baisser le taux de chômage mais certainement pas à améliorer la situation des populations en âge de travailler. Le moteur du revenu reste ainsi grippé et trop peu puissant pour enclencher une dynamique de croissance forte.10. Taux d'emploi et taux de chômage dans les pays industrialisés

En zone euro, il est prématuré de chercher des indices de la mise en place d'une mécanique semblable à celle observée pour les États-Unis, mais au vu de l'ampleur du désajustement de la productivité par rapport à sa tendance de long terme, la croissance attendue en zone euro en 2014 et en 2015 risque d'être pauvre en emplois. Sauf si un accès de découragement suscitait une vague de sorties de la population active, la faiblesse de la reprise du taux d'emploi ira de pair avec le maintien du taux de chômage à un niveau élevé. En Europe, la situation du marché du travail paraît meilleure qu'au Royaume-Uni, avec conjointement la hausse du taux d'emploi et la baisse du taux de chômage. Mais même si l'emploi paraît plus dynamique, c'est au prix d'un affaissement de la productivité qui, pour être supportable par les entreprises, passe à terme par un ajustement des salaires.

Graphique 10. Taux d'emploi et taux de chômage dans les pays industrialisés

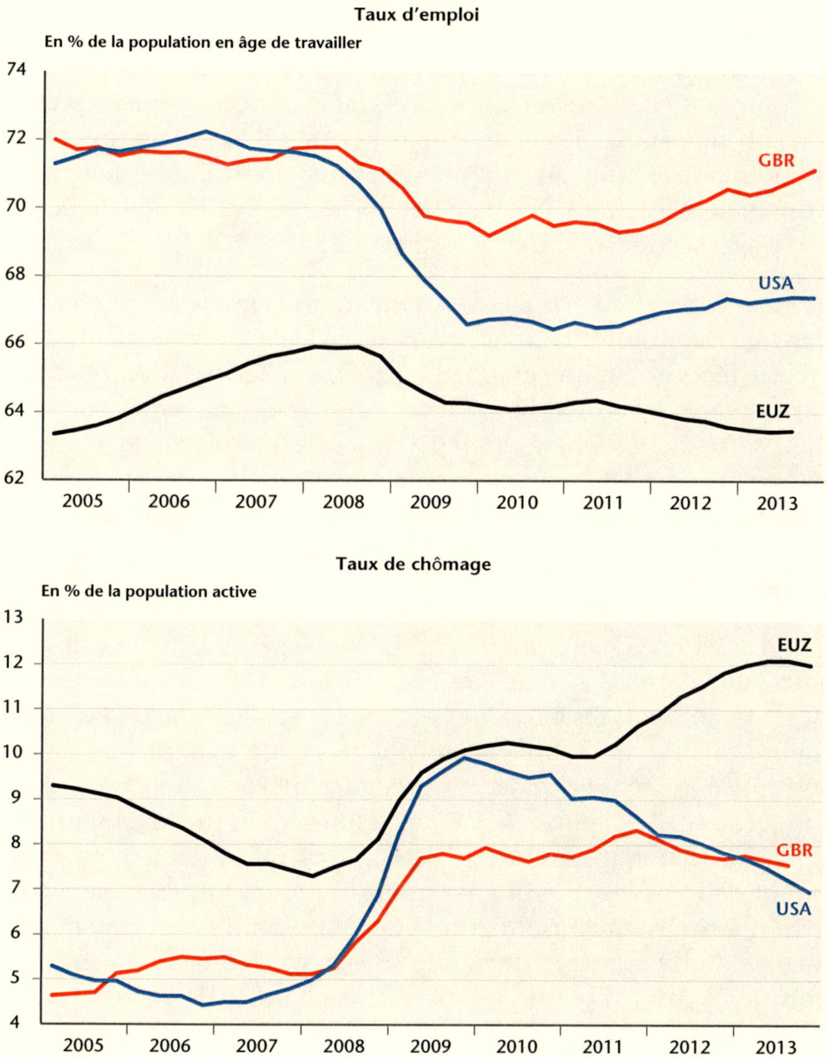

Source : OCDE.

4. De bulles en dettes

La crise qui a éclaté en 2007 est à l'origine une crise de la dette privée qui a dégénéré en une crise de l'endettement public. Poussées par la hausse des prix immobiliers durant la décennie 2000 qui offrait des garanties de plus en plus solides aux prêteurs, les institutions financières ont cherché à développer leur activité vers des publics de moins en moins sûrs. Elles étaient d'autant plus incitées à le faire qu'elles pouvaient se débarrasser de ces créances présentant un niveau de risque accru par le canal de la titrisation. Bulle immobilière et bulle du crédit se sont ainsi nourries mutuellement, principalement dans les pays anglo-saxons, jusqu'à leur éclatement symbolisé par la crise des *subprime* à l'été 2007.

La crise financière qui en a résulté, d'une gravité sans précédent dans les économies contemporaines, a dégénéré à partir de 2008 en une récession d'une grande violence. Les déficits publics se sont alors creusés très fortement par la nécessité de sauver les établissements financiers en faillite, par la mise en place de plans de relance de l'activité pour contrer la récession et par le jeu des stabilisateurs automatiques. Par un effet de bascule, l'excès d'endettement public s'est ainsi substitué à l'excès d'endettement privé (graphique 11).

Le désendettement public et privé des économies est la clé de la sortie de la crise. Les ménages ont largement engagé le processus, notamment dans les pays anglo-saxons et en Espagne où l'endettement était le plus lourd. En revanche l'endettement public s'est tout juste infléchi en 2013 et reste à des niveaux qui exigeront de longues années pour les faire refluer significativement. Ce processus nécessite une stratégie claire et raisonnable combinant retour de l'activité, maintien durable des taux d'intérêt souverains à un niveau bas et consolidation budgétaire à un rythme crédible et adapté. Cette stratégie demande une maîtrise du calendrier, une constance dans la politique suivie, une coordination entre États et entre agents économiques au sein des États.

Graphique 11. Endettement des ménages et des États

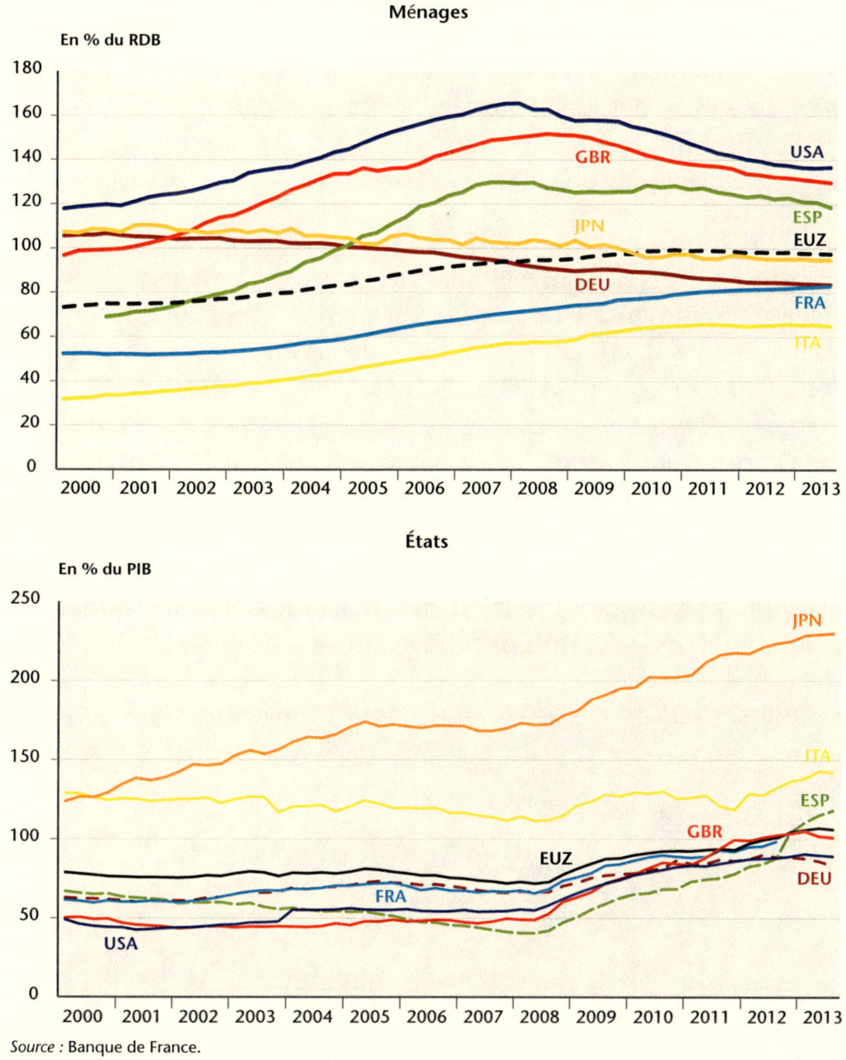

Source : Banque de France.

5. Les pays émergents assujettis

Si les pays émergents ont été durement frappés par la crise économique et financière depuis 2008, c'est principalement par le canal du commerce extérieur. Davantage qu'auparavant la croissance des émergents oscille au gré de la dynamique des flux de commerce mondial (graphique 12). En 2008 et en 2009, la contraction des échanges, conséquence de la récession en Europe et aux États-Unis et de la chute des termes de l'échange, avait fait basculer dans la récession cette région du monde, pourtant épargnée par la crise des *subprime*. Le rebond survenu dans les économies développées au cours des deux années suivantes s'était généralisé aux économies émergentes. La croissance y avait atteint des performances élevées, 7,9 et 6,2 % en 2010 et 2011.

Au début de l'année 2011, les échanges mondiaux avaient presque retrouvé leur niveau d'avant-crise et la croissance des pays émergents alimentait ce rebond, en même temps qu'elle en tirait largement parti. Mais les répliques de la crise en Europe et aux États-Unis au cours des deux années suivantes ont pesé sur les performances des pays émergents. De 17,2 % en 2010, la croissance des exportations mondiales est passée à 9 ,7 % en 2011 pour chuter à 1,9 % en 2012. Ce retournement vient mettre un terme à la croissance des pays émergents et invalide en même temps l'idée qu'ils puissent être un soutien à la croissance mondiale, mise en défaut par les politiques restrictives d'assainissement budgétaire conduites dans les grands pays développés (encadré 2).

Graphique 12. Volume de commerce mondial et croissance des pays émergents

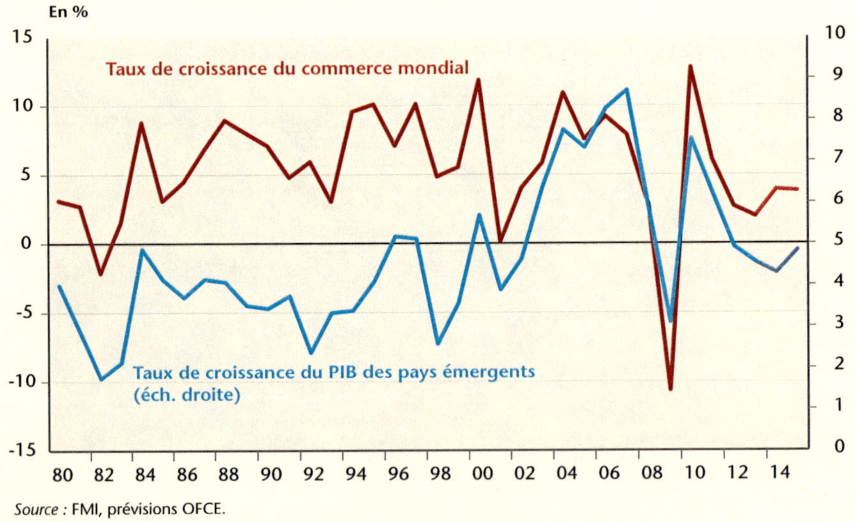

Source : FMI, prévisions OFCE.

En 2012, l'impact restrictif du repli du commerce international sur les pays émergents avait été partiellement compensé par l'abondance des entrées de capitaux dans la région. En quête de meilleurs rendements, les investisseurs avaient continué d'orienter leurs placements vers ces pays plus attractifs, au risque de pousser l'appréciation des monnaies locales. Mais c'est surtout en 2013, avec la fin des crises de dettes souveraines en Europe et l'estompement des mesures de *quantitive easing* aux États-Unis, que la situation s'est dégradée. A la faiblesse du commerce mondial et à la baisse du prix des matières premières, se sont ajoutés le resserrement des conditions d'accès aux marchés des capitaux ainsi qu'une compétitivité dégradée des producteurs nationaux. Après 4,7 % en moyenne en 2012, la croissance s'est maintenue à un faible niveau dans les pays émergents en 2013 (4,4 %). Ce ralentissement a touché l'ensemble des régions émergentes d'Asie, d'Amérique latine et d'Europe de l'Est.

Conséquence de cette situation, les soldes courants des émergents se sont dégradés avec la crise. Et la hausse des taux d'intérêt sur les marchés financiers internationaux, visible depuis un an, rend désormais plus difficile leur financement. Certains pays émergents qui apparaissaient comme des places à haut rendement, comparés aux pays développés, sont désormais victimes d'un reflux de capitaux. Après les entrées massives de capitaux étrangers qui avaient poussé les taux de change à la hausse au risque de grever la compétitivité des produits nationaux, le retournement de 2013 a fait apparaître l'ampleur des déséquilibres courants et a conduit à des ajustements des taux de change.

Cette situation devrait perdurer en 2013 et 2014. Avec une croissance inférieure à 4 % l'an, les flux du commerce international devraient s'accélérer mais insuffisamment pour impulser une croissance forte dans les économies émergentes. Après 4,4 % en 2013, la croissance pourrait rester à 4,3 % en 2014 avant de s'accélérer légèrement l'année prochaine. Mais la dégradation attendue des termes de l'échange et l'exacerbation des tensions concurrentielles entre les pays dont les taux de change sont devenus particulièrement pénalisants devraient jouer négativement sur la croissance. Ainsi, l'Asie en développement rapide, qui perd des parts de marché depuis 3 ans, pourrait voir sa position se dégrader encore davantage dans les deux prochaines années. L'Amérique latine, à l'exception du Brésil, a plutôt conforté sa position sur les marchés pendant la crise économique. Les corrections intervenues tout au long de l'année 2013 sur les marchés des changes pour réduire l'appréciation des monnaies devraient permettre à la région de rester bien positionnée. Le Brésil par contre devrait continuer de pâtir de la surévaluation de sa monnaie qui rend ses produits beaucoup trop chers sur les marchés étrangers. Mais c'est surtout la Russie qui, confrontée à un problème chronique de dégradation de sa compétitivité dans l'industrie, devrait continuer de perdre des marchés.

Encadré 2. Pays émergents : l'indépendance dans l'interdépendance

La forte dépendance de la conjoncture des économies émergentes au commerce international s'est accrue au fil des années et varie avec la taille des pays. Les pays de grande taille comme la Chine, l'Inde ou le Brésil sont structurellement moins dépendants de la demande extérieure pour leur croissance. Et si Hong Kong et Singapour ont un taux d'ouverture[5] supérieur à 100 % de leur PIB, nombre de pays d'Asie et d'Europe de l'Est qui ont un taux moindre, restent très intégrés au commerce mondial. En Asie, la Thaïlande, la Malaisie et le Vietnam ont des taux supérieurs à 60 % tandis que la Chine, l'Inde, l'Indonésie et les Philippines ont des taux proches de 25 %. En Amérique latine, le Mexique intégré de fait aux États-Unis par l'accord de libre-échange Nord-américain (ALENA signé en 1994) et les pays plus petits de la côte Pacifique (Equateur, Chili, Pérou) ou la Bolivie, ont des taux supérieurs à 50 %. L'Argentine et surtout le Brésil restent par contre plus fermés.

Cette forte intégration commerciale s'est accompagnée d'un changement des liens géographiques du commerce en provenance des pays émergents, avec un rééquilibrage entre les grandes zones et l'essor des zones émergentes. Ainsi, pendant la période d'expansion de la Chine, nombre de pays émergents ont vu leurs exportations se réorienter vers cette nouvelle demande. Aujourd'hui, l'Union européenne représente environ 20 % des marchés d'exportations des émergents, avec une place prépondérante pour la Russie (plus de 60 % des exportations). Les États-Unis représentent 18 % des débouchés des émergents, mais l'Asie tient une place cruciale puisque plus d'un tiers des exportations se font en direction de l'Asie, avec un rôle majeur dévolu à la Chine. Ainsi, 17 % des exportations brésiliennes et 12 % des exportations des émergents hors BRIC se font à destination de la Chine. Dès lors, le ralentissement de la croissance des grandes économies développées et le ralentissement

5. Le taux d'ouverture est le rapport : (exportations+importations)/2*PIB

des grands pays émergents comme la Chine depuis 2012 ont un effet très déstabilisant pour les émergents (**tableau 3**).

Tableau 3. Répartition géographique des exportations des pays émergents en 2012

En % des exportations des pays/zones

	Amérique			Europe et CEI		Afrique Moyen-Orient	Asie			
		Amérique du Nord			UE			Asie du Nord-Est		Asie du Sud-Est
			États-Unis						Chine	
Brésil	35	16	12	22	17	11	31	24	17	4
Russie	6	5	5	63	44	3	17	13	7	2
Chine	31	25	20	25	19	9	34	16		10
Inde	19	14	12	21	16	30	29	12	6	10
Pays émergents (hors BRIC)	33	26	23	18	15	8	41	24	12	11
Pays émergents	28	22	18	27	20	9	34	19	7	9

Source : CHELEM.

Cette sensibilité du lien qui unit la croissance des exportations de biens et services à la croissance du PIB peut être mesurée à partir des données du FMI sur la période 1990-2013. Ainsi, à l'exception des pays d'Afrique subsaharienne et de la CEI (dominée par la Russie) pour lesquels le coefficient est particulièrement faible, les estimations montrent que dans les autres régions, une hausse de 1 % des exportations en volume s'accompagne d'une hausse plus que proportionnelle du PIB. Le coefficient est particulièrement élevé pour l'Asie en développement et l'Europe de l'Est (1,5), mais aussi pour l'Amérique latine, malgré sa plus faible ouverture (1,3) et le Moyen-Orient.

Cette forte sensibilité des économies émergentes à leur environnement extérieur est d'autant plus pénalisante que le retournement du commerce international en 2012 et en 2013 s'est accompagné d'une chute des termes de l'échange (graphique 13). Sous l'effet de la baisse de la demande des pays développés et surtout de la Chine, le prix des matières premières industrielles a reculé de près de 30 % en 3 ans depuis avril 2011 et celui des produits alimentaires de 15 % sur la même période. Or, de nombreux pays émergents sont fournisseurs nets de biens primaires. C'est le cas notamment d'un grand pays comme le Brésil qui a vu son industrie se reprimariser avec l'envolée des prix et la forte demande de matières premières dans les années 2000. Aujourd'hui, plus de 60 % de ses exportations sont des produits primaires ou faiblement transformés. Plus largement, l'ensemble des pays d'Amérique latine sont spécialisés sur ce type de produits et l'envolée des cours a largement concouru à renforcer cette spécialisation. La Russie, dont 70 % des exportations sont liées aux produits énergétiques, a plutôt bien résisté grâce au maintien des prix du pétrole à des niveaux élevés (tableau 4).

Graphique 13. Termes de l'échange des pays émergents*

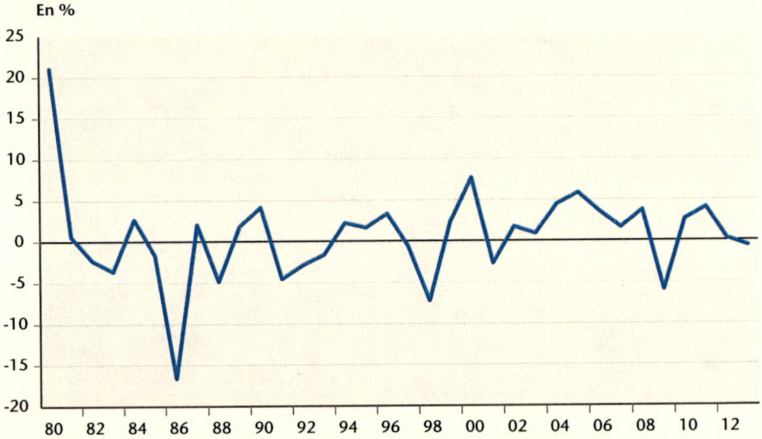

* Rapport entre le prix des exportations et le prix des importations de marchandises.
Source : FMI.

Tableau 4. Répartition par produits des exportations des pays émergents en 2012

En % des exportations des pays/zones

	Total	Minerais	Énergie	Agro-alim.	Manuf. Minimum	Autres
Brésil	100	17,1	11,7	32,4	35,0	3,9
Russie	100	1,5	69,4	4,3	18,2	6,6
Chine	100	0,3	1,3	2,7	93,9	1,8
Inde	100	2,4	20,2	13,5	50,5	13,4
Pays émergents (hors BRIC)	100	3,7	17,0	14,4	59,6	5,4

Source : CHELEM.

6. Rééquilibrage mondial

Par ailleurs, les déséquilibres des balances courantes se sont atténués depuis le pic observé en 2006 (graphique 14). La crise a en effet provoqué un effondrement du commerce mondial en 2009. Les importations des pays (États-Unis, Royaume-Uni ou Espagne) qui étaient en déficit ont diminué et les exportations des pays (Chine, Allemagne ou Japon) qui étaient en excédent ont ralenti. En outre, la baisse du prix pétrole, passé d'une moyenne de 97 dollars le baril à 62 dollars, avait également contribué à réduire les excédents des pays exportateurs de pétrole. Depuis, les déséquilibres se sont à nouveau accentués après 2009. Les déficits cumulés des États-Unis, de l'Amérique latine et des pays d'Europe centrale et orientale dépassent à nouveau 1 % du PIB mondial, tandis que l'excédent de la Chine est passé de 136 milliards de dollars en 2011 (soit 0,2 point de PIB mondial) à 224 milliards en 2013 (soit 0,3 point de PIB mondial), un niveau qui reste loin du pic de 420 milliards (soit 0,7 point de PIB mondial) atteint en 2007. Par ailleurs, la zone euro est devenue l'une des principales zones mondiales d'excédent courant. En milliards de dollar, cet excédent (295 milliards) dépasse celui de la Chine et des autres pays industrialisés. Alors qu'au cours des années 2000, la zone euro avait globalement une position assez proche de l'équilibre, cette évolution de la balance courante de la zone euro traduit un changement de régime et un excès d'épargne significatif dans la zone.

Le basculement de la zone euro reflète l'atonie de la demande interne et l'impact des restrictions de politique budgétaire. Plus généralement, il semble que la réduction de la demande a contribué aux ajustements de compte courant depuis 2007, une relation que nous n'observions pas avant la crise (graphique 15). Ainsi, la réduction des écarts d'activité pourrait se traduire par de nouveaux déséquilibres. La situation des pays de la zone euro est particulièrement éclairante à cet égard puisque l'Espagne, la Grèce et le Portugal ont retrouvé des soldes courants excédentaires ou proche de l'équilibre en grande partie du fait de l'effondrement de la demande. Il se pourrait que la fermeture progressive des écarts de production stimule à nouveau les importations, ce qui se traduirait par un retour des déséquilibres au sein de la zone euro. Néanmoins, l'amélioration de la compétitivité observée pendant la crise – résultant également des pressions déflationnistes – contribue à soutenir les exportations, comme en témoignent les gains récents de parts de marché enregistrés par l'Espagne. Par ailleurs, la crise aura probablement des effets durables sur la croissance, si bien que les importations ne retrouveront pas forcément leur niveau d'avant-crise. Il ressort donc que la crise s'est accompagnée d'une réduction des déséquilibres mondiaux, principalement *via* un ajustement des pays qui étaient en déficit. L'excédent chinois s'est certes résorbé, mais celui de l'Allemagne est revenu à son niveau historique d'avant-crise. De fait, les risques d'un ajustement brutal, notamment du dollar, pour résorber les déséquilibres se sont atténués. Mais les pressions déflationnistes resteront fortes tant que les ajustements seront principalement réalisés par la baisse de la demande chez les uns, non compensée par une accélération de la demande dans les pays excédentaires.

Graphique 14. Déséquilibres courants mondiaux

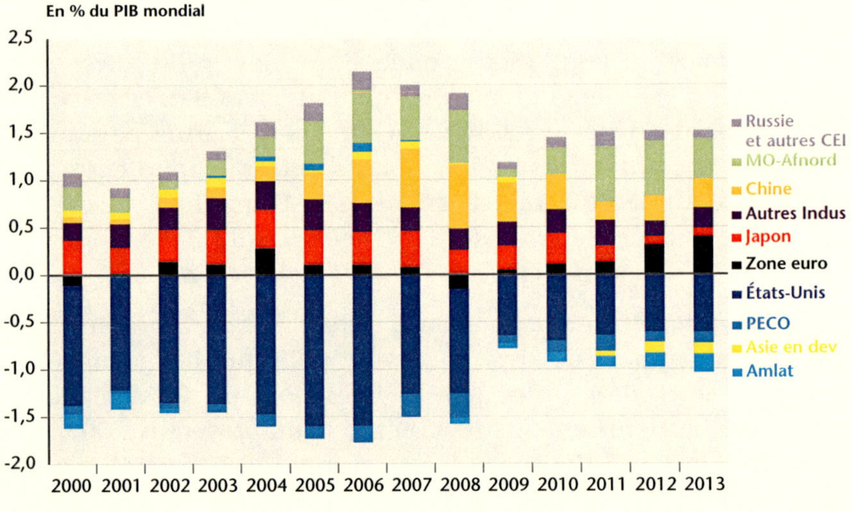

Source : FMI.

Graphique 15. Écart d'activité et solde courant

Avant la crise

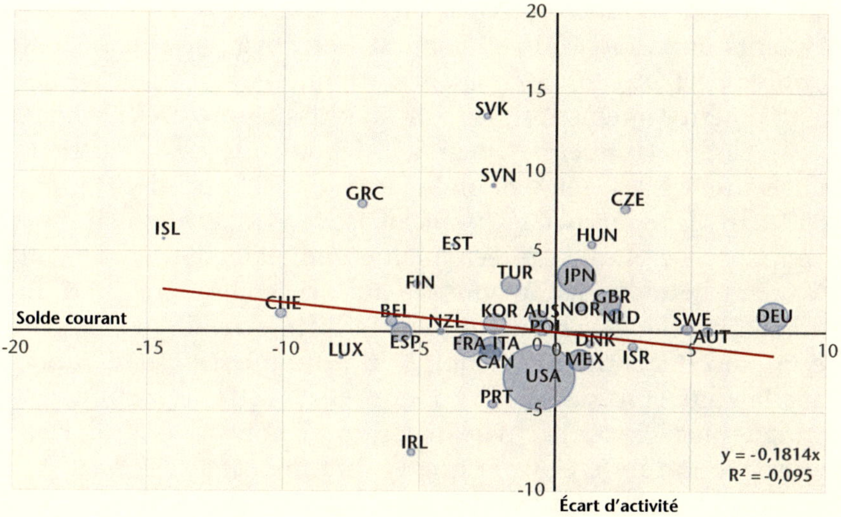

Après la crise

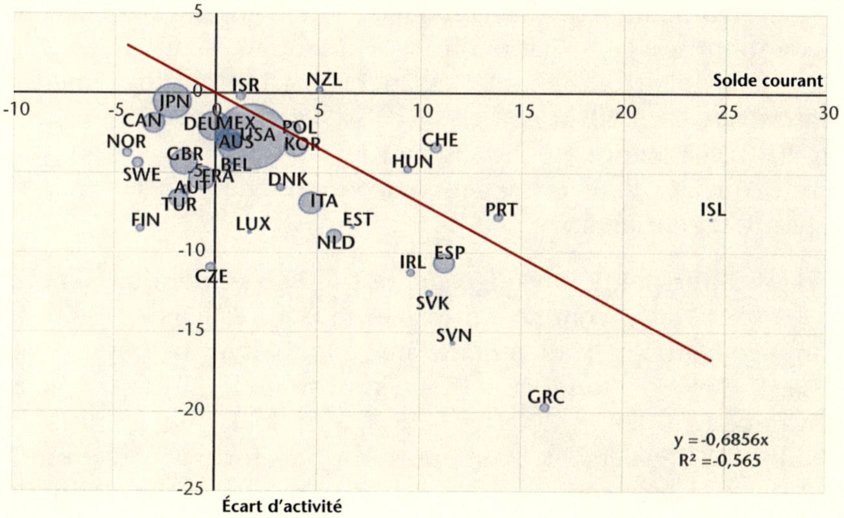

Sources : FMI, calculs OFCE.

7. Pourquoi la reprise se fait attendre ?

En phase de sortie de crise et alors que l'écart de production était très important en 2013 (-3,8 points dans la zone euro, -3 points aux États-Unis, -2,5 points au Royaume-Uni selon les données de l'OCDE), la croissance attendue en 2014 et en 2015 aurait dû être largement supérieure au rythme potentiel. Ce ne sera pas le cas, notamment du fait de la poursuite de la restriction budgétaire. Certes, elle sera moins forte en 2014 et en 2015 qu'en 2013 dans les grands pays (sauf au Japon), mais elle continuera d'amputer la croissance directement et indirectement *via* un ralentissement de la demande adressée aux partenaires commerciaux. L'impulsion budgétaire cumulée 2014-2015 atteindrait -1,7 point de PIB aux États-Unis, -1,4 point au Royaume-Uni et -0,5 point dans la zone euro (tableau 1). L'impact de cette restriction serait d'autant plus fort sur l'activité que, comme nous l'avons dit, l'écart de production reste élevé et que les multiplicateurs le sont donc aussi. Seuls quelques pays de la zone euro mèneront une politique expansionniste, l'Allemagne et l'Italie, la première car elle n'est pas contrainte grâce à un solde public proche de l'équilibre, la seconde en raison notamment du remboursement d'arriérés de paiement aux entreprises. Le déficit public se réduirait à 4 % du PIB en 2015 aux États-Unis (contre 6,4 % en 2013), à 4,1 % au Royaume-Uni (contre 5,8 % en 2013) et à 1,9 % dans la zone euro (contre 2,8 % en 2013). La France atteindrait tout juste les 3 % du PIB en 2015 tandis que les déficits seraient encore supérieurs à ce seuil en Espagne et en Irlande.

Face à une politique budgétaire restrictive, les politiques monétaires sont très accommodantes. Les taux directeurs des grandes banques centrales sont aujourd'hui à des niveaux très faibles : 0,25 % dans la zone euro depuis novembre 2013, 0,5 % au Royaume-Uni depuis 2009 et 0,25 % aux États-Unis et au Japon depuis 2009 également. Pour contrer la très forte dégradation du PIB, les banques centrales ont dû avoir recours à des politiques non-conventionnelles pour avoir prise sur l'activité. Elles l'ont fait de manières différentes, même si les bilans des banques centrales ont tous augmenté.

Depuis 2009, la Réserve fédérale américaine a tenté de stimuler l'activité avec une politique de *quantitative easing* offensive, avec des achats très importants de bons du Trésor et de titres adossés à des crédits immobiliers et garantis par l'État. Ceci a eu un impact à la baisse sur les taux longs publics et les taux hypothécaires. L'État a financé à moindre coût une dette en forte augmentation et une reprise modérée du secteur immobilier a progressivement eu lieu à partir de 2011 (à la suite d'une phase de désendettement des ménages). Mais l'annonce en mai 2013 d'une moindre intervention à l'avenir sur les marchés financiers (qui devrait entraîner d'ici à la fin 2014 la fin progressive des achats de titres) s'est traduite par une remontée d'environ 1 point des taux longs publics et des taux hypothécaires, ce qui a freiné très rapidement l'activité dans le secteur immobilier[6]. En revanche, du côté des entreprises, les primes de risque sur les obligations des entreprises ont baissé depuis mi-2012 de plus d'un point par rapport aux obligations publiques, signe d'un regain de confiance dans un contexte de reprise de la croissance.

Dans la zone euro, les opérations de financement à long terme de la BCE d'un montant illimité ont été largement utilisées par les banques depuis 2008. La BCE a aussi racheté des titres publics de pays « en crise », mais ils n'ont pas été suffisants pour faire durablement baisser les taux longs publics. Ces mesures visaient à restaurer les canaux de transmission de la politique monétaire de la BCE dans les pays où la crise les avait rendus inopérants. L'octroi de liquidités aux banques était censé relancer le crédit. Finalement, ce n'est que grâce au renforcement de la gouvernance macroéconomique et à l'annonce d'un nouveau programme par la BCE en septembre 2012 (l'OMT qui lui permet de racheter des titres publics de pays bénéficiant d'un programme du FESF/MES) que les primes de risques ont réellement baissé sur les taux d'intérêt à long terme de l'Italie, l'Espagne, l'Irlande, car elles ont mis fin au risque d'un défaut non-ordonné sur la dette souveraine[7]. On a alors assisté à une légère augmentation des taux dans les pays les moins risqués (France, Allemagne…) et une nette baisse dans les pays en crise (Espagne, Italie, Portugal, Irlande). De ce fait, l'écart de taux longs entre l'Allemagne et les autres pays de la zone euro s'est réduit sur la période récente (graphique 16).

---

6. Voir « États-Unis : la fin de tous les dangers ? ».
7. Ce programme n'a jamais été sollicité, mais sa mise en place a suffi à rassurer les marchés.

Graphique 16. Écart de taux longs publics entre l'Allemagne et quelques pays de la zone euro

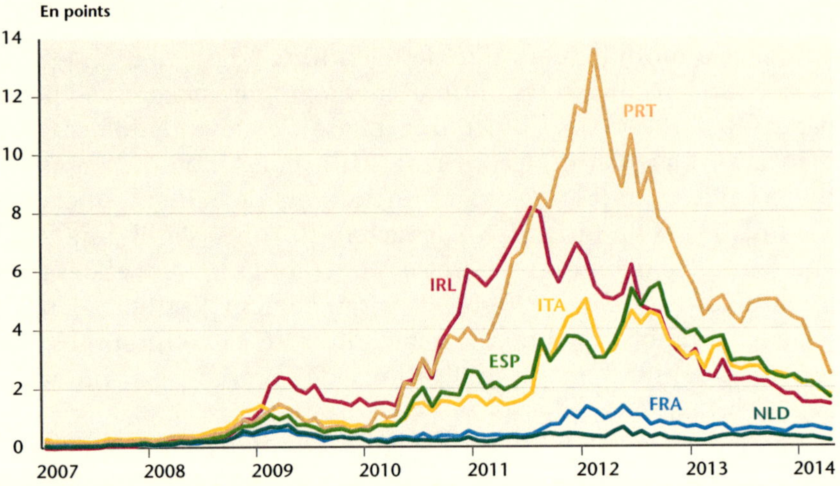

Source : Datastream.

Graphique 17. Écart-type des taux bancaires sur les nouveaux crédits au sein de la zone euro

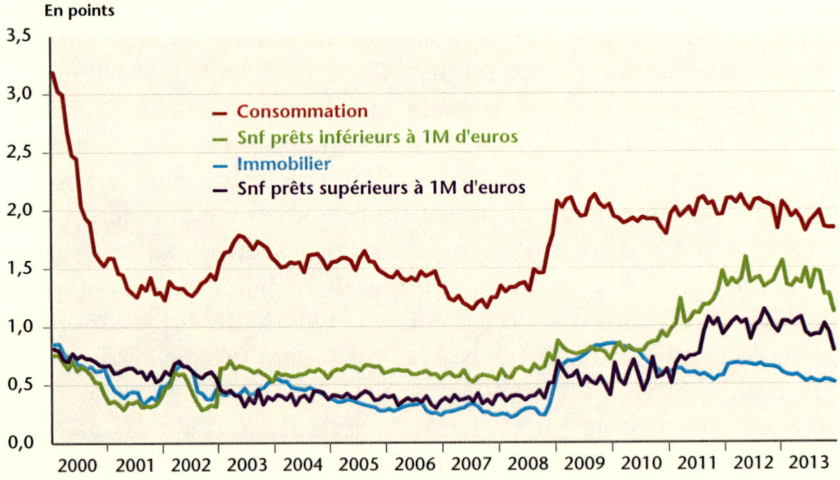

Source : Banque centrale européenne.

Par ailleurs, cette convergence des taux longs publics s'est accompagnée d'une réduction des taux bancaires sur les nouveaux crédits[8]. Au total, on a donc assisté à une diminution de la disper-

8. Voir : « Zone euro : convalescence ».

sion des taux bancaires entre les pays de la zone euro, même si elle a eu lieu avec retard et de façon relativement limitée (graphique 17). En plus du financement des ménages, le crédit bancaire revêt une importance particulière pour les entreprises de la zone euro comparativement aux États-Unis ou au Royaume-Uni puisque le financement des entreprises repose moins sur les marchés financiers. Cette baisse des taux bancaires n'a cependant pas permis de relancer le crédit (graphique 18). Tous les agents privés (tant financiers que non financiers) se sont en effet globalement désendettés sur la période récente. Les banques ont augmenté leurs réserves et réduit la taille de leur bilan plutôt que de distribuer du crédit. Désormais, il semble que ce soit plus le bilan des agents privés non financiers et/ou l'absence de demande qui pose problème plutôt que le bilan des banques (sauf dans quelques pays comme l'Espagne où à la suite de l'éclatement de la bulle immobilière, les crédits douteux restent élevés) et le rationnement de l'offre. Dans de nombreux pays, les ménages continuent de se désendetter (Espagne, Irlande, Pays-Bas...). De plus, les entreprises, face à une demande insuffisante, n'ont pas investi, ce qui se traduit par des taux d'investissement très faibles dans la zone euro.

Graphique 18. Évolution de l'encours de crédit dans la zone euro

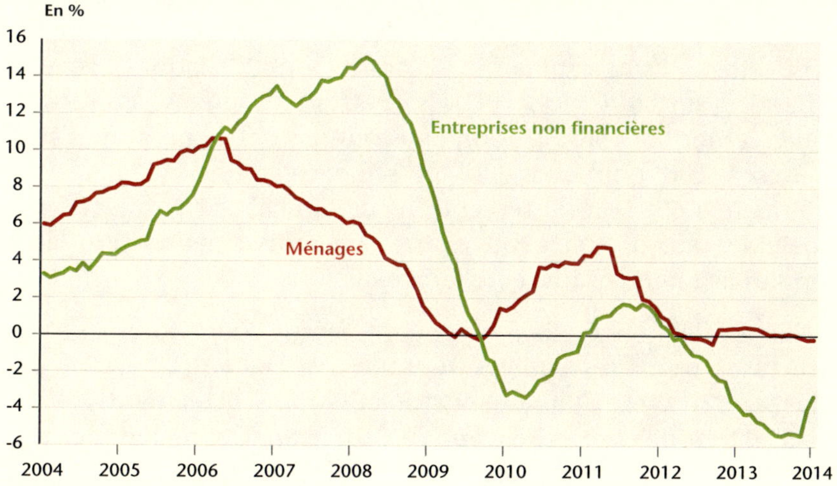

Source : Banque centrale européenne.

Par ailleurs, au regard du contexte désinflationniste, les taux longs publics à 10 ans restent élevés en termes réels dans de nombreux pays. A 0,7 % en février 2014, l'inflation dans la zone euro est particulièrement faible. L'inflation sous-jacente y est proche (1 %), preuve que le recul du prix de l'énergie (lié en partie à l'appréciation de l'euro) n'explique qu'une partie du mouvement désinflationniste actuel. Certains pays affichent même une inflation proche de zéro (0,1 % en Irlande et en Espagne) ou même négative (-0,1 % au Portugal, -0,9 % en Grèce). De ce fait, les taux réels sont proches ou supérieurs aux taux nominaux, ce qui limite l'impact du regain de confiance des marchés financiers concernant ces pays. Ainsi, les taux longs réels étaient de 0,6 % en Allemagne en février 2014, mais encore de 2,9 % en Irlande, de 3,4 % en Italie, de 3,6 % en Espagne, de 5,1 % au Portugal et de 9,4 % en Grèce. Certes, les taux longs nominaux ont nettement baissé depuis lors, mais l'inflation a aussi ralenti selon les premières estimations pour mars 2014. Les taux longs réels n'ont donc dû que peu baisser dans les pays « en crise ».

8. La soutenabilité des dettes publiques

Malgré quatre années de rigueur budgétaire entre 2010 et 2013, la situation des finances publiques dans la plupart des pays de la zone euro n'est pas encore stabilisée. Les soldes publics sont tous déficitaires, jusqu'à plus de 7 points de PIB pour l'Espagne, l'Irlande et la Grèce, et les dettes publiques continuent d'augmenter (tableau 5). Cinq pays ont des dettes publiques supérieures à 100 points de PIB et seule celle de la Finlande est inférieure à 60. Si les interventions de la BCE ont permis de faire baisser les taux d'intérêt souverains, le ralentissement de l'inflation conduit à l'augmentation des taux réels.

L'austérité budgétaire a cependant permis d'améliorer les soldes structurels primaires – qui se lisent hors déficit conjoncturel et hors charges d'intérêt. Ceux-ci sont positifs dans quasiment tous les pays de la zone euro, à l'exception de la France et de l'Espagne, où ils sont cependant très faibles (respectivement -0,2 et -0,7 % du PIB). Le Royaume-Uni tranche avec une solde structurel primaire de -2,9 %. Ce sont donc les déficits conjoncturels qui sont en grande partie responsables de la mauvaise santé des finances publiques européennes. Un pays dont l'écart de production est très dégradé a un déficit conjoncturel élevé, du fait de moindres rentrées fiscales et d'un surplus de dépenses sociales (chômage, minima sociaux, etc.).

Les écarts de production (mesurés par l'OCDE) sont encore très forts en Italie, en Espagne, au Portugal, en Irlande et surtout en Grèce – même si le niveau potentiel de l'économie grecque est aujourd'hui très difficile à estimer. Le niveau du déficit public préjuge donc mal de la stabilité des finances publiques à moyen terme, c'est-à-dire lorsque l'économie aura refermé son écart de production et que le PIB sera revenu à son niveau potentiel.

Tableau 5. Finances publiques et hypothèses de croissance potentielle

	Finances publiques en 2013 *En % du PIB*			*En %*		
	Dette publique	Solde public	Solde structurel primaire	Écart de production 2013	Croissance potentielle en volume	Taux réel sur la dette publique
DEU	78,4	-0,1	2,5	-0,8	1,3	0,0
FRA	92,9	-4,3	-0,2	-3,4	1,6	1,3
ITA	132,7	-3,0	5,3	-5,9	0,3	2,8
ESP	94,0	-7,1	-0,7	-7,2	1,3	2,4
NLD	73,4	-2,5	1,7	-4,2	1,2	1,0
BEL	100,6	-2,7	1,7	-2,1	1,5	1,0
PRT	129,0	-4,9	3,0	-7,8	0,6	3,2
IRL	124,4	-7,2	1,0	-8,9	1,2	2,0
GRC	178,6	-7,8	2,1	-13,6	1,0*	3,0**
FIN	58,5	-2,5	1,3	-3,6	1,4	0,2
AUT	74,6	-2,3	1,3	-3,0	1,7	0,7
GBR	91,8	-7,1	-2,9	-2,5	2,0	0,9

* Nous faisons ici l'hypothèse qu'à moyen terme la Grèce retrouvera une croissance potentielle de 1%.
** Le taux réel grec est calculé à partir du taux du MES (3,5%) et déflaté par une inflation de 0,5%.
Sources : Eurostat pour les finances publiques (au sens de Maastricht), *Perspectives économiques de l'OCDE* n° 94 pour la croissance potentielle et l'écart de production, calculs OFCE pour le taux réel.

Dans le tableau 6, nous calculons l'effort fiscal nécessaire pour ramener la dette publique à 60 % du PIB à moyen terme. Ce calcul fait l'hypothèse que l'économie aura alors retrouvé son niveau potentiel et tient compte de l'augmentation de la dette qui sera générée par le déficit conjoncturel avant la fermeture de l'écart de production. La vitesse de fermeture de l'écart de production est d'un point de PIB par an. Dans ce scénario, la France aura donc retrouvé son niveau potentiel en 2016, l'Italie en 2019 et l'Espagne en 2020. Une note à paraître sur le site de l'OFCE détaillera les modalités de ce calcul.

Tableau 6. Effort fiscal pour réduire la dette à 60 % du PIB sous différentes hypothèses

	Effort fiscal réalisé entre 2009 et 2013	Effort fiscal à réaliser pour ramener la dette à 60 % du PIB		
		en 20 ans	en 20 ans avec un point de taux réel en plus	en 30 ans
DEU	0,8	-1,9	-1,2	-2,3
FRA	4,5	1,8	2,6	1,1
ITA	4,6	2,0	3,2	0,5
ESP	8,5	4,0	4,8	3,2
NLD	4,9	0,5	1,2	0,1
BEL	3,0	0,2	1,0	-0,5
PRT	7,5	5,3	6,4	3,9
IRL	10,6	4,3	5,4	2,9
GRC	19,1	4,0	5,5	1,3
FIN	0,8	0,0	0,6	0,0
AUT	2,7	-1,0	-0,3	-1,3
GBR	5,6	3,8	4,6	3,3

Notes : L'effort fiscal se lit comme l'opposé de l'impulsion budgétaire nécessaire pour atteindre l'objectif de dette. Un effort fiscal positif signifie que le pays n'a pas encore réalisé l'ajustement nécessaire.
Hypothèses : Nous avons choisi de nous appuyer sur les estimations de l'OCDE publiées dans les *Perspectives économiques* n° 94 pour l'écart de production et la croissance potentielle et valeur et en volume. La croissance potentielle retenue est celle de 2015 car c'est la plus proche d'une croissance potentielle de moyen terme. Le taux d'intérêt est une moyenne, pondérée par la maturité de la dette, entre le taux apparent et le taux des obligations d'État à 10 ans d'avril 2014. Il est déflaté par les anticipations de prix de l'OCDE pour l'année 2015, calculées comme l'écart entre les taux de croissance potentiels nominal et réel de l'économie.
Source : Calculs OFCE.

Ce calcul est très sensible aux hypothèses de taux d'intérêt et de croissance potentielle retenus. L'écart entre le taux réel et le taux de croissance, aussi appelé écart critique, est un élément déterminant de la soutenabilité de la dette. Si le taux d'intérêt est supérieur au taux de croissance, il faudra un effort budgétaire plus important pour ramener la dette à 60 % que si l'écart critique est négatif ou nul.

Ainsi, même si l'Italie a un solde structurel primaire supérieur de 5,5 points de PIB à celui de la France, l'effort fiscal qu'elle devra réaliser pour réduire sa dette publique à 60 % du PIB en 20 ans est supérieur à celui de la France. Il y a deux raisons à ce résultat :

d'une part la dette publique italienne est de 40 points de PIB supérieure à celle de la France, d'autre part l'écart critique de l'Italie est de 2,5 contre -0,3 pour la France.

Globalement, les pays pour lesquels l'ajustement budgétaire déjà réalisé serait suffisant pour retrouver un ratio dette sur PIB inférieur à 60 % d'ici 20 ans sont l'Allemagne, la Finlande et l'Autriche. La Belgique et les Pays-Bas en sont très proches avec un effort fiscal à réaliser inférieur à 0,5 point de PIB. Ces cinq pays bénéficient d'un écart critique négatif, grâce à des taux longs qui ont beaucoup baissé pendant la crise et un taux d'inflation anticipé supérieur à 1,5 % (sauf les Pays-Bas).

Inversement, l'Espagne, le Portugal, l'Irlande et la Grèce ne sont pas sortis d'affaire. Malgré l'ajustement budgétaire déjà réalisé depuis 2010, l'effort fiscal qui reste à accomplir pour ramener la dette à 60 % du PIB à un horizon de 20 ans serait compris en 4 et 5,3 points de PIB. Si l'on relâche la contrainte temporelle et que l'on donne 30 ans à ces pays pour réduire leur dette, l'effort fiscal resterait compris entre 1,3 et 3,9 points de PIB. Ces quatre pays ont un écart critique positif de plus d'un point – et jusqu'à 2,6 points pour le Portugal – qui complique grandement la tâche de l'assainissement des finances publiques.

Il est essentiel de parvenir à une baisse des taux réels en Europe, en particulier pour les pays les plus en difficulté. Cette baisse peut provenir d'un repli, déjà amorcé, des taux souverains, mais aussi d'un regain d'inflation. Si, au contraire, la zone euro basculait vers la déflation, le retour à une situation soutenable pour les finances publiques serait compromis. Nous avons calculé l'impact d'un point de taux réel en plus sur l'effort fiscal à réaliser pour ramener la dette publique à 60 % du PIB en 20 ans.

Les pays les plus affectés sont ceux qui ont une dette publique élevée : ainsi le Portugal, l'Irlande et la Grèce devraient réaliser entre 1,1 et 1,5 point d'effort budgétaire supplémentaire pour réduire leur dette à 60 %. Pour le Portugal, l'effort serait de 6,4 points de PIB, soit du même ordre de grandeur que celui déjà réalisé avant la crise (7,5 points).

L'écart se creuserait entre la France et l'Italie, qui devraient réaliser respectivement 2,6 et 3,2 points d'effort budgétaire. Pour la France, cela correspondrait à 71 milliards d'euros d'économies budgétaires, soit deux à trois fois plus que ce qui est actuellement envisagé par le gouvernement de Manuel Valls d'ici 2016. Par contre, un ajustement budgétaire de 30 milliards d'euros serait suffisant pour réduire la dette à 60 % du PIB d'ici 30 ans si l'inflation se maintenait autour de 1 %.

Ces résultats sont cohérents avec ceux de l'étude réalisée pour le rapport iAGS 2013 et 2014, dans lesquels nous montrons qu'il est possible de stabiliser la situation budgétaire des pays européens en réduisant les impulsions budgétaires à un effort maximum de 0,5 point de PIB par an, et qu'il est préférable d'attendre que l'écart de production se soit sensiblement refermé avant de réaliser l'ajustement budgétaire.

9. Quel *policy mix* pour une vraie reprise ?

Comme nous l'avons évoqué, la zone euro est dans une situation critique avec un risque de déflation non négligeable. Un chômage de masse persiste dans de nombreux pays et l'écart de production se fermera peu d'ici 2015 selon nos prévisions. Il faudra donc de nombreuses années pour revenir au taux de chômage d'avant-crise. Par ailleurs, cette faible croissance complique la réduction des déficits et des dettes des États.

Une politique monétaire très accommodante est plus que jamais indispensable pour, d'une part, favoriser la baisse des taux publics et privés et, d'autre part, permettre que l'euro se déprécie. Il faudrait une politique très volontariste, comme ce fut le cas aux États-Unis, pour lutter contre la déflation qui menace. Malheureusement, on en est encore loin dans la zone euro. Certes, la question d'un assouplissement monétaire se fait plus pressante. Ainsi, le président de la BCE, Mario Draghi, a évoqué après la dernière réunion du Conseil des gouverneurs de la BCE le 3 avril dernier que la faible inflation (0,5 % en mars dans la zone euro), favorisée par l'appréciation de l'euro (proche de 1,40 dollar) et la désinflation importée qui en découle, était un sujet de préoccupation pour l'institution dont le mandat est de maintenir l'inflation sous le seuil de 2 % mais proche de ce seuil. Il a de plus indiqué que pour la première fois le Conseil des gouverneurs avait évoqué des mesures de *quantitative easing* si l'inflation devait rester durablement aussi faible. Ces déclarations font suite à celles de Jens

Weidman, le président de la Bundesbank, qui avait indiqué que le recours à de nouvelles mesures non-conventionnelles pouvait être envisagé dans la zone euro en cas de risque de déflation. Cependant, les anticipations d'inflation de la BCE (1,3 % en 2015, puis 1,5 % en 2016) montrent que, même si elle se dit prête à agir plus fortement, cela ne devrait pas être le cas selon nos prévisions, puisque la BCE n'anticipe pas de maintien à un bas niveau de l'inflation. Or une politique d'assouplissement, en favorisant la baisse des taux publics et des taux bancaires, allègerait la charge de la dette des États et pourrait être un coup de pouce pour faire repartir le crédit aux entreprises et donc l'investissement. D'autant plus que la dépréciation de l'euro résultant d'une telle politique entraînerait un regain d'inflation et parallèlement stimulerait les exportations et donc la croissance.

Comme nous l'avons montré dans la partie précédente, une politique monétaire plus volontariste faciliterait l'ajustement des finances publiques. D'une part, une baisse plus importante des taux longs des pays sous tension réduiraitt l'effort budgétaire pour stabiliser (voire diminuer) le ratio dette publique/PIB dans certains pays. La réduction des taux privés, en relançant la croissance, favoriserait la fermeture de l'*output gap* et limiterait également l'ajustement budgétaire à fournir. Enfin, une inflation plus élevée, donc une croissance nominale plus élevée, amplifierait la réduction de la dette/PIB.

Dans deux billets récents publiés sur le blog de l'OFCE[9], des pistes d'assouplissement possibles de la politique monétaire dans la zone euro sont évoquées afin que la transmission de la politique monétaire ne soit pas dépendante du secteur bancaire : l'achat direct aux PME de crédits titrisés pour réduire encore le coût de financement des entreprises et l'achat de titres publics dans le cadre de l'OMT, pour faire baisser les taux longs. La dépréciation de l'euro sera plus difficile à enclencher, tant que de larges excédents courants persistent dans la zone euro, du fait de la chute des demandes internes et donc des importations de plusieurs pays.

Mais la politique monétaire seule ne sera pas suffisante pour sortir du marasme dans lequel la zone euro est engluée. En effet, la

9. « Et si la BCE respectait son mandat ! » le 13 mars 2014 par Christophe Blot, « La BCE, ou comment devenir moins conventionnel » le 9 avril 2014 par Jérome Creel et Paul Hubert.

restriction budgétaire est intervenue trop tôt dans le cycle alors que les PIB de la zone euro progressaient tout juste à nouveau et que l'écart de production était encore très creusé. Les pressions à la baisse sur les salaires et la désinflation qui en est résulté, en raison d'un taux de chômage élevé, doivent aussi être combattues par une politique de relance. Il faudrait que la Commission européenne accepte un retour des ratios dette brute/PIB plus lente pour éviter la quasi-stagnation qui nous attend et qu'elle s'attache plutôt à un critère de dette nette des actifs. En effet, l'amélioration des comptes publics a en partie reposé sur la réduction des investissements publics (notamment en Espagne, en Italie ou au Portugal). Or, un sous-investissement chronique risque de gréver la croissance potentielle des prochaines années. C'est pourquoi une relance de la croissance au niveau européen *via* des investissements liés à la transition énergétique serait particulièrement bienvenue[10] : elle pourrait reposer sur de l'investissement public, mais aussi des partenariats publics/privés, des modifications des réglementations, des incitations fiscales, un développement des *project bonds*... De plus, cette dette publique brute nouvelle étant gagée sur des actifs (à savoir les investissements effectués), la dette nette serait inchangée.

10. Pour plus de détails, voir le chapitre 4 du rapport IAGS 2014 et l'article « Un « new deal » vert pour relancer l'Europe », de Xavier Timbeau, dans la *Revue de l'OFCE*,134, 2014.

Principales hypothèses de taux de change, taux d'intérêt et prix des matières premières

	2013				2014				2015				2013	2014	2015
	T1	T2	T3	T4	T1	T2	T3	T4	T1	T2	T3	T4			
Taux de change [1]															
1 €=...$	1,32	1,31	1,32	1,36	1,37	1,40	1,40	1,38	1,35	1,35	1,35	1,35	1,33	1,39	1,35
1 $=...Yen	98,9	99,3	98,7	100,0	103,6	105	105	105	105	105	105	105	99,2	104,6	105,0
1 £=...euros	1,18	1,18	1,17	1,19	1,20	1,22	1,23	1,25	1,25	1,25	1,25	1,25	1,18	1,23	1,25
Taux d'intérêt directeurs des banques centrales [1]															
USA	0,25	0,25	0,25	0,25	0,25	0,25	0,25	0,25	0,25	0,25	0,25	0,25	0,3	0,25	0,25
JPN	0,1	0,1	0,1	0,1	0,1	0,1	0,1	0,1	0,1	0,1	0,1	0,1	0,1	0,1	0,10
EUZ	0,8	0,6	0,5	0,4	0,3	0,25	0,25	0,25	0,25	0,25	0,25	0,25	0,6	0,25	0,25
GBR	0,5	0,5	0,5	0,5	0,5	0,50	0,50	0,50	0,50	0,50	0,50	0,50	0,5	0,5	0,50
Taux d'intérêt à long terme [1]															
USA	1,9	2,3	2,7	2,7	2,8	2,8	2,8	2,8	2,8	2,9	3,0	3,1	2,4	2,8	2,9
JPN	0,7	0,8	0,8	0,6	0,6	0,6	0,6	0,6	0,6	0,6	0,6	0,6	0,7	0,6	0,6
EUZ	2,8	3,0	3,2	3,2	3,2	3,0	3,0	3,0	3,0	3,0	3,0	3,0	3,0	3,0	3,0
GBR	2,0	2,1	2,5	2,6	2,8	2,8	2,8	2,8	2,8	2,9	3,0	3,1	2,3	2,8	2,8
Prix du pétrole Brent, en $ [1]	113	103	110	109	109	107	103	100	100	100	100	100	109	105	100
Prix du pétrole Brent, en € [1]	85	78	83	81	79	76	74	72	74	74	74	74	82	75	74
Matières premières industrielles [2]	5,6	-7,4	-0,3	1,9	-1,0	4,4	-5,1	4,3	5,1	3,9	-2,8	4,8	-2,7	0,0	9,6

1. Moyenne sur la période.
2. Variation par rapport à la période précédente, en %.
Sources : Taux de change et pétrole : relevé des cotations quotidiennes. Taux longs : T-Bond à 10 ans aux États-Unis, Benchmark à 10 ans au Japon, cours moyen des obligations d'État à 10 ans pour la zone euro, obligations d'État à 10 ans au Royaume-Uni. Matières premières industrielles : indice HWWA (Hambourg). Prévision OFCE avril 2014.

ZONE EURO : CONVALESCENCE[1]

PERSPECTIVES 2014-2015 POUR L'ÉCONOMIE EUROPÉENNE

Département analyse et prévision, Céline Antonin, Christophe Blot, Sabine Le Bayon et Danielle Schweisguth

---

La zone euro a renoué avec la croissance. Pour le troisième trimestre consécutif, le PIB a légèrement progressé. Pour autant, la situation macroéconomique de la zone euro reste critique. La croissance est pour l'instant bien trop fragile pour enclencher une dynamique de reprise significative. Dans certains pays, le PIB a continué de reculer au quatrième trimestre 2013. Dans d'autres, c'est le chômage qui se maintient à des niveaux records et qui progresse même encore, en raison d'une progression trop faible de l'activité. Les politiques budgétaires restrictives ont de nouveau pesé sur la demande en 2013. Leur dimension procyclique devrait néanmoins s'atténuer en 2014 et 2015. Du côté de la politique monétaire, la BCE maintient le taux d'intérêt directeur à un niveau de 0,25 point mais tarde à engager des actions plus significatives pour soutenir la croissance et accélérer le processus, en cours, de convergence des taux longs. Les enquêtes sur le crédit indiquent une normalisation des conditions d'offre de crédits mais aussi le faible dynamisme de la demande. Dans ces conditions, nous anticipons une accélération de la croissance en 2014, en grande partie liée à une impulsion budgétaire négative (0,2 point au lieu de 0,7 en 2013). Portée par une moindre accélération du commerce extérieur et le début d'une reprise de l'investissement, la croissance atteindrait 1,3 % en 2014 puis accélérerait à 1,6 % en 2015. Avec un PIB toujours inférieur de 2,7 % à son niveau d'avant crise, ce rebond de la croissance est encore trop faible pour avoir un impact significatif sur le chômage. Il baisserait en 2014 et 2015 sur l'ensemble de la zone euro mais seulement de 0,2 puis 0,3 point. Or avec un taux de chômage qui serait encore de 11,4 % en fin d'année 2015, le risque déflationniste va continuer à s'accentuer. L'évolution récente des prix reflète cette situation avec une inflation qui ralentit depuis la fin de l'année 2011 et un risque accru de voir les anticipations s'ancrer sur un scénario de baisse des prix.

---

1. Cette étude intègre les informations disponibles au 14 avril 2014.

Les premières estimations du PIB pour le quatrième trimestre 2013 confirment le retour de la croissance dans la zone. Depuis le deuxième trimestre, la progression du PIB est modérée, mais elle concerne progressivement une part plus importante de pays de la zone euro. Ainsi, en fin d'année 2013, l'Italie et l'Espagne renouent avec la croissance et seuls l'Estonie, Chypre et la Finlande ont enregistré un recul de l'activité. Deux éléments principaux expliquent le rebond de cette croissance. D'une part, la politique budgétaire a été globalement moins restrictive en 2013 qu'en 2012 : -0,7 point de PIB d'impulsion négative pour l'ensemble de la zone euro contre -1,7. D'autre part, le mouvement de convergence des taux d'intérêt à long terme sur les obligations publiques s'est poursuivi en 2013 (graphique 1). Les taux allemands ou français ont légèrement augmenté tandis qu'ils ont baissé en Italie, en Espagne ou en Irlande et plus récemment au Portugal.

La zone euro reste cependant engluée dans une situation de chômage de masse avec une croissance pour l'instant insuffisante pour permettre une décrue du chômage. En glissement annuel, la progression du PIB s'établit à seulement 0,5 % pour l'ensemble de la zone euro au quatrième trimestre 2013. Elle est encore négative en Italie (-0,9 %) et en Espagne (-0,2 %). Le chômage en zone euro se stabilise autour de 12 % à la fois parce que l'emploi a cessé de se contracter mais aussi parce que la population active potentielle recule légèrement. Dans ce contexte, les tendances déflationnistes s'intensifient car le niveau de la demande est bas, que l'écart de production reste important et que la situation sur le marché de l'emploi pousse à la baisse des salaires. La dynamique de l'inflation dans la zone euro depuis la fin de l'année 2011 reflète cette situation avec un mouvement de désinflation qui se poursuit. La première estimation de l'indice harmonisé des prix à la consommation pour le mois de mars 2014 indique une progression de 0,5 %. L'inflation ralentit donc largement par rapport à son niveau de fin d'année 2012 (2,3 %). La contribution de l'énergie à la hausse de l'indice global a certes diminué mais l'inflation sous-jacente est passée de 1,6 % au troisième trimestre 2012 à 0,8 % au quatrième trimestre 2013[2].

2. Sur les mois de janvier et février 2014, l'inflation sous-jacente atteint respectivement 0,8 et 1 %.

Graphique 1. Taux d'intérêt publics dans la zone euro

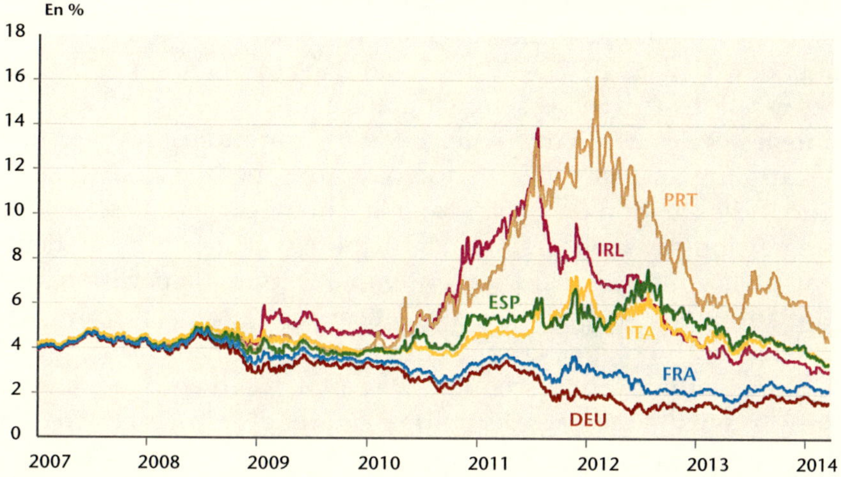

Source : Datastream.

Les enquêtes de conjoncture dans l'industrie, les services ou auprès des ménages continuent de s'améliorer (graphique 2), laissant entrevoir la poursuite de la croissance pour le début de l'année 2014. Bien que l'orientation des politiques budgétaires soit toujours restrictive, l'austérité s'atténuera progressivement et pèsera moins sur l'activité qu'en 2012 et 2013. La politique monétaire apportera également un soutien à l'activité. Les taux directeurs de la BCE seront maintenus à leur niveau historiquement bas et l'efficacité de la transmission de la politique monétaire sera sans doute renforcée par la fin de la crise des dettes souveraines dans la zone euro, ce que traduit notamment le mouvement de baisse des écarts de taux d'intérêt à long terme entre les pays en crise et l'Allemagne. Nous anticipons une progression du PIB de 1,3 % en 2014 dans l'ensemble de la zone euro. L'Allemagne, la Belgique et l'Irlande seraient les pays où le PIB croîtrait le plus rapidement. En Espagne, en France et aux Pays-Bas, la croissance s'établirait entre 1,2 % et 1,4 %. Elle serait plus lente en Italie (0,7 %). Cette reprise sera notamment tirée par l'investissement. La dynamique de la FBCF (formation brute de capital fixe) au quatrième trimestre 2013 annonce l'enclenchement d'un cycle d'investissement qui pourrait démarrer dès 2014. Mais cette amélioration du climat conjoncturel n'entraînera pas une réduction significative du taux de chômage. Celui-ci ne baissera que de

0,2 point en 2014 et de 0,3 en 2015, sous l'effet d'une croissance légèrement plus élevée (1,6 % en 2015). A ce rythme, il faudra encore de nombreuses années pour que la zone euro retrouve un taux de chômage de 7,5 %, le niveau d'avant la crise. Les reprises des créations d'emplois seront notamment freinées par la fermeture des cycles de productivité. Dans ces conditions, les pressions déflationnistes constitueront toujours une menace pour la zone euro. À l'exception de l'Allemagne, le chômage élevé pèsera sur la progression des salaires. Nous n'anticipons pas une entrée en déflation de la zone euro dans son ensemble même si la persistance de l'inflation, et notamment de l'inflation sous-jacente, à un niveau inférieur à 1 % plonge la zone euro dans une situation à risque où les anticipations sont susceptibles de basculer et d'entraîner la zone dans la déflation. C'est sans doute d'ores et déjà le cas en Grèce et au Portugal ; l'Espagne s'en approche dangereusement. Ce risque pourrait être renforcé dans l'éventualité d'une appréciation de l'euro réduisant l'inflation importée. L'enclenchement d'un processus déflationniste pourrait menacer les efforts de désendettement public comme privé. Inversement, notre scénario ne tient pas compte d'un éventuel assouplissement supplémentaire de la politique monétaire. La communication récente de la BCE reste cependant assez floue sur cette éventualité. D'une part, certains membres du Conseil des gouverneurs ont fait des déclarations publiques indiquant que la BCE pourrait, si elle le jugeait

Graphique 2. Indicateurs de confiance dans la zone euro

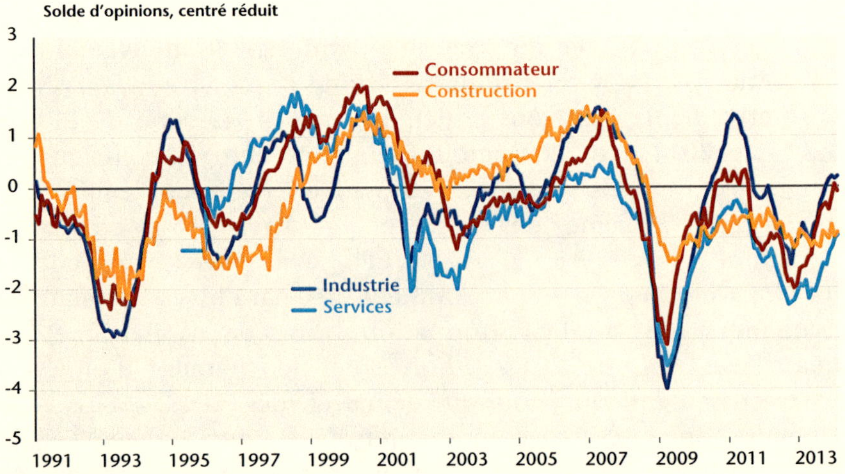

Source : Commission européenne.

nécessaire, prendre des mesures supplémentaires d'assouplissement de la politique monétaire. D'autre part, les communiqués à l'issue des réunions de la BCE semblent indiquer qu'étant donné le niveau actuel de l'inflation et les anticipations de la BCE, l'orientation de la politique monétaire reste appropriée, fermant alors la porte à une action supplémentaire.

1. Des politiques macroéconomiques toujours pro-cycliques mais moins défavorables

La zone euro est encore dans une situation de double récession dont la seconde phase résulte directement du choix de la politique de restriction budgétaire adopté par l'ensemble des pays membres alors même que les pays de la zone euro[3] n'avaient pas encore effacé les effets du choc financier qui avait entraîné une chute de l'activité de plus de 5 % entre la mi-2008 et la mi-2009. Ce changement d'orientation avait fait avorter la reprise qui avait débuté au troisième trimestre 2009, entraînant la zone euro dans une nouvelle récession. La baisse du PIB fut ininterrompue pendant cinq trimestres (du quatrième trimestre 2011 au premier trimestre 2013). Cette phase de recul de l'activité a été moins forte que la première – la baisse du PIB étant de 1,5 % –, mais le cumul de ces deux événements plonge la zone euro dans une situation où les déséquilibres macroéconomiques et sociaux seront longs à résorber[4]. Depuis le premier trimestre 2008, la zone euro a détruit 5,4 millions d'emplois et le nombre de chômeurs s'est accru de 7,7 millions de personnes dont près de 50 % vivent en Espagne.

Tant que l'orientation des politiques budgétaires restera procyclique, les pays de la zone euro peineront à sortir de ce second épisode récessif. En 2013, elles ont encore fortement pesé sur la croissance, même si elles ont été globalement moins restrictives qu'en 2012 (tableau 1). C'est en particulier le cas pour l'Italie, l'Espagne, le Portugal et la Grèce. En Allemagne, la politique budgétaire est devenue neutre en 2013 alors qu'en France, l'impulsion a été équivalente à ce qu'elle avait été en 2012 (-1,2 point de

3. OFCE, 2013 : « Zone euro : le calice de l'austérité jusqu'à la lie », *Revue de l'OFCE Collection Analyse et prévisions*, 129.
4. Le second rapport iAGS (voir http://www.ofce.sciences-po.fr/publications/si2014.htm) apporte de nombreux développements sur ces déséquilibres.

PIB). Il en va de même pour les Pays-Bas. Sur l'ensemble de la zone euro, le cumul des plans de consolidation s'est réduit d'1 point de PIB, soit près de 100 milliards d'euros en 2013 par rapport à 2012.

Tableau 1. Impulsions budgétaires des pays de la zone euro

En points de PIB

	2012	2013	2014	2015
DEU	-1,0	0,0	0,3	0,1
FRA	-1,1	-1,2	-0,7	-0,6
ITA	-2,7	-0,4	0,4	0,0
ESP	-3,7	-1,6	-0,6	-0,6
NLD	-1,1	-1,2	-1,0	-1,0
BEL	-0,7	-0,9	-0,5	-0,9
IRL	-1,9	-2,1	-1,8	-1,1
PRT	-3,7	-2,1	-0,5	-0,5
GRC	-5,4	-1,7	-1,3	-0,9
AUT	-1,1	-0,4	-0,4	-0,3
FIN	-0,2	-0,8	-0,2	-0,2
EUZ	-1,7	-0,7	-0,2	-0,3

Sources : Eurostat, prévision OFCE avril 2014.

Ce facteur a contribué à la sortie de la récession qui est intervenue au deuxième trimestre 2013 et qui s'est confirmée au cours des deux trimestres suivants. En glissement annuel, le PIB progressait de 0,5 % au quatrième trimestre 2013 contre un recul de 1,5 % quatre trimestres auparavant. Il y a donc bien une accélération de la croissance même si, en moyenne annuelle, le PIB recule encore de -0,4 % en 2013 après une baisse de -0,6 % pour l'année 2012 (tableau 2). Ce rebond de l'activité reste cependant hétérogène. Bien que l'Allemagne n'ait pas connu d'épisode récessif, la croissance avait nettement faibli à partir du deuxième trimestre 2012 ; le PIB ayant même reculé de 0,5 % au quatrième trimestre 2012. Si l'austérité y a été globalement beaucoup moins marquée que dans les autres pays, l'Allemagne avait pâti du ralentissement de la demande en provenance de ses partenaires européens. En 2013, l'arrêt des mesures de consolidation au niveau national ainsi que la moindre austérité dans les autres pays de la zone euro ont permis à l'activité de repartir, stimulée notamment par l'investissement et par un boom des exportations (+2,6 %) au quatrième trimestre. Après neuf trimestres de recul de l'activité, l'Italie et l'Espagne ont certes renoué avec une croissance positive du PIB (respectivement au quatrième et troisième trimestre) mais conservent un écart de production très dégradé. La situation sur le marché du travail a continué de se dégrader en 2013 avec des pertes d'emploi : près de 460 000 en Italie et 530 000 en Espagne. En Grèce, le PIB a poursuivi sa chute, baissant de 3,7 % en 2013 après 6,4 % en 2012. Depuis 2007, la baisse totale du PIB de la Grèce excède 23 %.

Tableau 2. Croissance dans la zone euro

En %

	2014				2015				2013	2014	2015
	T1	T2	T3	T4	T1	T2	T3	T4			
DEU	0,5	0,5	0,4	0,4	0,4	0,4	0,4	0,4	0,5	1,8	1,7
FRA	0,2	0,4	0,4	0,4	0,4	0,4	0,4	0,5	0,3	1,2	1,6
ITA	0,3	0,3	0,3	0,3	0,3	0,3	0,2	0,2	-1,8	0,7	1,0
ESP	0,4	0,5	0,4	0,5	0,5	0,5	0,5	0,5	-1,2	1,2	2,0
NLD	0,2	0,2	0,2	0,2	0,3	0,3	0,3	0,3	-0,8	1,4	1,1
BEL	0,5	0,5	0,5	0,5	0,3	0,3	0,3	0,3	0,2	1,9	1,7
IRL	0,1	0,2	0,3	0,3	0,5	0,5	0,6	0,6	0,0	1,9	1,7
PRT	0,2	0,3	0,3	0,3	0,3	0,4	0,4	0,4	-1,4	1,4	1,4
GRC	0,3	0,6	1,6	2,2	-1,0	-0,9	-0,4	-0,4	-3,7	-0,3	0,6
AUT	0,3	0,4	0,4	0,4	0,4	0,4	0,4	0,4	0,4	1,1	1,6
FIN	0,6	0,6	0,5	0,4	0,5	0,4	0,4	0,4	-1,5	0,8	1,8
EUZ	0,4	0,4	0,4	0,4	0,4	0,4	0,4	0,4	-0,4	1,3	1,6

Sources : Eurostat, prévision OFCE avril 2014.

Le rebond de l'activité est plus significatif en France, avec une croissance de 0,8 % sur les trois derniers trimestres de 2013. De même, aux Pays-Bas, la croissance a accéléré progressivement passant de 0,1 % au deuxième trimestre à 0,7 % au quatrième. Pourtant, dans ces deux pays, les politiques budgétaires ont été aussi restrictives en 2013 qu'elles l'étaient en 2012. Pour 2013, le budget prévoyait des mesures d'économies budgétaires de 36 milliards d'euros au total, réparties entre réduction des dépenses (8 milliards) et augmentation d'impôts (28 milliards). Aux Pays-Bas, les mesures d'austérité prises par le deuxième gouvernement de Mark Rutte en 2012 ont amplifié le plan de consolidation qui avait été initialement adopté en 2011. Pour autant, la moindre austérité menée chez les partenaires européens a contribué au regain de croissance. Sur les trois premiers trimestres de l'année 2013, la demande adressée à la France et aux Pays-Bas a progressé respectivement de 1,4 % et de 0,9 % contre une augmentation respective de 0,4 % et 0,5 % en 2012. L'Irlande se trouve dans une situation assez proche. Malgré la poursuite de l'austérité, le pays sort de la récession et retrouve le chemin d'une croissance dynamique, en grande partie grâce au commerce extérieur et à l'investissement des entreprises, principalement multinationales. Le PIB par tête reste cependant inférieur à son niveau d'avant-crise et, bien qu'en baisse, le chômage touche encore plus de 12 % de la population active.

Par ailleurs, les risques d'éclatement de la zone euro se sont dissipés. Le renforcement de la gouvernance macroéconomique ainsi que les annonces de la BCE en septembre 2012 avaient largement permis de faire baisser les primes de risques sur les taux d'intérêt à long terme de l'Italie, l'Espagne, l'Irlande… en écartant notamment le risque d'un défaut non ordonné sur la dette souveraine. Il s'en est suivi un mouvement de convergence des taux d'intérêt publics qui s'est répercuté sur les taux appliqués par les banques sur les nouveaux crédits. Entre juillet 2012 et décembre 2013, les taux sur les crédits immobiliers ont ainsi baissé de 0,5 point en Italie et au Portugal. La baisse a été moins marquée en Espagne (0,3 point) [5]. La baisse des taux sur les prêts aux entreprises – inférieurs à 1 million d'euro – y a été bien plus forte (0,5 point) et supérieure à celle observée en Allemagne (0,2). Par ailleurs, les évolutions observées sur le marché interbancaire témoignent également d'une accalmie. L'Espace bancaire européen est toujours fragmenté mais le pic de la crise semble être passé comme le reflète le repli des déséquilibres financiers entre banques centrales tel que mesurés par les soldes TARGET (graphique 3) ainsi que la diminution de la taille du bilan de la BCE. L'encours des refinancements accordés par la BCE dans le cadre de ses opérations de politique monétaire est ainsi passé de 1 260 milliards d'euro en juillet 2012 à 716 milliards en janvier 2014, reflétant les remboursements anticipés effectués par les banques sur les opérations de refinancement à trois ans lancées par la BCE en décembre 2011 et février 2012.

5. En Irlande, les taux sur les nouveaux crédits immobiliers ont augmenté de 0,32 point.

Graphique 3. Soldes TARGET

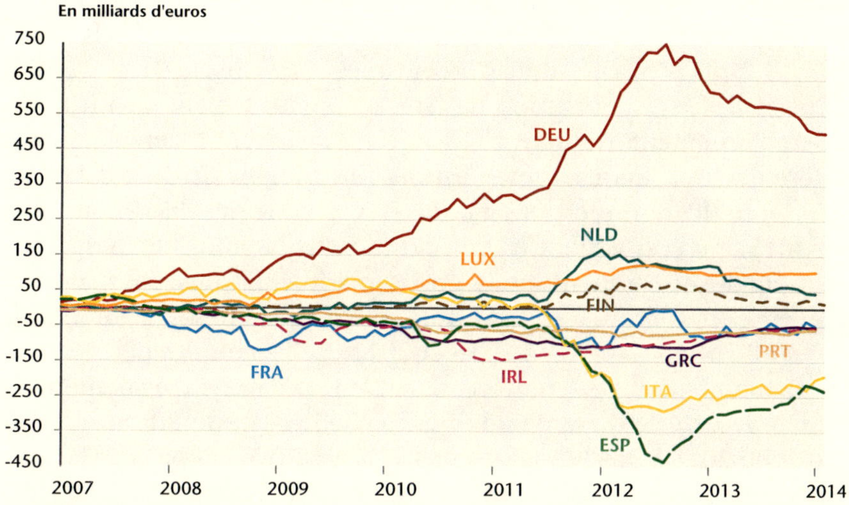

Note : Les soldes TARGET mesurent les positions créditrices des banques centrales nationales à l'égard de la BCE. Ces positions sont liées aux demandes de refinancement ou de dépôts des institutions de crédits auprès des banques centrales nationales dans le cadre des opérations de politiques monétaires.
Sources : Euro crisis monitor, Osnabrück University.

Ce schéma va se renforcer en 2014 et 2015. D'une part, l'austérité budgétaire sera encore atténuée puisque pour l'ensemble de la zone euro, l'impulsion passera de -0,7 point de PIB en 2013 à -0,2 en 2014 puis -0,3 en 2015. L'écart entre 2014 et 2015 tient notamment au fait que l'orientation de la politique budgétaire allemande sera expansionniste en 2014 alors qu'elle redeviendrait neutre en 2015. Le reste de la zone euro maintiendra une politique budgétaire modérément restrictive. La croissance sera donc moins freinée mais le maintien de politiques pro-cycliques empêchera l'enclenchement d'une véritable dynamique de reprise. En dehors de l'Allemagne, l'Italie mènerait également une politique budgétaire expansionniste en 2014, le nouveau gouvernement italien ayant annoncé le remboursement des arriérés de paiement aux entreprises ainsi qu'une baisse d'impôts pour un montant de 10 milliards d'euros, dont une partie seulement serait financée par des économies sur les dépenses[6]. Dans la majorité des autres pays, les efforts de réduction des déficits budgétaires se poursuivront, notamment afin de respecter l'objectif de 3 % pour le déficit budgétaire. La

6. Voir dans ce numéro la fiche pays « Italie : une lueur au bout du tunnel ? ».

France, l'Espagne, les Pays-Bas maintiendront des efforts d'économies assez stables entre 2014 et 2015, ce qui devrait leur permettre de respecter les nouvelles échéances de réduction du déficit fixées en mai 2013 par la Commission européenne (tableau 3). Il y a plus d'incertitude sur l'évolution de l'impulsion budgétaire de l'Irlande. Le gouvernement irlandais a réussi jusqu'ici à tenir les engagements intermédiaires. Etant donné l'estimation actuelle de l'effort budgétaire pour 2015, il n'est pas garanti que la cible de 3 % soit atteinte en 2015. Par conséquent, si l'orientation de la politique budgétaire sera encore un frein pour la croissance de certains pays, il n'en demeure pas moins que l'effort budgétaire freinera moins la demande intérieure qu'en 2013 et 2012. Ce faisant, les perspectives de demande vont se renforcer, ce qui améliorera également la demande extérieure de la zone euro. Celle-ci passerait en effet de 1,6 % en 2013 à 3,2 % en 2014 et 4,2 % en 2015. Les pays de la zone euro ne sortiraient donc pas complètement de la crise. La cure d'austérité sera atténuée mais restera un frein à des perspectives de croissance qui auraient été autrement plus dynamiques.

Tableau 3. Soldes budgétaires des pays de la zone euro

En points de PIB

	2013	2014	2015	Objectif de 3 % en
DEU	-0,1	-0,1	0,0	
FRA	-4,3	-3,7	-3,0	2015
ITA	-3,0	-3,0	-2,6	
ESP	-7,1	-6,1	-5,2	2016
NLD	-2,5	-2,6	-1,7	2014
BEL	-2,7	-2,4	-1,3	2013
IRL	-7,2	-5,2	-4,4	2015
PRT	-4,9	-3,8	-2,4	2015
GRC	-7,8	-3,3	-2,1	2015
AUT	-2,3	-1,8	-1,5	
FIN	-2,5	-2,6	-2,2	
EUZ	-2,8	-2,5	-1,9	

Sources : Eurostat, Prévisions OFCE avril 2014.

Par ailleurs, les tensions financières vont continuer à s'apaiser même si, dans certains pays, les ratios de prêts non performants pèsent toujours sur la situation financière des banques. C'est notamment le cas en Espagne et en Irlande. Les risques d'instabilité liés à une crainte de défaut souverain sont apaisés et ne devraient pas ressurgir. Le mouvement de convergence des taux d'intérêt de long terme se poursuivrait, ce qui bénéficierait notamment à l'Italie et à l'Espagne dont les taux continueraient à baisser. Nous anticipons ainsi un resserrement de l'écart de taux vis-à-vis du taux allemand de long terme avec des taux italiens et espagnols baissant progressivement vers 3 % tandis que le taux allemand augmenterait très modérément – de seulement 0,3 point – pour se stabiliser autour de 2 %. Le taux à long terme de la France changerait peu en moyenne sur la période.

Dans ce contexte, nous anticipons une croissance de 1,3 % pour la zone euro en 2014 et de 1,6 % en 2015. Poussée par le soutien de la politique budgétaire et la mise en place progressive du salaire minimum, la croissance allemande s'établirait à 1,8 % en 2014 puis 1,7 % l'année suivante[7]. L'Italie bénéficierait également d'une légère expansion budgétaire et verrait son PIB progresser de 0,7 % en 2014. L'enclenchement du cycle d'investissement stimulerait également la croissance qui atteindrait 1 % en 2015. La croissance de la France et de l'Espagne atteindrait 1,2 % en 2014, tandis qu'elle serait de 1,4 % aux Pays-Bas. Elle serait encore freinée dans ces pays par la politique budgétaire au même titre qu'en l'Irlande, au Portugal ou en Grèce. Si les pays avaient fait le choix de mener une politique budgétaire neutre, la croissance dans la zone euro aurait gagné 0,4 point en 2014 et 0,5 en 2015 (tableau 4) ce qui aurait permis une baisse significative du chômage. En écart à notre prévision de chômage, la baisse pour l'année 2015 aurait été de 0,8 point en France, de 1 point en Espagne, de 1,2 point aux Pays-Bas. Le chômage aurait également baissé en Allemagne dans la mesure où l'effet positif de la moindre contraction budgétaire dans le reste de la zone euro l'emporterait sur une orientation plus restrictive, en variante, de la politique budgétaire allemande. Par contre, ce scénario de politique budgétaire neutre pour l'ensemble des pays de la zone euro serait moins favorable à l'Italie puisque la croissance baisserait de 0,2 point en 2014. Cette différence relative avec l'Allemagne s'explique par la valeur des multiplicateurs budgétaires. Dans notre scénario central, l'écart de production est plus creusé en Italie qu'en Allemagne ce qui induit une valeur plus

7. Voir dans ce numéro la fiche pays « Allemagne : à contre-courant ».

élevée des multiplicateurs budgétaires en Italie. Dans ces conditions le passage d'une impulsion positive (+0,4 dans le scénario central) à une impulsion nulle n'est pas compensé par le fait que les autres pays de la zone euro font moins d'austérité. Les gains de croissance les plus forts sont obtenus pour les pays où la réduction de l'impulsion est la plus forte (Irlande, Grèce, Portugal notamment) et où l'écart de production est le plus important, ce qui correspond au cas où les multiplicateurs sont les plus élevés. Dans le scénario de neutralité budgétaire, les pays de la zone euro ne seraient cependant plus en mesure de respecter leurs engagements budgétaires. La cible de 3 % ne serait pas atteinte en 2015 pour la France par exemple. Néanmoins, une politique budgétaire neutre permettrait de réduire plus rapidement l'écart de croissance ce qui réduirait à terme les multiplicateurs et rendrait l'ajustement budgétaire *in fine* moins coûteux[8].

Tableau 4. Croissance et solde public dans le cas d'une politique budgétaire neutre

En écart au scénario central

	Croissance		Solde public	
	2014	2015	2014	2015
DEU	0,1	0,1	0,4	0,5
FRA	0,6	0,6	-0.4	-0,7
ITA	-0,2	0,0	0,3	0,3
ESP	0,8	0,8	-0,2	-0,5
NLD	0,9	1,0	-0,4	-0,9
BEL	0,6	0,7	-0,2	-0,7
IRL	2,0	1,5	-0,9	-1,4
PRT	2,0	0,9	-0,5	-0,6
GRC	1,9	1,6	-0,4	-0,5
AUT	0,4	0,4	-0,2	-0,3
FIN	0,2	0,2	-0,1	-0,2
EUZ	0,4	0,5	-0,1	0,0

Note : pour la croissance et pour les soldes publics, les variations doivent être comparées aux prévisions du scénario central telles que résumées par les tableaux 2 et 3.
Source : Modèle iAGS, Prévisions OFCE avril 2014.

8. Pour une analyse plus détaillée, voir Blot C., M. Cochard, J. Creel, B. Ducoudré, D. Schweisguth et X. Timbeau, 2014 : « Fiscal consolidation in time of crisis : is the sooner really the better ? », *Revue de l'OFCE* Collection *Débats et Politiques*, 132.

Par ailleurs, le scénario central ne tient pas compte des risques pesant sur l'environnement international et notamment celui lié à l'Ukraine ou aux pays émergents. L'Ukraine n'absorbe en effet que 0,4 % des exportations de la zone euro. Les pays les plus exposés au marché ukrainien sont l'Estonie et la Slovénie où cette part est de 1 %. Par ailleurs, si certains pays émergents sont pénalisés par une fuite de capitaux qui menace leur croissance, notre scénario ne prévoit cependant pas une situation d'effondrement global de la croissance dans ces pays ; l'impact des turbulences observées dans certains pays ne devrait pas être significatif pour la zone euro.

2. Quel(s) moteur(s) pour la reprise dans les pays de la zone euro ?

L'orientation moins restrictive des politiques budgétaires et l'amélioration très progressive des conditions monétaires, en particulier dans les pays en crise, permettront à la zone euro de renouer avec la croissance. En 2014, cette croissance serait sans doute insuffisante pour refermer l'écart de production[9], facteur déterminant pour parler de reprise. À cette aune, la reprise interviendrait cependant en 2015 avec une croissance de 1,6 %, légèrement supérieure au potentiel de croissance estimé par l'OCDE. Le relâchement progressif de la contrainte budgétaire aura d'abord un effet favorable sur la demande interne et en premier lieu l'investissement. Les importations seraient alors plus dynamiques, ce qui améliorera également la demande adressée à l'ensemble des pays de la zone euro. Ainsi, les mécanismes d'amplification des effets de l'austérité qui ont poussé la zone euro dans la récession seront atténués, renforçant le regain de croissance par le canal du commerce extérieur. Cet effet sera de plus, dans certains pays, amplifié par les gains récents de compétitivité. L'effet agrégé sur la zone euro est cependant incertain dans la mesure où une partie des gains de parts de marché – ceux de l'Espagne par exemple – se fait au détriment des autres pays de la zone euro, et notamment de l'Allemagne ou de la France.

2.1. L'investissement, soutien de la croissance

Malgré la fin de la crise des dettes souveraines et la normalisation des taux sur le marché obligataire dans les pays en crise, la

9. Celui-ci est estimé entre 1 et 1,2 % par l'OCDE.

crise a laissé des stigmates : les entreprises demeurent frileuses, avec une baisse de la demande de financement externe (graphique 4) non compensée par l'autofinancement. Cela étant, par rapport à notre prévision de septembre 2013, des signaux encourageants apparaissent. Le tournant marqué au deuxième trimestre 2013 se confirme, avec une accélération de l'investissement à 1,2 % au deuxième semestre 2013, notamment de l'investissement productif. Mais le taux d'investissement productif reste faible, proche du creux de 2009. En France, le rebond de l'investissement des sociétés non-financières au quatrième trimestre (+0,9 %) est intervenu après 7 trimestres de baisse. Par contre, l'investissement logement des ménages continuait à reculer de 0,1 % après une baisse de 0,6 % au trimestre précédent. L'Italie a également enregistré une progression de l'investissement productif de 1,2 % tandis que l'investissement logement fut plus modéré (+0,2 %). La situation du marché immobilier espagnol a de nouveau pesé sur l'investissement des ménages. L'ajustement n'est en effet pas encore terminé alors que du côté productif, la reprise a débuté plus tôt et l'investissement a été dynamique tout au long de l'année 2013. Enfin, du côté allemand, les deux composantes de l'investissement ont connu une orientation favorable depuis le deuxième trimestre 2013. L'absence de boom des prix immobiliers en Allemagne au cours des années 2000 conjugué à des conditions financières favorables et à un revenu disponible des ménages mieux orienté que dans le reste de la zone euro expliquent la meilleure tenue de l'investissement logement outre-Rhin[10].

Les conditions de financement interne et externe des entreprises demeurent dégradées. Au niveau externe, le crédit bancaire ne cesse de se contracter depuis 2011, et le financement par actions a atteint un point bas historique mi-2013. Seul le financement par obligations est stable. Quant à l'autofinancement, à l'exception de l'Espagne où le taux d'autofinancement s'est fortement redressé en 2012, il baisse en France, en Italie, et progresse faiblement en Allemagne. Le recul des flux de crédit vers les entreprises s'explique plus par la faiblesse de la demande que par un rationnement de l'offre. Plus que la situation des banques, la faiblesse du crédit tiendrait principalement à la santé financière des agents non-financiers

10. Voir dans ce numéro la fiche pays « Allemagne : à contre-courant ».

qui est dégradée dans un contexte récessif. Dans ces conditions, les entreprises en moins bonne santé ne sont plus en mesure d'obtenir du crédit ou à des conditions moins avantageuses que les firmes qui ont mieux résisté à la crise. Cependant, l'enquête sur les conditions de crédit dans la zone euro montre que les banques anticipent une accélération de la demande de crédit au cours des trois prochains mois (graphique 5).

Graphique 4. Flux de passif des SNF de la zone euro

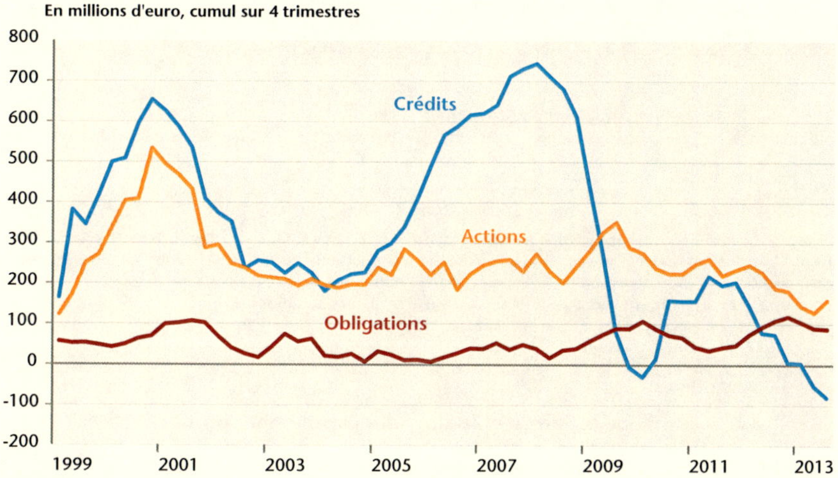

Source : BCE.

Après une forte progression au quatrième trimestre 2013, nous anticipons une reprise de l'investissement en 2014, pour plusieurs raisons. D'abord, les enquêtes de conjoncture décrivent un climat plus propice à l'investissement, avec des carnets de commandes mieux garnis, des perspectives de production plus élevées, et une demande de crédit croissante dans les trois mois à venir. Le redressement des taux d'utilisation des capacités dans l'industrie manufacturière (graphique 6) depuis début 2013 dans les grands pays de la zone euro, à l'exception de la France, corrobore également notre analyse. Ainsi, dans les grands pays de la zone euro (Allemagne, France, Italie, Espagne), 2014 sera l'année de reprise de l'investissement ; d'ailleurs en Espagne, le mouvement est déjà bien amorcé.

Graphique 5. Évolution des conditions de crédit aux entreprises dans la zone euro, au cours des trois derniers mois

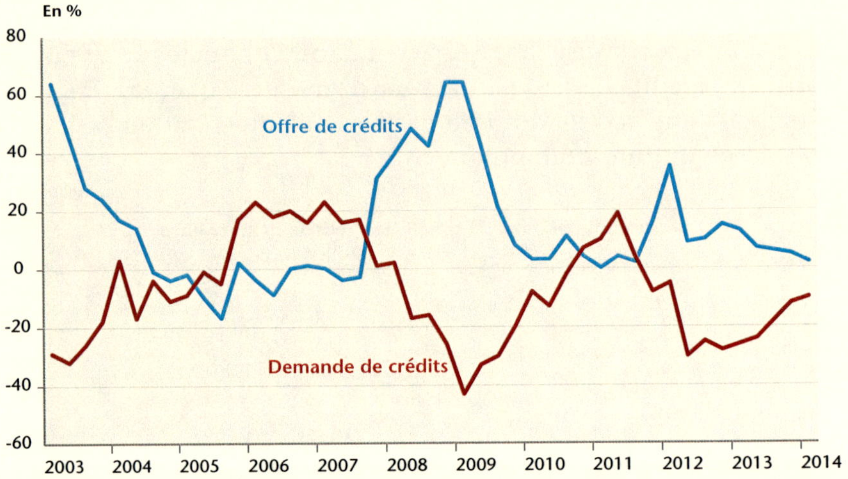

Note : Les données sont basées sur une enquête trimestrielle. Le pourcentage net obtenu pour la courbe d'offre (resp. de demande) s'obtient en faisant la différence entre le pourcentage d'entreprises pour lesquelles les conditions se durcissent (resp. s'améliorent) et le pourcentage d'entreprises pour lesquelles elles s'assouplissent (resp. se dégradent). Un déplacement vers le haut de la courbe d'offre montre un durcissement des conditions de crédit, un déplacement vers le bas de la courbe de demande une dégradation des conditions de crédit.
Source : BCE (Bank lending survey).

Graphique 6. Taux d'utilisation des capacités de production

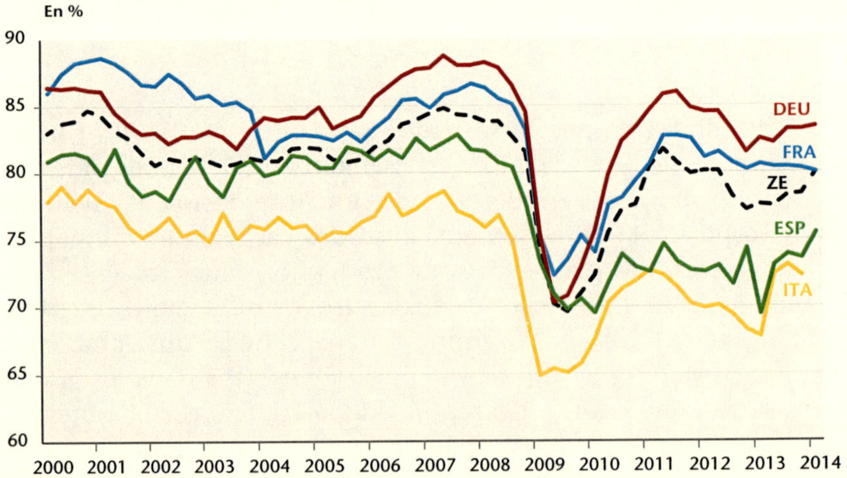

Source : Datastream.

Même si cette reprise par l'investissement peut sembler fragile et inégale selon les pays, elle devrait se confirmer en 2014. Bien que la demande sera toujours freinée par les politiques budgétaires, leur effet sera atténué, ce qui entraînera une accélération de la demande, principalement externe mais également intérieure. La nécessité de rétablir les capacités de production détruites pendant la crise incitera également les entreprises à investir. Des disparités d'ampleur et de temporalité entre les pays, en fonction de la situation des entreprises, devraient cependant être observées. Dans certains pays, les marges des entreprises industrielles sont restaurées : c'est le cas en Espagne, au prix d'une politique de destruction d'emplois et de déflation salariale menée en 2012 et 2013, et en Allemagne, avec une politique de modération salariale pendant toute la décennie d'avant-crise (graphique 7). Dans ces deux pays, l'effet accélérateur de l'investissement devrait être fort et rapide, le dynamisme du commerce extérieur poussant les entreprises à investir et à embaucher. En France et en Italie les marges des entreprises sont à des niveaux historiquement bas, même si l'on observe un rebond fin 2013. Par conséquent, le préalable à tout investissement sera pour les entreprises la restauration de leurs marges et l'augmentation des taux d'utilisation des capacités, ce qui devrait décaler dans le temps la reprise par l'investissement. La situation

Graphique 7. Taux de marge des entreprises industrielles

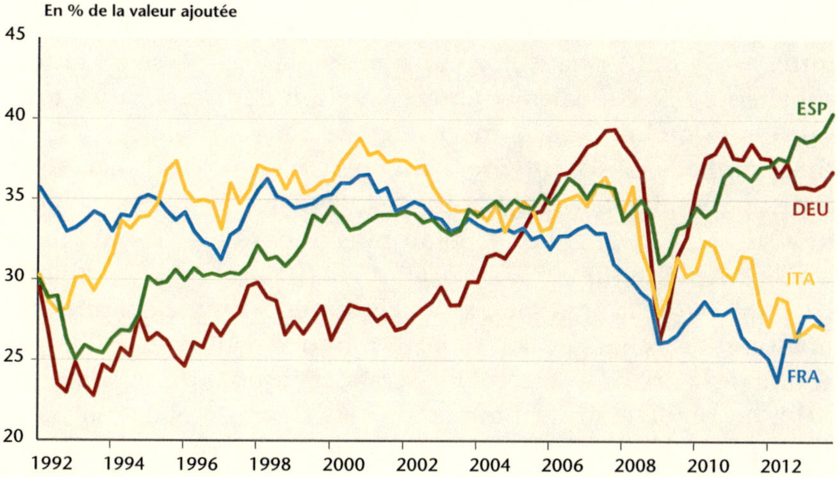

Source : Comptabilités nationales.

des entreprises pourrait néanmoins s'améliorer rapidement dans le cas de l'Italie, grâce au versement par l'administration des arriérés de paiement aux entreprises, pour un montant de 20 milliards d'euros chaque année en 2013 et 2014, voire le paiement intégral des 60 milliards d'euros d'arriérés.

2.2. Commerce extérieur : le déficit de la France absorbe tous les excédents

L'accélération de la demande interne *via* notamment l'investissement stimulera les importations et donc la demande adressée à l'ensemble des pays de la zone euro. Au niveau agrégé, les importations progresseraient de 3,4 % en 2014 contre une quasi-stagnation en 2013. C'est pour l'Irlande que l'accélération serait la plus forte avec une hausse de 8,2 % en 2014, résultant en grande partie d'un effet d'acquis important. La demande intérieure ne contribuerait plus négativement à la croissance mais resterait encore marquée par l'austérité et par la poursuite du mouvement de désendettement opéré par les ménages. L'Espagne serait dans une situation identique mais la croissance des importations en volume serait de 2,9 % en 2014 contre 1,6 % en 2013. L'interdépendance entre les pays de la zone euro renforcerait donc les effets de la moindre austérité. Le taux de croissance de la demande adressée passerait notamment de 1,6 % en 2013 pour l'ensemble de la zone euro à 3,2 % en 2014. Toutefois, l'impact indirect sur la croissance serait modéré. En moyenne, le coût des politiques budgétaires restrictives sur la croissance, *via* la demande adressée, serait réduit de 0,2 point entre 2013 et 2014 dans la zone euro (tableau 5). Il serait ensuite stable en 2015. Globalement, l'accélération de la croissance résultant d'une moindre austérité budgétaire sera surtout liée à l'effet direct sur la demande interne. Pour la France, le coût de la consolidation passerait ainsi de 1,1 point de croissance en 2013 à 0,9 point en 2014. En Espagne, l'écart serait plus important puisqu'il passerait de 2,2 points en 2013 à 0,7 point en 2014 et 2015. Par ailleurs, le commerce de la zone euro serait également stimulé par une accélération des échanges au niveau mondial. Alors que l'impact négatif de la politique budgétaire serait stable en 2015 par rapport à 2014, on observerait néanmoins une accélération de la croissance des importations. Dans la zone euro, elles progresseraient de 4,2 %.

Tableau 5. Impact de la politique budgétaire

En points de PIB

	2013		2014		2015	
	Direct	*Via* la demande adressée	Direct	*Via* la demande adressée	Direct	*Via* la demande adressée
DEU	0,1	-0,7	0,2	-0,5	0,1	-0,4
FRA	-1,1	-0,6	-0,9	-0,3	-0,7	-0,3
ITA	-0,4	-0,5	0,4	-0,3	0,1	-0,3
ESP	-2,2	-0,5	-0,7	-0,3	-0,7	-0,3
NLD	-1,2	-0,6	-1,0	-0,4	-1,0	-0,4
BEL	-0,9	-0,5	-0,6	-0,3	-0,9	-0,3
IRL	-1,6	-0,9	-1,4	-0,7	-0,8	-0,7
PRT	-2,5	-0,6	-0,6	-0,3	-0,6	-0,3
GRC	-3,3	-0,4	-2,5	-0,2	-1,8	-0,2
AUT	-0,1	-0,3	-0,3	-0,2	-0,2	-0,2
FIN	-0,4	-0,4	-0,1	-0,3	-0,1	-0,3

Source : Calculs et prévisions OFCE avril 2014.

Ces effets de demande seraient par ailleurs amplifiés dans certains pays en fonction des dynamiques relatives de compétitivité. La crise de la zone euro a résulté en partie des déséquilibres courants qui s'étaient accumulés au cours des années 2000. La double récession a provoqué une résorption partielle de ces déséquilibres à la fois par un ajustement de demande interne et donc des importations[11] mais aussi par une correction des écarts de compétitivité (graphique 8). L'amélioration relative de la compétitivité, mesurée par les coûts salariaux unitaires, est particulièrement forte pour l'Espagne, l'Irlande, le Portugal et la Grèce. Elle résulte de trois facteurs : l'évolution de la productivité, le niveau élevé du chômage qui pèse sur les salaires et les réformes libérales du marché du travail. Dans le cas de l'Espagne, l'effondrement de la production s'est accompagné d'une forte amélioration de la productivité apparente dans l'industrie, qui a progressé de 35,7 % depuis le début de l'année 2008 alors qu'elle baissait en Allemagne, en France ou en Italie. Par ailleurs, l'augmentation du chômage a pesé sur l'évolution des salaires *via* un effet Phillips et cette situation devrait perdurer tant que le chômage se maintiendra à un niveau élevé.

11. OFCE, 2013 : « La quête de la compétitivité ouvre la voie de la déflation », *Revue de l'OFCE Collection Analyse et Prévisions*, 129.

Enfin, les pays en crise ont également mis en œuvre de nombreuses réformes structurelles libérales, souvent encouragées par la Commission européenne[12], afin de rendre le marché du travail plus flexible. Les salaires minimums ont souvent été gelés. Il a même été abaissé en Grèce en 2012. Dans les autres pays, les réformes ont surtout visé à décentraliser les modes de négociation des salaires et à développer la possibilité, pour les entreprises, de déroger aux accords de branche. En pratique, en réduisant le pouvoir de négociation des salariés dans un contexte de demande atone, il devrait en résulter une amplification des pressions déflationnistes.

L'effet positif de ces mesures résulterait de l'amélioration de la compétitivité et des gains de parts de marché à l'exportation. C'est l'effet escompté par de nombreuses analyses qui avaient souligné la nécessité de corriger les déséquilibres intra-zone euro apparus au cours des années 2000. L'élargissement de la surveillance à des indicateurs tels que les coûts salariaux ou le solde du compte courant traduit cette préoccupation et la volonté de renforcer la gouvernance européenne au-delà des indicateurs budgétaires. Depuis 2009, l'Espagne a ainsi gagné 13,8 points de parts de marché, celles-ci revenant à un niveau proche de celui observé en 2003 (graphique 9). Les parts de marché ont également progressé sur la période récente au Portugal et en Grèce. Ces ajustements se sont faits au détriment des autres pays de la zone euro. La France a continué à perdre des parts de marché depuis 2008. En Allemagne, on observe une stabilisation récente qui contraste avec les gains observés entre 2008 et 2012. Cette course aux gains de compétitivité se poursuivra en 2014 et 2015. Si en France, il semble que le niveau élevé de chômage a moins pesé sur la dynamique des salaires qu'ailleurs[13], la mise en place du CICE puis du Pacte de responsabilité participe de cette stratégie de recherche de gains de compétitivité. Dans les pays où le chômage reste élevé (Espagne, Portugal ou Grèce), les pressions déflationnistes[14] vont se poursuivre car il n'existe aucun mécanisme permettant d'enrayer la spirale baissière des prix et des salaires. Ces pays continueront donc à gagner des parts de marché.

12. Buti M., 2012 : « Slow but steady ? Achievements and shortcomings of competitive disinflation within the euro area », *ECFIN Economic Brief*, 16, novembre.
13. Voir « France : ajustements graduels » dans ce numéro, et Askénazy P., A. Bozio et C. Garcia-Penalosa, 2013 : « Dynamique des salaires par temps de crise », *Note du CAE*, 5.
14. Voir dans ce numéro la fiche pays « Espagne : timide percée ».

Graphique 8. Compétitivité-coût des principaux pays de la zone euro

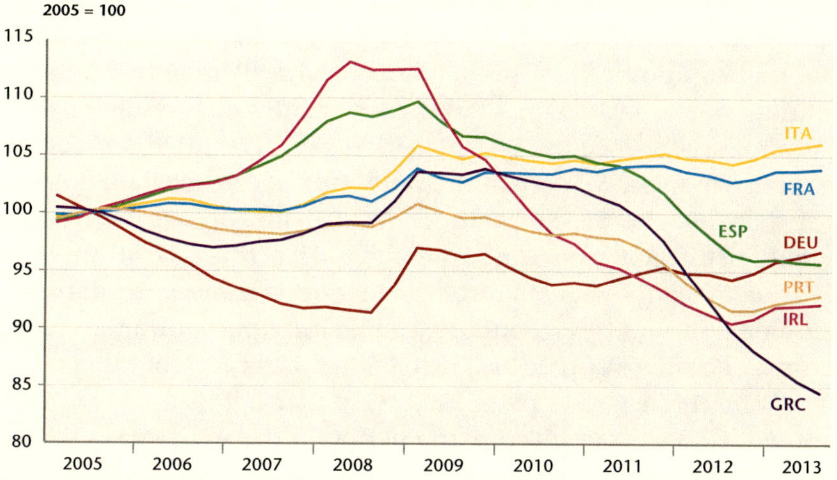

Source : Commission européenne.

Graphique 9. Parts de marché à l'exportation des principaux pays de la zone euro

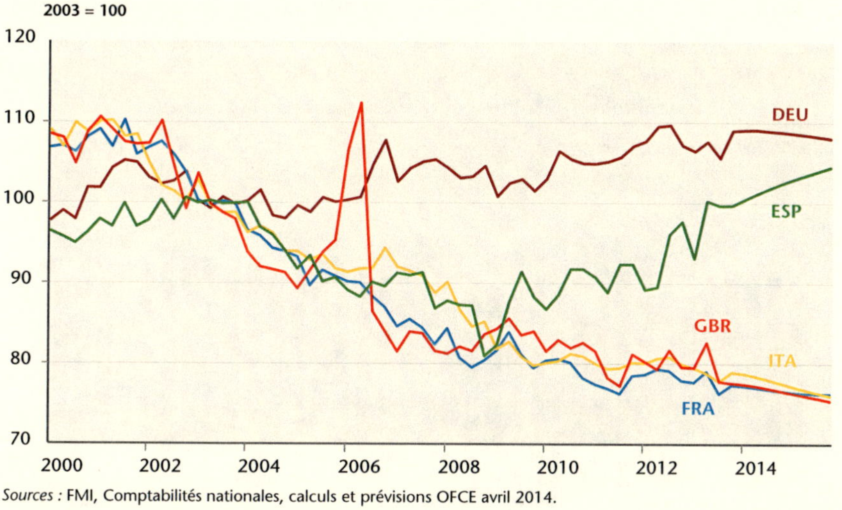

Sources : FMI, Comptabilités nationales, calculs et prévisions OFCE avril 2014.

La réduction des déséquilibres intra-zone résulte pour l'instant principalement de l'ajustement des pays qui étaient en situation de déficit courant avant la récession de 2009. Les excédents de l'Allemagne ou des Pays-Bas sont très proches de leurs records historiques (graphique 10) tandis que les déficits courants de l'Espagne, de la Grèce ou du Portugal ont été fortement réduits, voire complètement résorbés. L'alerte envoyée par la Commission à l'égard de l'Allemagne à propos de son excédent courant excessif ne devrait pas être suivi d'effet. L'instauration progressive du salaire minimum, négociée dans le cadre de l'accord de coalition, pourra néanmoins peser sur la compétitivité allemande sauf si une grande partie de l'augmentation des salaires qui résultera de la mesure est absorbée par les entreprises au travers d'une réduction de leurs marges. Si nous anticipons une légère dégradation des parts de marché à l'exportation de l'Allemagne, ce mouvement serait insuffisant pour entraîner une réduction significative de l'excédent courant allemand si bien que la zone euro dans son ensemble resterait excédentaire. Cette situation pourrait en retour pousser l'euro à s'apprécier. Entre l'été 2012 et le début de l'année 2014, celui-ci est déjà passé de 1,29 dollar à 1,39 même si cette appréciation s'explique en partie par la fin de la crise dans la zone euro, qui avait entraîné un mouvement de défiance à l'égard de la zone euro. Quelle qu'en soit l'origine, ces mouvements de taux de change atténuent les efforts réalisés en matière de compétitivité et qui ont été obtenus par le biais de coûteux processus de dévaluations internes.

Graphique 10. Soldes courants des pays de la zone euro

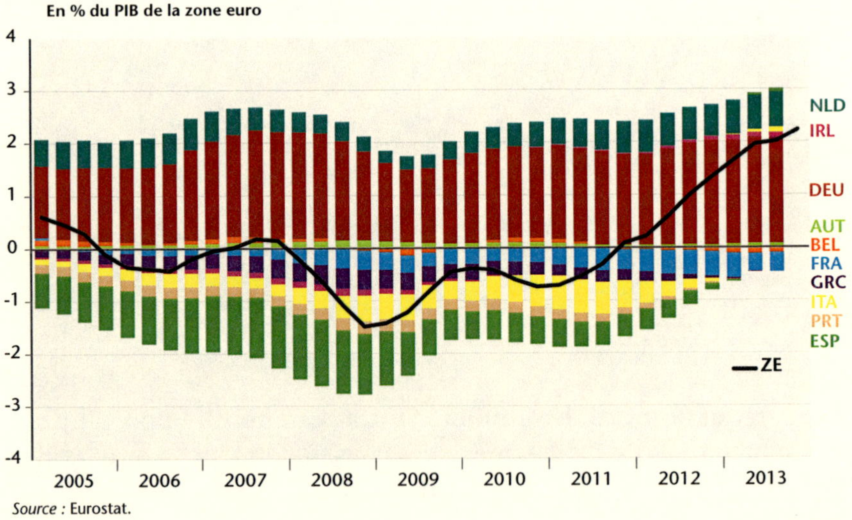

Source : Eurostat.

De plus, l'appréciation de l'euro, en réduisant l'inflation importée, augmente le risque de déflation.

2.3. La consommation relève progressivement la tête

Avec une croissance de 0,1 % au dernier trimestre 2013, la consommation privée a crû pour le troisième trimestre consécutif. Le recul de 0,4 % en moyenne annuelle est essentiellement dû à un acquis négatif du fait d'une fin d'année 2012 très mal orientée. La reprise – très modérée – au cours de l'année 2013 de la consommation s'explique par plusieurs facteurs : une amélioration sur le marché du travail dans un certain nombre de pays, une politique budgétaire qui a moins pesé sur le revenu des ménages qu'en 2012 et surtout un ralentissement de l'inflation. Le revenu disponible brut (RDB) des ménages a recommencé à progresser depuis le début de l'année 2013 (0,3 % en moyenne par trimestre). Sur le marché du travail, alors que l'emploi reculait depuis la mi-2011, il s'est stabilisé depuis le deuxième trimestre 2013, dans le sillage de la reprise du PIB. L'amélioration a concerné la plupart des pays. L'Allemagne est un cas particulier puisqu'elle crée des emplois depuis fin 2009. Le taux de chômage dans la zone euro a légèrement baissé à 11,9 % fin 2013, mais reste supérieur de 2 points à son niveau de début 2011. Son augmentation passée a toutefois été limitée par la baisse de la population active (respectivement -0,6 % et -0,8 % en 2012 et 2013). Elle est due tant à une baisse du taux d'activité (Portugal, Pays-Bas et Irlande) qu'à un recul de la population en âge de travailler lié à l'émigration[15] (Espagne, Irlande, Portugal et Grèce). Cependant, tous les pays n'ont pas connu de baisse de la population active, notamment du fait des réformes des retraites qui ont entraîné une augmentation du taux d'activité des seniors (France, Allemagne, Italie). Du côté des salaires, c'est le ralentissement plus prononcé de l'inflation que des salaires nominaux par tête qui a permis au salaire réel par tête de renouer avec une timide croissance (0,3 % en 2013) après un recul de 0,6 % les deux années précédentes (graphique 11). Parmi les grands pays de la zone euro, l'Italie est le seul dont la consommation a continué de se creuser fin 2013, du fait du recul du RDB (notamment lié à la hausse de la fiscalité) et de l'augmentation du taux d'épargne. Dans l'ensemble de la zone euro, le taux d'épargne a, au contraire, été stable en moyenne entre le troisième trimestre 2012 et le troisième trimestre 2013. Sa

15. Pour plus de détails, voir « La zone euro écartelée : perspectives 2013-2014 pour l'économie européenne », *Revue de l'OFCE Collection Analyse et Prévisions* n° 130.

baisse dans plusieurs pays où le RDB a continué de reculer en moyenne annuelle (Pays-Bas, Portugal et Grèce) a permis de limiter le recul de la consommation privée. En Espagne, la conjugaison du redressement de l'emploi, de la stabilisation des salaires et de la baisse du taux d'épargne en fin d'année s'est traduite par un rebond de la consommation au second semestre 2013.

Graphique 11. Rémunération salariale par tête dans la zone euro

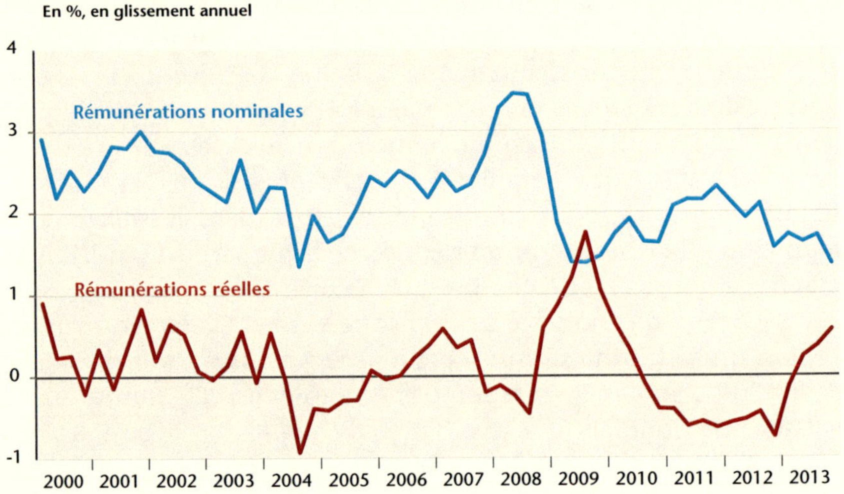

Sources : Banque centrale européenne, Datastream.

La reprise – modérée – de la consommation devrait se poursuivre à l'horizon de notre prévision, avec une croissance de 0,8 % en 2014 et de 1,3 % en 2015 dans la zone euro. En France, le ralentissement au premier trimestre 2014 viendrait compenser le bon dernier trimestre 2013, lié aux achats d'anticipation, avant la hausse de 0,4 point de la TVA et le durcissement du malus écologique automobile au 1er janvier 2014. La situation sur le marché du travail dans la zone euro continuerait de s'améliorer progressivement. L'emploi progresserait en moyenne de 0,5 % en 2014 puis de 0,7 % en 2015. Il serait relativement dynamique en Espagne, où la productivité se stabiliserait après plusieurs années de forte croissance. En Italie et en France, il progresserait moins vite, du fait de la fermeture prévue du cycle de productivité. En particulier, en France, il y aurait encore des destructions d'emplois dans le secteur privé en 2014 et ce sont les emplois aidés qui permettraient une hausse de l'emploi. En 2015, la croissance de l'emploi privé prendrait le relais en France. Avec la reprise du PIB, des travailleurs découragés devraient revenir sur le marché du travail et l'émigration ralentirait, conduisant la population active à progresser de nouveau, ce qui limitera la baisse du nombre de chômeurs (graphique 12). Le taux de chômage atteindrait 11,3 % fin 2015. Il poursuivrait sa baisse en Autriche et en Allemagne où il est déjà très bas. Il progresserait légèrement en France et en Belgique, plus fortement aux Pays-Bas et en Italie. Le recul serait limité au Portugal et en Grèce, plus net en Irlande et en Espagne.

Graphique 12. Nombre de chômeurs

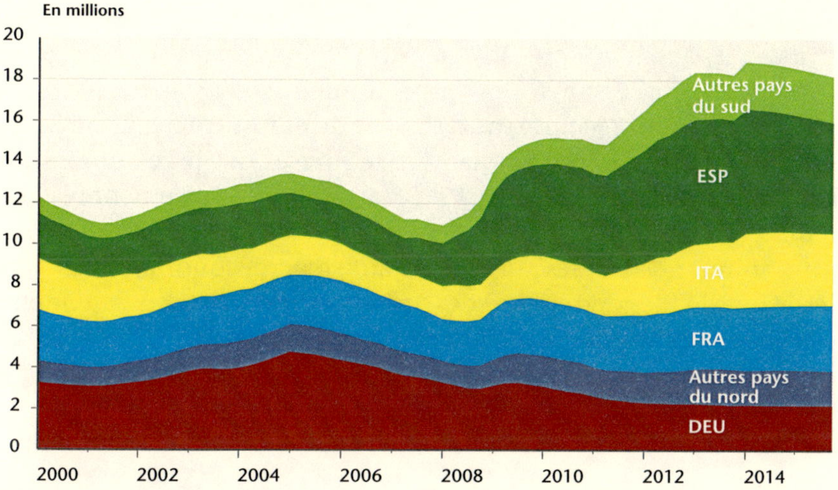

Note : Les autres pays du Sud sont le Portugal et la Grèce. Les autres pays du Nord sont les Pays-Bas, la Belgique, l'Irlande, l'Autriche et la Finlande.
Sources : Eurostat, Datastream.

Par ailleurs, la politique budgétaire pèserait globalement de moins en moins sur le revenu des ménages et le soutiendrait même dans certains pays. C'est le cas en Italie, où les ménages dont les revenus sont les plus faibles vont bénéficier d'une baisse d'impôt et en Allemagne où certaines pensions de retraite vont être revalorisées. En revanche, les ménages français vont pâtir en 2014 de l'alourdissement de la pression fiscale et en 2015 de la baisse des dépenses publiques.

L'ajustement dans le secteur de l'immobilier se poursuit dans de nombreux pays : le taux d'investissement en logement a baissé de deux points depuis 2007 aux Pays-Bas, d'un peu plus d'un point en

France et en Italie, et d'environ 5 points en Espagne. Parmi les grands pays, seule l'Allemagne a vu ce taux augmenter d'un point sur cette période. Certes, au niveau agrégé, une reprise de l'investissement en logement semble se dessiner dans la zone euro, avec des croissances comprises entre 0,3 et 0,8 % par trimestre depuis le deuxième trimestre 2013. Nous prévoyons la poursuite de cette reprise avec 0,7 % en moyenne de croissance par trimestre en 2015. Le taux d'investissement en logement se stabiliserait en France, en Espagne et en Italie et continuerait sa progression en Allemagne. Les prix immobiliers reculent toujours fortement en Espagne, en Grèce, en Italie et aux Pays-Bas, corrigeant en partie la hausse entre 1995 et 2007 (graphique 13). La baisse est moindre en France et au Portugal, tandis qu'ils se sont stabilisés en Irlande ces derniers trimestres, après un fort ajustement. Quelques pays se distinguent avec des progressions des prix immobiliers : la Belgique, la Finlande, et plus récemment l'Allemagne et l'Autriche. C'est désormais en France et en Belgique que le niveau des prix immobiliers est le plus haut par rapport à 1995, tandis que l'ajustement observé dans beaucoup de pays permet aux prix de retrouver un niveau plus cohérent avec les fondamentaux macroéconomiques. Parmi les pays où l'endettement des ménages avait le plus augmenté depuis le milieu des années 1990 ou le début des années 2000, un retournement s'est opéré depuis 2010, puisque le taux

Graphique 13. Prix immobiliers

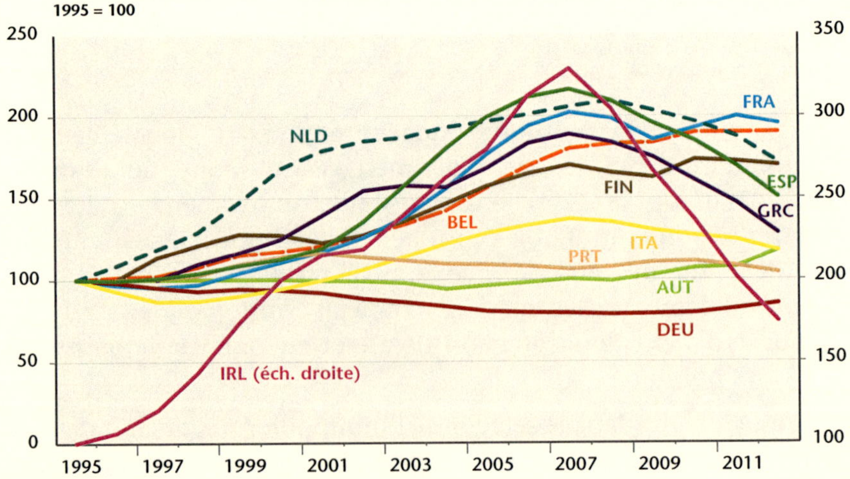

Sources : OCDE, Datastream.

d'endettement brut des ménages relativement au PIB y a légèrement baissé (Espagne, Irlande et Portugal) ou s'est stabilisé (Pays-Bas). Il reste néanmoins à des niveaux élevés : 128 % du PIB aux Pays-Bas, 105 % en Irlande, 92 % au Portugal, 81 % en Espagne. Dans les autres pays de la zone euro, les augmentations depuis 1995 ont été moindres et les taux bruts d'endettement sont compris entre 45 et 65 % du PIB. Les ménages allemands sont les seuls à s'être désendettés durant la décennie 2000.

3. Inflation : en zone risquée

Depuis octobre 2013, l'essentiel de la baisse de l'Indice des Prix à la Consommation Harmonisé (IPCH) est lié à une baisse des prix de l'énergie, l'inflation sous-jacente étant certes faible, mais stable (graphique 14). En glissement annuel, les prix de l'énergie ont baissé fin 2013 et début 2014, notamment grâce à l'appréciation de l'euro qui a permis d'alléger la facture pétrolière. La composante alimentaire a également ralenti, passant de 3 % au troisième trimestre à 1,8 % au quatrième trimestre 2013. Le « sous-jacent » a connu une baisse quasi-ininterrompue depuis mai 2012. Si début 2014, on observe une légère remontée de l'inflation sous-jacente, qui atteint 1 % en février 2014, il reste qu'elle tend à se stabiliser à un niveau très bas en fin d'année 2013.

Graphique 14. Inflation et inflation sous-jacente

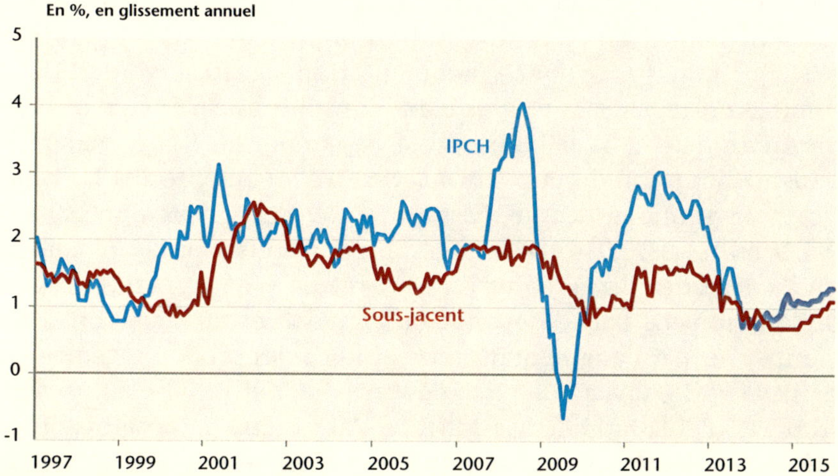

Sources : Eurostat, prévision OFCE avril 2014.

Fin 2013-début 2014, l'inflation a ralenti dans tous les pays, mais cette situation globale en zone euro reflète en réalité des situations nationales hétérogènes (graphique 15). Les pays qui avaient réalisé leur ajustement budgétaire et qui enregistrent une progression des salaires (Allemagne, Autriche, Finlande) affichent un taux d'inflation compris entre 1,5 et 2 % fin 2013. Au contraire, les pays soumis à des plans d'austérité affichent encore une inflation très faiblement positive, ou sont entrés en déflation ; c'est le cas de tous les pays soumis à des plans d'ajustement. Ainsi, l'Espagne, l'Irlande, le Portugal et Chypre enregistrent un taux d'inflation de respectivement 0,1 %, 0,1 %, -0,1 % et -1,3 % en février 2014. La Grèce, entrée en déflation en mars 2013, affiche un taux d'inflation de -0,9% en février 2014, après 11 mois consécutifs de déflation. Cette atonie des prix est largement renforcée par les politiques de rigueur salariale mises en œuvre (Espagne, Irlande, Portugal, Grèce) et la faiblesse de la demande dans les pays soumis aux plans d'ajustement. Il faut néanmoins ajouter que les écarts d'inflation sont globalement moins importants qu'au cours des années 2000, ce qui témoigne à nouveau d'un ajustement essentiellement réalisé par les pays en crise. Une accélération plus notable de l'inflation en Allemagne ou aux Pays-Bas aurait contribué à la résorption des déséquilibres intra-zone en atténuant la dévaluation interne conduite par les pays pour lesquels la compétitivité s'était fortement dégradée.

Au sein des grands pays de la zone, on observe également des disparités. La hausse de TVA en France, au 1er janvier 2014, dans le cadre de la mise en place du Crédit d'Impôt Emploi Compétitivité (CICE), n'a pas provoqué d'augmentation significative de l'inflation, les entreprises françaises étant contraintes par la concurrence internationale et la faiblesse de la demande. En Italie, malgré la hausse d'un point du taux normal de TVA en octobre 2013, l'inflation a continué sa décrue, passant de 0,9 % en septembre 2013 à 0,4 % en février 2014. Les marges des entreprises ont donc encore dû s'y dégrader. En Espagne, l'IPCH a reculé et le pays est proche de la déflation. La baisse des prix de l'énergie et du transport a été compensée par l'augmentation de l'indice des prix du logement et de l'électricité (avec la hausse des tarifs de l'électricité au premier trimestre liée à la libéralisation). En Allemagne, la progression de l'IPCH a ralenti fin 2013-début 2014, atteignant en février 2014 son niveau le plus bas depuis août 2010, en raison de la faiblesse des prix de l'énergie et malgré le dynamisme des salaires. La demande interne devrait, en 2014, soutenir les prix, et en 2015, l'instauration du salaire minimum devrait entraîner une augmentation de l'inflation. Le différentiel d'inflation entre l'Allemagne et les pays du Sud pourrait faciliter les ajustements entre pays, ces derniers gagnant en compétitivité-prix et en parts de marché sur leur partenaire germanique ; cela étant, cet effet devrait être marginal car l'inflation devrait rester contenue en Allemagne (surtout en 2014), et l'essentiel de la compétitivité allemande réside dans la compétitivité hors prix.

Graphique 15. Hétérogénéité de l'inflation en zone euro

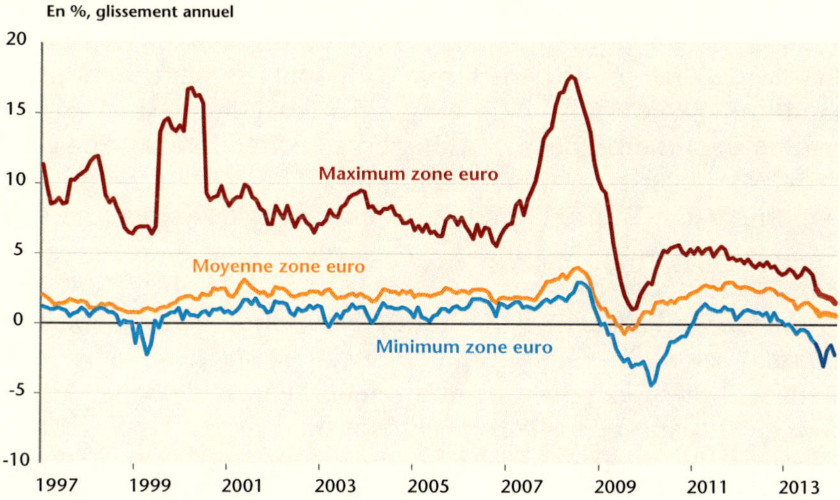

Source : Eurostat, prévision OFCE avril 2014.

Dans ces conditions, nous nous attendons à une stabilisation du taux d'inflation à un niveau historiquement faible, en dessous de 1 % en 2014. Le risque de déflation, détaillé dans les précédentes prévisions, n'est pas écarté, surtout dans les pays où l'austérité budgétaire se poursuit et où le niveau du chômage induit une spirale prix-salaire baissière. Si la déflation venait à durer dans certains pays, cela entraînerait deux effets négatifs : d'une part, les entreprises et les ménages seraient encouragés à reporter leurs achats, compromettant une reprise de la demande interne, d'autre part, le poids des dettes publiques et privées serait encore alourdi.

Un autre facteur de risque tient à l'évolution du taux de change, en lien notamment avec l'orientation de la politique monétaire. L'ajustement des déséquilibres intra-zone en cours s'opère de façon asymétrique puisque, comme le montre le graphique 10, les excédents de l'Allemagne et des Pays-Bas restent à des niveaux record tandis que l'Espagne, la Grèce, le Portugal et l'Irlande renouent avec de légers excédents. La zone euro, dans son ensemble, dégage donc pour l'ensemble de l'année 2013 un solde excédentaire de 2,3 % du PIB, ce qui constitue un facteur d'appréciation de l'euro. De plus, la baisse de l'inflation relativement aux États-Unis ou au Royaume-Uni pourrait également renforcer ce mécanisme, ce qui jouerait en retour sur l'inflation importée et pourrait entraîner la zone euro dans un cercle de baisse d'inflation et d'appréciation de la monnaie. Enfin, le risque lié au taux de change dépend du scénario de politique monétaire. Dans notre scénario central, la Réserve fédérale mettra un terme à l'assouplissement quantitatif tandis que la BCE n'introduirait pas de nouvelles mesures, anticipant la stabilisation de la désinflation en cours dans la zone euro. Le bilan de la BCE continuerait alors de baisser. Nous retenons une hypothèse de stabilisation du taux de change de l'euro à l'horizon de notre prévision. Néanmoins, le risque d'appréciation ne peut être écarté. Inversement, les déclarations récentes de Jens Weidman, le Président de la Bundesbank, indiquant que la BCE pourrait assouplir sa politique monétaire, *via* le recours à de nouvelles mesures non-conventionnelles, en cas de baisse accentuée de l'inflation dans la zone euro, avaient surpris les marchés et montré qu'une orientation plus expansionniste de la politique monétaire était aussi possible. Cette éventualité, souhaitée également par Bénassy-Quéré *et al.* (2014)[16], conduirait alors à une dépréciation de l'euro, ce qui permettrait de stimuler la croissance au-delà de ce que nous inscrivons dans notre scénario.

16. Bénassy-Quéré *et al.* (2014) : « L'euro dans la guerre des monnaies », *Note du CAE,* 11.

Zone euro : résumé des prévisions

Variations par rapport à la période précédente, en %

	2013				2014				2014				2012	2013	2014	2015
	T1	T2	T3	T4	T1	T2	T3	T4	T1	T2	T3	T4				
PIB	-0,2	0,3	0,1	0,3	0,4	0,4	0,4	0,4	0,4	0,4	0,4	0,4	-0,6	-0,4	1,3	1,6
PIB par tête	-0,3	0,2	0,1	0,2	0,3	0,4	0,3	0,3	0,3	0,3	0,3	0,3	-1,1	-0,7	1,0	1,3
Consommation des ménages	-0,1	0,2	0,1	0,1	0,2	0,3	0,3	0,3	0,3	0,3	0,3	0,3	-1,4	-0,4	0,8	1,3
Consommation publique	0,3	0,0	0,4	-0,2	0,2	0,2	0,2	0,2	0,2	0,2	0,2	0,2	-0,6	0,3	0,4	0,7
FBCF totale *dont*	-1,7	0,2	0,6	1,1	0,7	0,8	0,8	0,9	0,9	0,9	0,9	0,9	-3,8	-2,8	3,0	3,6
Productive privée	-1,5	1,0	0,2	1,2	1,0	1,1	1,2	1,4	1,3	1,3	1,3	1,3	-3,6	-1,9	4,1	5,4
Logement	-1,7	0,3	0,8	0,5	0,5	0,6	0,7	0,7	0,7	0,7	0,7	0,7	-3,4	-2,8	2,3	2,8
Publique	-2,2	-0,3	0,7	0,6	0,5	0,6	0,7	0,7	0,6	0,6	0,6	0,6	-4,1	-3,7	2,2	2,5
Exportations de biens et services	-0,9	2,3	0,0	1,4	0,8	0,8	0,9	0,9	0,9	1,0	1,0	1,0	2,7	1,3	3,6	3,8
Importations de biens et services	-1,1	1,7	1,0	0,4	0,8	0,9	0,9	1,0	1,1	1,1	1,1	1,1	-0,8	0,1	3,4	4,2
Variations de stocks, en points de PIB	-0,1	-0,3	-0,1	-0,4	-0,3	-0,2	-0,2	-0,2	-0,2	-0,2	-0,2	-0,2	0,0	-0,2	-0,2	-0,2
Contributions																
Demande intérieure hors stocks	-0,3	0,1	0,3	0,2	0,2	0,3	0,3	0,4	0,4	0,4	0,4	0,4	-1,6	-0,7	1,1	1,5
Variations de stocks	0,0	-0,2	0,3	-0,3	0,1	0,1	0,0	0,0	0,0	0,0	0,0	0,0	-0,5	-0,2	0,0	0,0
Commerce extérieur	0,0	0,4	-0,4	0,4	0,0	0,0	0,0	0,0	0,0	0,0	0,0	0,0	1,5	0,5	0,3	0,0
Prix à la consommation (IPCH)*	1,9	1,4	1,3	0,8	0,9	0,9	0,8	1,0	1,1	1,1	1,2	1,3	2,5	1,3	0,9	1,2
Taux de chômage, au sens du BIT	12,0	12,0	12,0	11,9	11,9	11,9	11,8	11,7	11,6	11,5	11,5	11,4	11,3	12,0	11,8	11,5
Solde courant, en points de PIB													1,3	2,3	2,3	2,5
Solde public, en points de PIB													-3,7	-2,8	-2,5	-1,9
Impulsion budgétaire													-1,7	-0,7	-0,2	-0,3
PIB États-Unis	0,3	0,6	1,0	0,6	0,7	0,5	0,5	0,7	0,8	0,7	0,7	0,7	2,8	1,9	2,6	2,9

* Pour les trimestres, glissement annuel. Pour les années, moyenne annuelle.

Sources : Eurostat, prévision OFCE avril 2014.

FRANCE : AJUSTEMENTS GRADUELS
PERSPECTIVES 2014-2015 POUR L'ÉCONOMIE FRANÇAISE

Département analyse et prévision[1],
Éric Heyer, Marion Cochard, Bruno Ducoudré et Hervé Péléraux

En 2013, l'économie française a connu une croissance de 0,3 % en moyenne annuelle, ce qui lui a permis de retrouver en fin d'année le niveau de production atteint six ans plus tôt. Entre 2008 et le début de 2011, l'économie française a bien résisté : au premier trimestre 2011, le PIB français avait même quasiment retrouvé son niveau d'avant-crise et n'accusait que très peu de retard vis-à-vis de l'Allemagne et des États-Unis. La donne a changé à partir du deuxième trimestre 2011 lorsque les premiers effets de la politique de rigueur sont apparus. La dynamique de reprise s'est interrompue : l'activité a alors connu une croissance annuelle positive, certes, mais proche de zéro jusqu'en 2013.

Depuis quelques mois, le paysage conjoncturel s'est notablement éclairci en Europe avec un retour de la croissance et un raffermissement des indicateurs conjoncturels. Pour ce qui est de la France, les enquêtes de conjoncture témoignent également d'un retour de la confiance dans les secteurs productifs.

Le relâchement de l'austérité permettra à l'économie française de prolonger ce mouvement positif : en 2014 et 2015, le PIB français croîtrait respectivement de 1,2 et 1,6 %. L'écart de production se refermant à peine, la phase conjoncturelle en cours et anticipée ne peut être qualifiée de reprise. Les entreprises profiteront de ce regain de croissance pour restaurer progressivement leur situation financière. Cette stratégie repose prioritairement sur l'augmentation de la productivité qui permettra de résorber les marges de capacité de production et de restaurer le taux de marge des entreprises. Le taux de chômage en France métropolitaine augmenterait légèrement pour s'établir à 10,1 % fin 2015. Il s'élèverait à 10,5 % pour la France entière. La contrepartie à l'allègement de la rigueur est un déficit public plus élevé que ce qui avait été initialement programmé. Celui-ci devrait s'établir à 3,7 % du PIB en 2014 et 3 % en 2015.

1. Cette prévision a été réalisée à l'aide du modèle trimestriel de l'économie française, *e-mod.fr*, par une équipe dirigée par Éric Heyer, composée de Marion Cochard, Bruno Ducoudré et Hervé Péléraux. La prévision tient compte des informations disponibles à la fin mars 2014 et intègre les comptes nationaux trimestriels de mars 2014, à savoir le compte emplois-ressources jusqu'au quatrième trimestre 2013 et les comptes d'agents jusqu'au troisième trimestre 2013. Le modèle repose sur les données et les concepts de la comptabilité nationale base 2000 et est estimé sur la période 1978-2010. Les données en volume de la prévision sont aux prix de l'année précédente chaînés.

1. Retour à la case départ

Au quatrième trimestre 2013, le PIB français a retrouvé le niveau qu'il avait atteint lors du précédent pic du premier trimestre 2008. On pourrait voir dans ce résultat l'effacement de six années de crise, marquées tour à tour par la survenue, en 2008 et en 2009, de la récession la plus sévère depuis la crise des années trente, puis par un rebond rapidement interrompu dans la première moitié de 2011, quand des politiques drastiques d'austérité ont succédé aux plans de relance mis en place pour soutenir l'activité durant la récession.

Pourtant, cet apparent retour à la normale est, à maints égards, inquiétant. Car il sous-tend une stagnation complète de la production durant six années, situation inédite en France depuis la fin de la Seconde Guerre mondiale.

Graphique 1. La trajectoire du PIB français

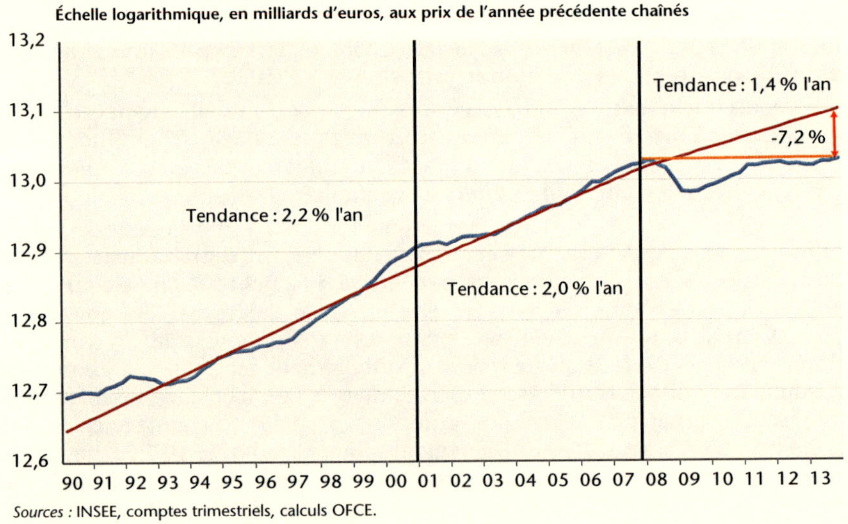

Sources : INSEE, comptes trimestriels, calculs OFCE.

Prendre une référence statique pour juger de la normalisation du niveau de l'activité est d'ailleurs trompeur, car elle présuppose une croissance nulle à moyen terme de l'économie. Par rapport au sentier d'expansion de 1,4 % l'an qui, selon nos estimations, prévaut depuis le déclenchement de la crise, le PIB accuserait un écart négatif de plus de 7 % au quatrième trimestre 2013, loin d'évoquer une normalisation du niveau d'activité et un retour à la situation d'avant-crise (graphique 1). Naturellement l'écart pourrait être plus faible si l'on tenait pour acquis que la crise a créé une marche d'escalier vers le bas de la référence ; mais il est peu probable qu'une telle révision conduise à retenir comme objectif un sentier de croissance nulle depuis six ans.

L'absence de reprise durable au cours des six dernières années tranche singulièrement avec l'évolution du PIB observée après les diverses crises qui ont ponctué l'histoire de l'économie française. Les reprises passées ont en effet toujours, en environ six années, porté l'activité au moins 8 % au-dessus de son pic d'avant-crise (graphique 2). La récession de 2008/09 a certes entraîné un recul de la production bien plus ample qu'en 1975 ou en 1993, ce qui contribue à expliquer le retard actuel de l'activité. Il tient aussi et surtout à l'étouffement rapide de la reprise qui s'était amorcée dans le courant de l'année 2009 et que les politiques de rigueur mises en place en France et en Europe ont interrompu dès 2010.

Graphique 2. Évolution du PIB au cours des 23 trimestres suivant le pic d'activité d'avant-crise

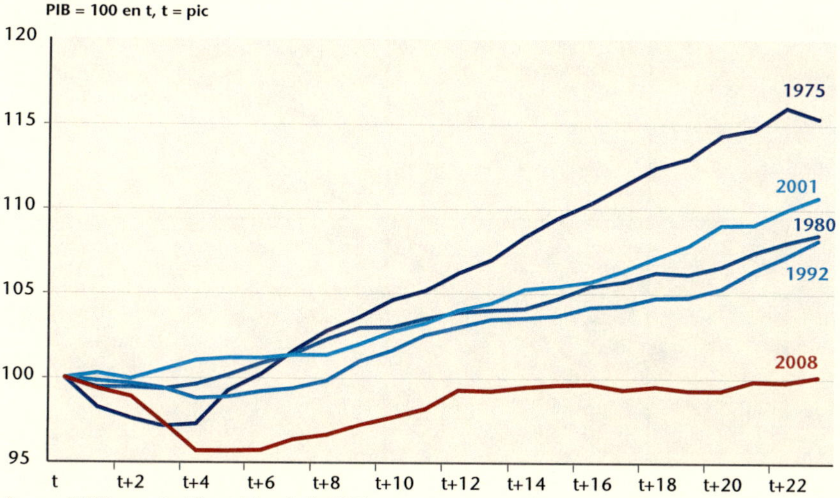

Sources : INSEE, comptes trimestriels, calculs OFCE.

Entre 2008 et le début de 2011, l'économie française a bien résisté si on la compare à celle de ses principaux partenaires. La récession y a été moins forte – -4,4 % entre le premier trimestre 2008 et le deuxième trimestre 2009 – qu'au Royaume-Uni, en Allemagne ou en Italie (tableau 1, graphique 3) et en Espagne. Après le choc de la récession, le rattrapage des pertes de production, sous l'effet de la réactivation du commerce mondial et des plans de relance mis en place par le gouvernements pour soutenir l'activité, ont ramené les économies sur une trajectoire de croissance. Le rebond français – + 3,8 % entre le deuxième trimestre 2009 et le premier trimestre 2011 – s'inscrit parmi les plus vigoureux, voisin de celui des États-Unis, et nettement supérieur à celui du Royaume-Uni, de l'Italie et de l'Espagne. L'Allemagne fait figure d'exception parmi les grands pays industrialisés, avec un rattrapage plus rapide qu'ailleurs (+7,7 % entre le deuxième trimestre de 2009 et le premier trimestre de 2011) : ayant axé son modèle de développement sur la conquête de marchés extérieurs, elle a d'autant plus profité de la reprise du commerce mondial dans le courant de l'année 2009 qu'elle avait été plus lourdement affectée par son effondrement en 2008. C'est aussi le seul pays à avoir poursuivi l'effort de relance quand ses partenaires avaient déjà basculé dans l'austérité.

Graphique 3. Évolutions comparées du PIB de la France et de ses principaux partenaires

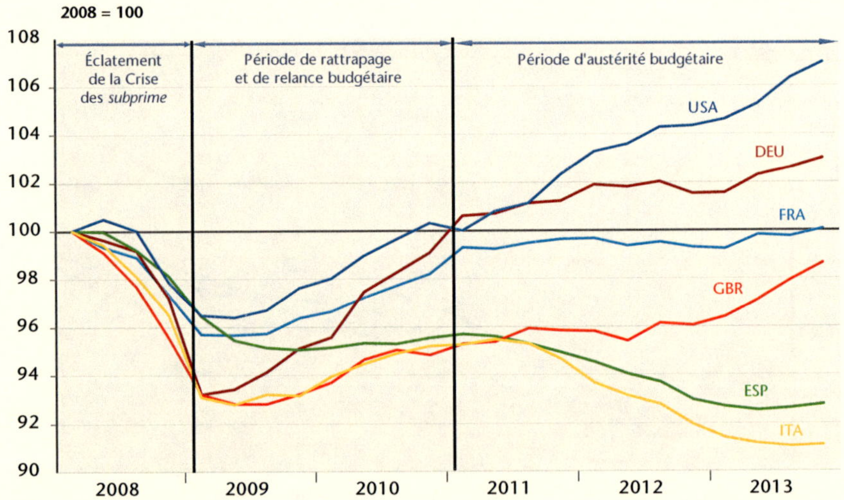

Sources : Comptabilités nationales.

Au final, l'économie française n'avait pas traversé le premier temps de cette « grande récession » plus mal que les pays figurant aujourd'hui dans le peloton de tête, à savoir l'Allemagne et les États-Unis. Au premier trimestre 2011, le PIB français avait même quasiment retrouvé son niveau d'avant-crise et n'accusait que très peu de retard vis-à-vis de l'Allemagne et des États-Unis (tableau 1, graphique 3). L'écart avec les autres pays européens apparaissait même très en faveur de la France. La cassure apparue au sein des grand pays industrialisés entre 2008 et 2011 a donc laissé la France dans le groupe qui a le mieux résisté aux violentes turbulences provoquées par la crise financière.

Tableau 1. Évolution comparée des PIB

Taux de croissance, en volume

	T1-08/T2-09	T2-09/T1-11	T1-08/T1-11	T1-11/ T4-13	T1-08/T4-13
FRA	-4,4	+3,8	-0,7	+0,8	+0,1
DEU	-6,6	+7,7	+0,6	+2,4	+3,0
ITA	-7,2	+2,7	-4,7	-4,4	-8,9
ESP	-4,6	+0,3	-4,3	-3,0	-7,2
EUZ	-5,8	+3,9	-0,6	-0,6	-2,7
GRB	-7,2	+2,7	-4,7	+3,5	-1,4
USA	-3,6	+3,6	0	+7,0	+7,0

Sources : Comptabilités nationales.

2. La politique budgétaire, moteur et frein de la croissance

La donne a en revanche changé à partir du deuxième trimestre 2011 quand les premiers effets de la politique de rigueur, mise en place en 2010, ont commencé à se manifester et ont provoqué un décrochage de la France vis-à-vis de l'Allemagne et des États-Unis. La récession avait en effet fortement creusé les déficits publics, par les plans de relance institués pour enrayer la mécanique récessive, par l'engagement public dans le sauvetage des établissements financiers, et par le jeu des stabilisateurs automatiques. La contrepartie de ces soutiens a été une montée rapide des déficits publics et de l'endettement dans l'ensemble des pays industrialisés. En France, le déficit public s'est creusé de 4,8 points de PIB entre 2007 et 2009 pour atteindre 7,5 % du PIB, et s'élevait encore à 7,1 % en 2010, engendrant un gonflement de la dette publique de 18,2 points entre 2007 et 2010, à 82,4 % (graphique 4).

Même si la dégradation des finances publiques n'a pas pris un tour aussi dramatique en France que dans les pays les plus fragiles du Sud de la zone euro (Grèce, Portugal, Espagne, Italie par exemple), les gouvernements français successifs se sont pliés aux

Graphique 4. Évolution du solde public en points de PIB au cours des 23 trimestres suivant le pic d'activité d'avant-crise

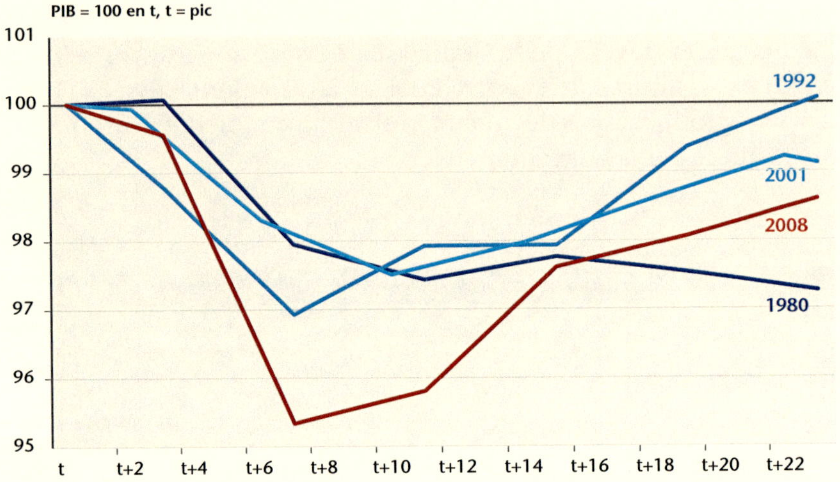

Sources : INSEE, comptes trimestriels, calculs OFCE.

normes de réduction des déficits édictées par la Commission européenne tout en affichant leur souci de préserver la notation de la dette souveraine française pour se prémunir de la défiance des marchés et éviter la hausse des primes de risque sur les taux souverains. La rigueur a ainsi formaté la politique économique. La politique budgétaire est devenue restrictive dès 2010, quand les plans de relance ont fait place à un resserrement (tableau 2). La restriction budgétaire s'est ensuite accentuée, jusqu'à porter l'impulsion négative à 1,8 point de PIB en 2011, à 1,2 point en 2012 en 2013. Au total, de 2010 à 2013, la restriction a atteint un niveau inégalé depuis l'après-guerre, soit presque 5 points de PIB en cumul de 2010 à 2013.

Cette politique a exercé des effets d'autant plus récessifs qu'elle a été appliquée alors que l'économie n'avait pas récupéré de la récession et que l'écart de production[2], toujours fortement négatif, témoignait de la persistance d'une situation de bas de cycle dans laquelle les multiplicateurs sont élevés. Les simulations réalisées

2. L'écart de production représente la déviation du PIB effectif par rapport au PIB potentiel. Le PIB potentiel est le niveau de production réalisable par l'économie, sans tensions excessives qui généreraient une accélération de l'inflation non soutenable à moyen terme. L'écart de production, quand il est négatif, mesure ainsi la sous-utilisation des facteurs pouvant s'effacer sans tensions inflationnistes.

avec le modèle *emod.fr* illustrent ce mécanisme, avec la mise en évidence de multiplicateurs plus élevés et plus persistants quand la situation conjoncturelle est dégradée et que la même politique est menée simultanément par les partenaires[3] (graphique 5).

Tableau 2. Impulsions budgétaires dans les grands pays développés

En points de PIB

	2008-2009	2010	2011	2012	2013	2010-2013	2008-2013
DEU	0,7	1,4	-1,2	-1,0	0,0	-0,8	-0,1
FRA	2,6	-0,5	-1,8	-1,1	-1,2	-4,6	-2,0
ITA	0,4	-0,9	-0,2	-2,7	-0,4	-4,2	-3,8
ESP	4,4	-1,4	-1,0	-3,7	-1,6	-7,7	-3,3
GRB	3,4	-2,7	-3,2	-0,5	-1,0	-7,4	-4,0
USA	6,8	-0,8	-1,3	-1,4	-1,5	-5,0	1,8
JPN	3,9	0,5	0,5	0,5	0,6	2,1	6,0

Sources : Comptabilités nationales, calculs OFCE.

Graphique 5. Multiplicateurs en économie ouverte

Impact d'une hausse de 1 point de PIB d'investissement public, en % en écart au compte central

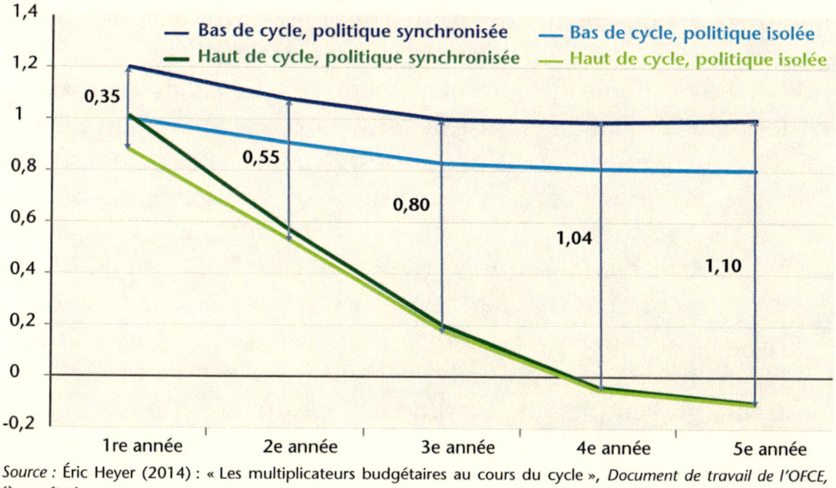

Source : Éric Heyer (2014) : « Les multiplicateurs budgétaires au cours du cycle », *Document de travail de l'OFCE*, (à paraître).

De plus, la course à l'assainissement budgétaire n'a pas été propre à la France. Outre les États-Unis et le Royaume-Uni, les États

3. Sur le même sujet, voir le rapport iAGS de novembre 2012. Pour une revue de la littérature sur la valeur des multiplicateurs, voir Heyer (2012) : « Une revue récente de la littérature sur les multiplicateurs budgétaires : la taille compte », *Blog de l'OFCE*, novembre.

membres de la zone euro ont aussi mis en place des politiques de rigueur. À l'effet restrictif interne de l'impulsion négative nationale s'est ainsi ajouté un second effet récessif venu de l'extérieur et résultant du freinage de la demande adressée par les principaux partenaires commerciaux de la France menant la même politique. Enfin, à la différence des États-Unis où la *Réserve fédérale* s'est à nouveau distinguée par son pragmatisme, l'impact des politiques de rigueur conduites dans la zone euro n'a pas été atténué par un véritable accompagnement monétaire, même si à partir de 2010 la Banque centrale européenne s'est impliquée plus avant dans la gestion de la crise des dettes souveraines au travers des dispositifs du SMP (*Securities Market Program*), puis de l'OMT (*Outright Monetary Transactions*) en 2012.

La reprise qui s'était enclenchée après la récession s'est donc interrompue, et les pays européens qui talonnaient les États-Unis au début de 2011 ont décroché (graphique 3). La France a subi un coup d'arrêt qui a conduit à une stagnation de son PIB jusqu'en 2013. L'Allemagne elle-même, qui s'est démarquée par une rigueur bien moindre qu'ailleurs mais qui a subi le contrecoup des restrictions conduites par ses partenaires commerciaux, n'est pas sortie indemne de cet épisode conjoncturel et s'est aussi laissée distancer par les États-Unis. Les pays de la zone euro qui accusaient déjà un retard conséquent vis-à-vis des autres, l'Italie et l'Espagne, se sont enfoncés davantage dans la récession. Le Royaume-Uni, où pourtant la rigueur a été aussi marquée qu'en Espagne sur la période 2010-13, est parvenu à se maintenir à flot en 2011 et en 2012, et même à redémarrer vivement en 2013 grâce à la conduite d'une politique monétaire « à l'américaine », c'est-à-dire s'appuyant sur des leviers non-conventionnels et fixant des objectifs explicites de croissance et d'emploi en plus d'un ciblage du taux d'inflation.

3. Coût double

L'économie européenne dans son ensemble sort doublement affaiblie de ces chocs conjoncturels sans précédent, d'un côté par les pertes d'activité qui ont conduit à une baisse de la consommation par tête, et de l'autre par l'affaissement de l'offre lié à la chute de l'investissement.

Les points de PIB perdus, -3,5 % entre le premier trimestre 2008 et le quatrième trimestre 2011 pour la zone euro hors France, reposent sur le recul de la demande interne, associant une baisse de la consommation, -3,2 %, et une forte contraction de l'investissement, -20,8 %. Seule la contribution du commerce extérieur a atténué les effets négatifs de la demande interne, avec une progression de 8,2 % des exportations et une stabilité des importations qui n'est toutefois que la contrepartie de la chute de la demande interne. En France, la demande interne a mieux résisté, notamment la consommation, dont le rôle traditionnel de soutien de l'activité ne s'est pas démenti avec une progression de 2,7 % depuis le premier trimestre 2008. Comme en zone euro, l'investissement s'est contracté, mais la baisse de -12,2 % est plus atténuée que chez les partenaires (graphique 6).

Graphique 6. Évolution des principaux agrégats macroéconomiques entre 2008 et 2013*

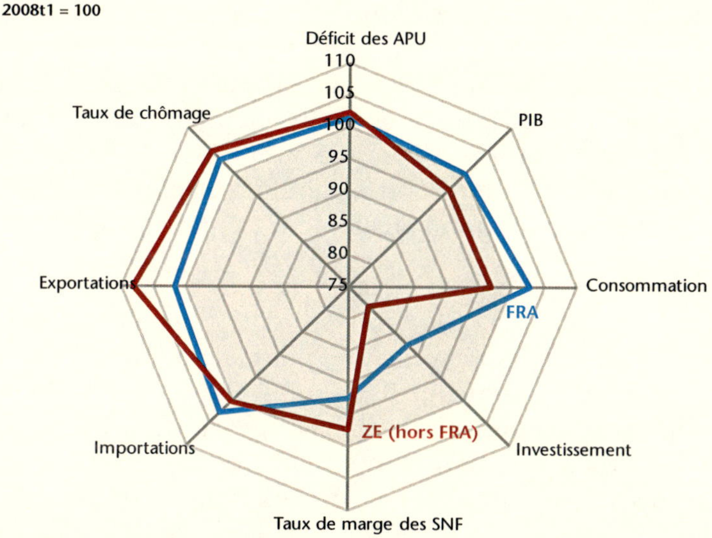

* : le secteur grisé sur le graphique repère la zone où les niveaux d'agrégats sont inférieurs à leur valeur de 2008. La frontière 100 correspond à un niveau égal à celui de 2008.

Sources : Comptabilités nationales, calculs OFCE.

Contrepartie d'une demande interne moins dégradée, les importations françaises ont légèrement progressé, +2,8 %, mais la résistance de l'activité en France tient moins aux performances à l'exportation que dans le reste de la zone euro, avec une hausse de 1,6 %. La France paraît ici être à la traîne, mais hormis les économies qui ont depuis longtemps fondé leur modèle de développement sur les stratégies externes par la baisse des coûts, comme l'Allemagne, la progression des exportations dans certains pays, en Espagne notamment, semble n'être qu'un avatar de l'intensité de la rigueur qui leur a été appliquée et qui a dégénéré une déflation salariale induite par la montée du chômage. On ne saurait voir dans cette mécanique la mise en place d'un enchaînement vertueux. Le taux de chômage en France a moins progressé en cinq ans que dans la moyenne des pays membres hors France, 3 points contre 4,3 points respectivement. Encore convient-il de noter que la moyenne masque des disparités importantes, avec des progressions du taux de chômage de 6,1 points en Italie, de 17 points en Espagne, et un recul en Allemagne, -1,1 point.

La moindre hausse du chômage en France que dans le reste de la zone euro trouve un écho dans la dégradation plus marquée du taux de marge des entreprises françaises. Dans les pays du Sud de la zone euro, l'ajustement de l'emploi et des salaires a été plus prononcé qu'en France. Les entreprises allemandes ont, quant à elles, davantage réduit leur masse salariale par la baisse de la durée du travail pour faire face aux aléas conjoncturels. En tout état de cause, les rétentions de main-d'œuvre ont profité aux salariés français, ce qui a soutenu le revenu disponible et la consommation, mais au prix d'un plus grand effritement des ratios d'exploitation des entreprises.

Au final, les pays de la zone euro sortent de cette période de six années avec des déficits accrus et qui, pour la majorité d'entre eux, restent au-delà de la norme de 3 % du PIB édictée par la Commission européenne. La purge budgétaire engagée en 2010 s'est ainsi avérée peu efficace et d'un coût, en termes d'activité et de chômage, disproportionné par rapport aux résultats obtenus.

Au-delà des points de croissance perdus, la restriction budgétaire a mis en péril la capacité d'offre des économies européennes, déjà éprouvée par la récession avec le recul de l'investissement qui freine la diffusion du progrès technique et la montée du chômage de longue durée susceptible d'engendrer une déqualification progressive d'une partie de la population active.

4. Coups d'accordéon

Une autre histoire aurait pu s'écrire si les tentatives d'assainissement budgétaire précipitées après la récession, n'avaient pas étouffé la reprise naissante. L'économie française s'était violemment contractée en 2008/09, pénalisée à la fois par la contraction de sa demande interne, sous l'effet de l'effondrement de l'investissement, et par le repli de la demande adressée liée à l'implosion du commerce mondial (graphique 7). L'épisode récessif avait laissé les finances publiques très dégradées, avec une hausse du déficit et de l'endettement publics propulsés par le jeu des stabilisateurs automatiques et les plans de relance.

La mécanique inverse s'est mise en place entre la mi-2009 et le début 2011 quand l'engrenage dépressif s'est interrompu. Les composantes internes et externes de la croissance ont toutes favorisé le redémarrage de l'activité, contribuant à la stabilisation des déficits, à l'amorce d'un repli du chômage et d'une remontée du taux de marge des entreprises. Après une récession sans précédent depuis 1945, le retour à la croissance n'était donc pas hors de portée.

Graphique 7. Évolution des principaux agrégats macro-économiques en France

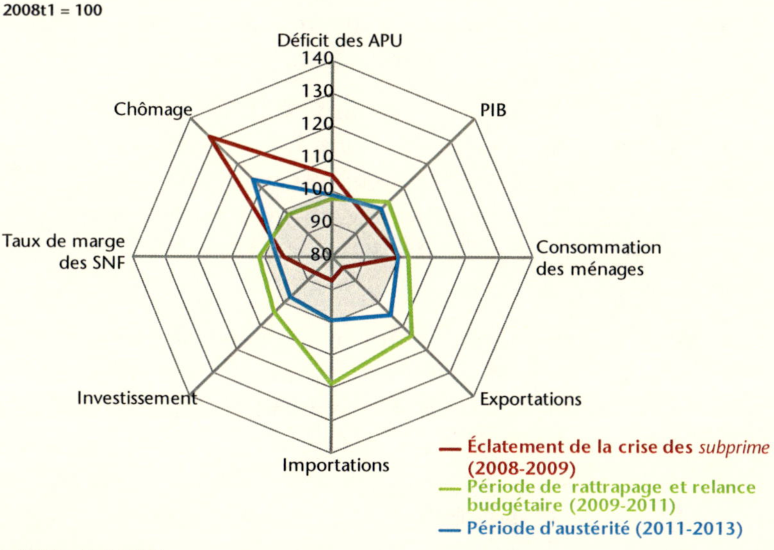

Sources : INSEE, calculs OFCE.

Mais avec la crise des dettes souveraines en zone euro et le changement de cap de la politique budgétaire, l'embellie a tourné court dans la première moitié de 2011. La croissance s'est interrompue pendant deux ans et demi, provoquant une nouvelle vague d'augmentation du chômage avec pour tout bénéfice une réduction du déficit public de 0,9 point de PIB entre 2011 et 2013, deux fois moindre que celle enregistrée durant le rebond précédent, 2,3 points entre 2009 et 2011.

5. Crise et reprise

Les économies industrielles doivent digérer les excès de l'endettement passé – privé avant la récession, public depuis 2008 –, et dans le même temps la contraction de l'investissement et l'extension du chômage de longue durée sont susceptibles d'entamer leur capacité d'offre. Les perspectives d'activité sont ainsi subordonnées à cette double contrainte.

Elle entame d'abord la capacité des agents à engager massivement de nouvelles dépenses pendant la phase de désendettement. Tant que les dettes pèseront trop dans les bilans, une forte reprise de la consommation et le retour à une politique budgétaire non restrictive ne sont guère à espérer. Dans le meilleur des cas, la reprise ne serait que graduelle, sans aller jusqu'au scénario noir « d'une stagnation séculaire » avancé par Larry Summers, la dépense resterait contrainte par l'assainissement financier.

L'examen de l'évolution des situations financières nettes des agents en France donne corps à cette hypothèse (graphique 8). La situation financière nette des agents privés s'est certes améliorée entre 2007 et 2012, mais celle des administrations publiques s'est détériorée continument depuis le début de la crise, entraînant avec elle celle de la nation.

La deuxième contrainte pesant sur la reprise est celle de l'impact de la crise sur le potentiel des économies. L'évaluation de cet impact agite les prévisionnistes depuis quelques années. L'histoire économique montre en effet qu'après une crise financière, le rebond est lent et que ce type de crise, de par l'ampleur de la récession qu'il provoque, laisse des traces sur le niveau et la croissance du potentiel. Le débat renvoie à deux hypothèses, qui peuvent d'ailleurs se combiner, avec d'un côté une vision radicale selon laquelle tout ou partie des pertes de production survenues durant la récession sont irrémédiables et doivent être converties en pertes de potentiel, et de l'autre une vision plus atténuée mettant davantage en avant un infléchissement de la pente du potentiel plutôt qu'une marche d'escalier vers le bas.

Graphique 8. Valeur financière nette des agents*

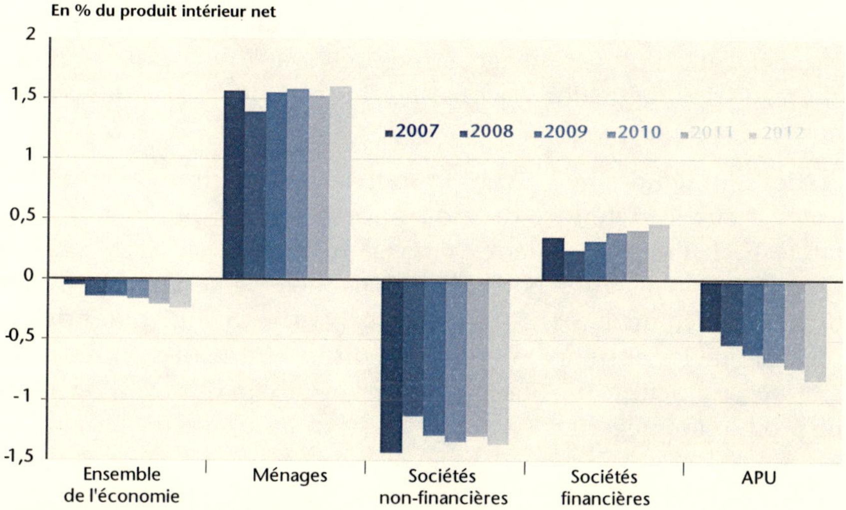

* : la valeur financière nette est la différence entre l'actif financier et le passif financier des secteurs institutionnels. Elle représente l'endettement net des agents en pourcentage du revenu national auquel a été soustraite la consommation de capital fixe (le produit intérieur net).
Sources : INSEE, comptes de patrimoine.

Selon la première hypothèse, l'écart de production serait faible et les marges pour l'enclenchement d'un redémarrage des économies sur le modèle des reprises passées très limitées, l'activité rejoignant rapidement le seuil qui déclenche l'accélération de l'inflation. La deuxième vision offre plus de latitude pour la formation d'une reprise durable, mais l'infléchissement du sentier de croissance potentielle de l'économie contraindrait malgré tout à terme les perspectives de croissance.

Le caractère non mesurable du PIB potentiel exacerbe les débats autour de l'évaluation de la capacité de reprise des économies, car la mesure de l'écart de production et de la pente du sentier de croissance est subordonnée à la conduite d'estimations fondées sur des hypothèses relatives au rythme du progrès technique, à l'accumulation du capital, à l'augmentation du chômage structurel et à l'ampleur des pertes de production imputables au niveau du potentiel.

Sans entrer dans des considérations plus générales, mises en avant par Robert Gordon de l'Université Northwestern[4], sur l'épuisement de l'apport des nouvelles technologies à la croissance de la productivité, on peut penser que la récession a pu entamer les potentiels de croissance des pays avancés, par la baisse de l'investissement et le freinage induit de la diffusion du progrès technique, par l'élévation du chômage structurel issue de l'extension du chômage de longue durée, et par les destructions de capital entraînées par les faillites.

Ces inquiétudes ne doivent toutefois pas nourrir un pessimisme excessif sur le potentiel de croissance futur. En premier lieu, la faiblesse de l'investissement est réversible et pourra le cas échéant redresser la croissance potentielle. Ensuite, même en accréditant l'hypothèse d'un choc négatif sur le niveau du PIB potentiel, il semble que les entreprises françaises disposent de marges de capacité de production inutilisées, suggérant la persistance d'un écart de production négatif.

6. Des marges de capacité de production mobilisables pour une reprise

Face à la baisse de l'activité, d'importantes surcapacités s'étaient formées en 2008-2009, comme en témoigne l'évolution des marges de capacité de production sans embauche et sans investissement, qui sont respectivement une mesure, par enquête, des effectifs et des équipements excédentaires au sein des entreprises industrielles (graphique 9). Confrontées à la baisse des commandes et de la production, les entreprises n'ajustent pas instantanément leurs ressources en facteurs de production pour éviter des coûts d'ajustement, injustifiés si la production devait redémarrer à brève échéance. Dans l'intervalle, elles relâchent plutôt l'intensité avec laquelle les ressources sont utilisées, par la réduction de la durée du travail, le recours au chômage partiel et le ralentissement des

4. Gordon, Robert (2012). 'Is US economic growth over? Faltering innovation confronts the six headwinds', *CEPR Policy Insight*, 63.

chaînes de production. Ce n'est qu'en dernier recours qu'elles se résolvent à licencier ou à fermer des unités de production.

Cette rétention de facteurs de production durant les périodes de crise est temporaire, car les phases de reprise permettent d'enclencher la résorption des surcapacités par la remise en service des ressources disponibles au sein des entreprises. C'est bien ce qui s'est produit après la récession, avec la baisse conjointe des marges sans embauche et sans investissement. Mais la rechute conjoncturelle de la mi-2011 a interrompu ce processus : les marges, sans rejoindre les niveaux exceptionnels de 2009, ont stoppé leur résorption et se sont à nouveau étendues, plus particulièrement les marges sans embauche. Ce mouvement est moins perceptible pour les marges sans investir, ce qui témoigne probablement d'une raréfaction des ressources en capital après plusieurs années de recul de l'investissement.

Graphique 9. Marges de capacité de production dans l'industrie

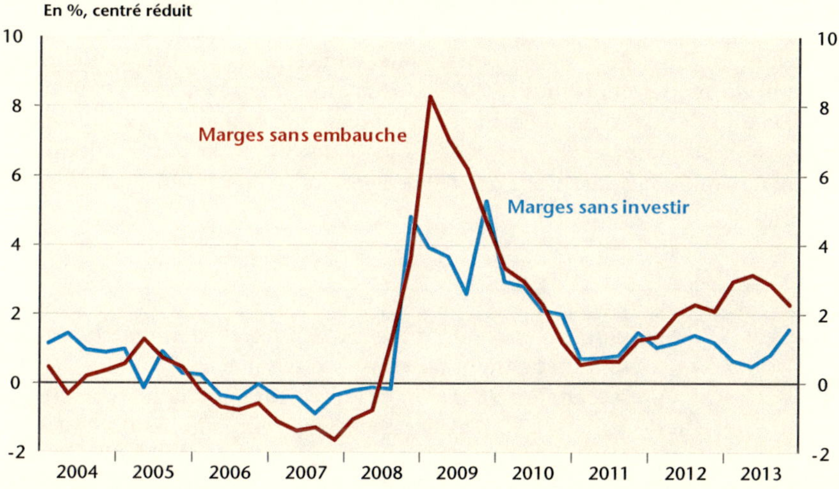

Source : INSEE, calculs OFCE.

Les fluctuations des marges de capacité de production sont à l'origine du cycle de productivité : l'élévation des marges provoque une baisse de la productivité des facteurs sous la tendance de long terme, corrigée lorsque la reprise s'enclenche. L'écart de productivité s'était ainsi refermé entre 2009 et 2011, quand la rechute de l'activité a à nouveau tiré la productivité à la baisse. Le cycle s'est donc inversé, se rapprochant, en 2013, des plus bas historiques en

2009. C'est dans l'industrie que la productivité demeure la plus dégradée, avec une productivité effective -3,1 % en dessous de la tendance, contre -0,2 % pour les services marchands et -1,1 % dans l'ensemble du secteur marchand (graphique 10). Selon ces estimations, les sureffectifs présents dans les entreprises représenteraient 190 000 emplois dans le secteur marchand (encadré 1).

Encadré 1. Une modélisation de l'emploi par secteur

Notre analyse et nos prévisions d'emploi s'appuient largement sur le cycle de productivité, c'est-à-dire l'écart de productivité par rapport à la tendance de long terme. Le cycle de productivité est calculé à l'aide d'une équation d'emploi, issue d'une fonction de production de type CES et écrite sous la forme d'un modèle à correction d'erreur. Nous avons estimé ces équations pour les secteurs de l'industrie, des services marchands et pour l'ensemble du secteur marchand. Elles sont estimées sur la période 1980-2010, avec une fréquence trimestrielle. Ce type de modèle permet d'estimer une relation de cointégration – ou relation de long terme – et une dynamique de court terme de la variable expliquée. A long terme, la productivité dépend d'une tendance linéaire – qui comporte une rupture au quatrième trimestre 1992, ainsi qu'une rupture au premier trimestre 2002 –, de la durée du travail et du coût du travail. La dynamique de court terme intègre quant à elle les variations passées et présentes de ces mêmes variables et de la valeur ajoutée marchande et les variations passées de l'emploi.

$$d\log L_{s,t} = \alpha_{s,1} \times d\log Q_{s,t} + \alpha_{s,2} \times d\log Q_{s,t-1} - \alpha_{s,3} \times d\log HL_{s,t-1}$$
$$- \underbrace{\lambda\left(\log\left(\frac{L_{s,t-1}}{Q_{s,t-1}}\right) - \beta_{s,1}\log\left(\frac{W_{s,t-1}}{P_{s,t-1}}\right) - \beta_{s,2}\log HL_{s,t-1} - \beta_{s,3} \times t - \beta_{s,4} \times t_{92} - \beta_{s,5} \times t_{02}\right)}_{\textit{relation de long terme}} + \varepsilon_{s,t}$$

avec S représentant le secteur (industrie, service, secteur marchand)
L représentant l'emploi salarié du secteur marchand
Q représentant la valeur ajoutée du secteur marchand
HL représentant la durée du travail du secteur marchand
W représentant le salaire par tête dans le secteur marchand
P représentant l'indice des prix à la consommation

Dans les trois équations, les variables ont toutes des coefficients significativement différents de 0, et avec le signe attendu. Les statistiques de *student* associées aux coefficients des relations de long terme valident l'hypothèse de relations de cointégration entre ces variables. Ces équations estiment les tendances de productivité de long terme à 2,4 % par an jusqu'en 1992 pour l'ensemble du secteur marchand (1,2 % pour les services et 3,3 % pour l'industrie), et 0,9 % après 2002 (0,7 % pour les services et 1,1 % pour l'industrie). Le cycle de productivité est le résidu de la relation de long terme.

Graphique 10. Cycle de productivité dans les secteurs marchands

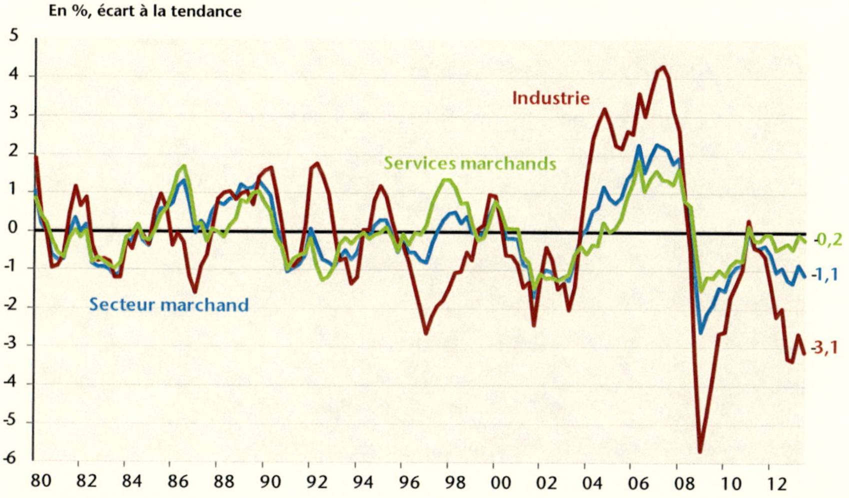

Source : INSEE, calculs OFCE.

L'incertitude prévaut néanmoins sur l'estimation de la tendance de productivité. Au vu de la reprise de l'emploi d'une intensité surprenante lors du rebond de croissance de 2010, il n'est pas exclu que la trajectoire de la productivité tendancielle se soit affaissée et que le cycle soit moins dégradé que si la productivité avait poursuivi sa progression comme par le passé. Pour autant, l'existence de marges de capacité de production, faisant l'objet d'une mesure statistique directe dans l'industrie, plaide pour l'existence d'une réserve de main-d'œuvre mobilisable au sein des entreprises.

Ce constat de l'existence de surcapacités de production est d'ailleurs cohérent avec les déclarations des entreprises qui, selon l'enquête trimestrielle dans l'industrie, déclarent majoritairement éprouver uniquement des difficultés de demande pour développer leur production comme elles le souhaiteraient (graphique 11). La contraction des marchés durant la récession avait naturellement fait pencher la balance vers les entreprises éprouvant des difficultés de demande, la part de celles déclarant des difficultés d'offre devenant marginale. La réanimation de l'activité dans le courant de 2009 avait, par symétrie, amorcé un rééquilibrage des freins à la production, interrompu en 2011 sous l'effet de la rechute conjoncturelle.

Graphique 11. Proportion d'entreprises ne pouvant produire davantage en raison de...

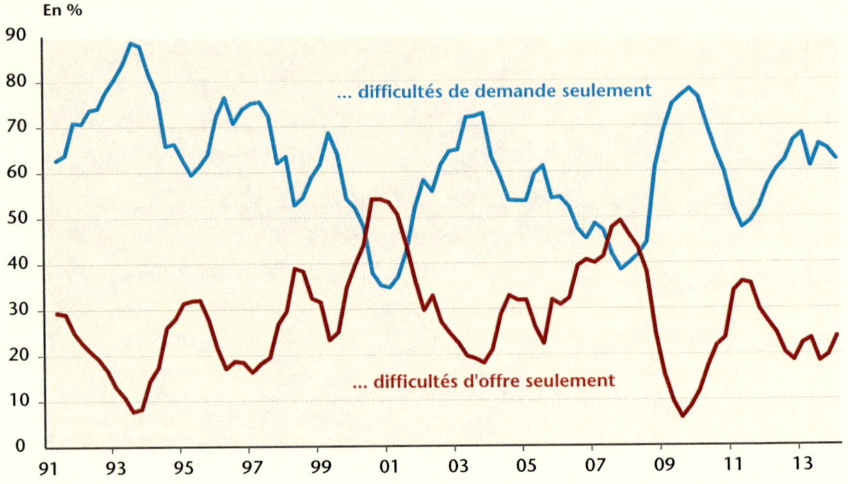

Source : INSEE.

Le relâchement des tensions sur l'appareil productif produit un effet puissamment désinflationniste au sein de l'économie française, comme d'ailleurs dans d'autres pays de la zone euro, en particulier au Sud. Les salaires baissent en Espagne, ralentissent en France ou en Italie et la montée du chômage ainsi que l'exacerbation de la concurrence venue des pays en situation de déflation salariale ont ramené le taux d'inflation vers les minima de ces quinze dernières années et nourrissent les craintes d'une entrée en déflation des économies européennes. En France, où le chômage est beaucoup plus faible qu'en Espagne, l'inertie des salaires face au ralentissement des prix a induit un redémarrage de la progression du salaire réel qui protège les salariés en poste et soutient la consommation, mais au prix d'un taux de marge des entreprises très dégradé (graphique 12). La hausse de la TVA instituée au 1er janvier 2014 dans le cadre de la mise en place du Crédit d'Impôt Emploi Compétitivité (CICE[5]) ne paraît pas avoir provoqué une augmentation significative de l'inflation. Contraintes par la concurrence internationale et la faiblesse de la demande interne, les entreprises françaises ont peu de latitude pour répercuter dans leurs prix de vente l'augmentation de la TVA, d'autant, selon le principe du dispositif même, qu'elles bénéficient d'un allègement de leurs charges sociales sous forme d'un crédit d'impôts.

Graphique 12. Inflation et salaires en France

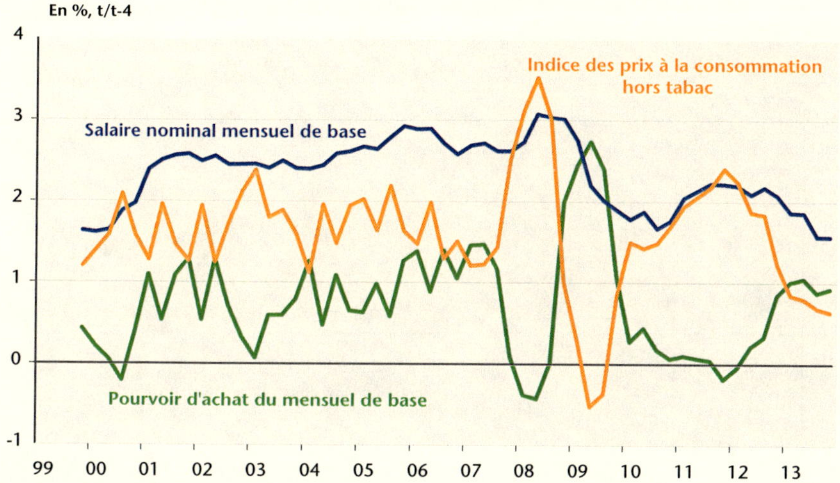

Source : INSEE.

7. Coup d'arrêt à la reprise

Il semble ainsi que, même en n'excluant pas un tassement du potentiel depuis 2008, l'économie française dispose d'une capacité de rebond comme l'a montré l'embellie survenue entre 2009 et 2011 (graphique 13). À l'heure où la croissance semble hors de portée, l'exemple n'est pas si lointain de performances avoisinant les 3 % l'an, comme ce fut le cas jusqu'au premier trimestre 2011.

Le rebond précédent s'est brutalement interrompu quand les politiques de rigueur qui se sont exercées simultanément en France et dans la zone euro ont cassé les moteurs de la croissance. Elles n'ont pas été le seul frein, mais elles ont constitué la contribution négative principale au retournement de l'activité. En estimant ces contributions et en les réincorporant à la croissance effective, on

5. Le Crédit d'Impôt Compétitivité Emploi consiste à alléger les charges sociales dues par les entreprises à hauteur de 6 % de la masse salariale (hors cotisations patronales) sur les salaires de moins de 2,5 SMIC sous la forme d'un crédit d'impôt sur les bénéfices. Sa montée en charge sera progressive, avec un taux de 4 % en 2013. Les effets sur la trésorerie des entreprises se feront sentir avec une année de décalage, la baisse des charges en 2013 étant restituée sous forme de crédit d'impôt sur les bénéfices de 2013 au moment de l'exigibilité de cet impôt, c'est-à-dire en 2014. Pour plus détail, se référer à Plane M., « Évaluation de l'impact macroéconomique du Crédit d'Impôt pour la Compétitivité et l'Emploi », Dossier Coût du Travail et Emploi, in *Revue de l'OFCE*/Débats et Politique, 2012, 126, pp.141-153.

peut reconstituer la trajectoire qui aurait été celle du PIB si les chocs n'étaient pas survenus (tableau 3).

Graphique 13. Taux de croissance du PIB

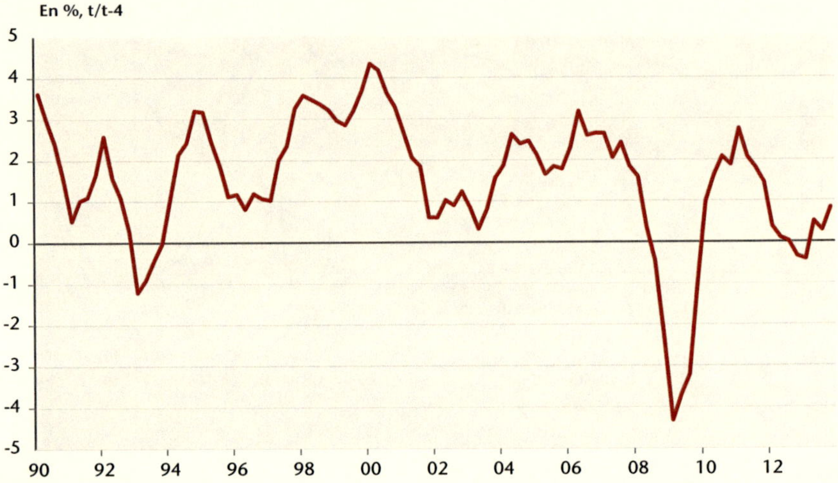

Source : INSEE.

Selon nos estimations, la restriction budgétaire serait à l'origine d'un freinage de la croissance de -0,7 point dès 2010, freinage qui s'est renforcé de 2011 à 2013 (respectivement -1,5, -2,1 et -1,9 points) du fait de l'intensification de la rigueur et de l'existence de multiplicateurs budgétaires élevés. Au frein budgétaire s'est ajouté un frein monétaire (de -0,3 à -0,4 point de croissance annuelle sur la période) : l'assouplissement de la politique monétaire par la baisse des taux d'intérêt directeurs s'est heurté au durcissement des conditions d'octroi de crédit ainsi qu'à la préférence des investisseurs pour les placements sans risque illustrée par l'élargissement du *spread* entre les taux sur les placements publics et les taux sur les investissements privés. Les flux de crédits nouveaux aux agents privés, notamment aux entreprises, restent déprimés, et, en ce début d'année 2014, maintiennent leur orientation négative (graphique 14).

Au total, en prenant aussi en compte l'effet de la remontée du prix du pétrole après la récession, la croissance spontanée de l'économie française aurait pu s'établir entre 2,2 et 3,4 % au cours des quatre dernières années, soit un rythme nettement supérieur à la croissance potentielle. Il aurait permis une convergence durable du PIB vers son potentiel et, par voie de conséquence, une résorption des déséquilibres dont l'apurement, interrompu par la rigueur, modèrera les perspectives de croissance à l'horizon 2015.

Graphique 14. Flux de nouveaux crédits aux ménages et aux entreprises

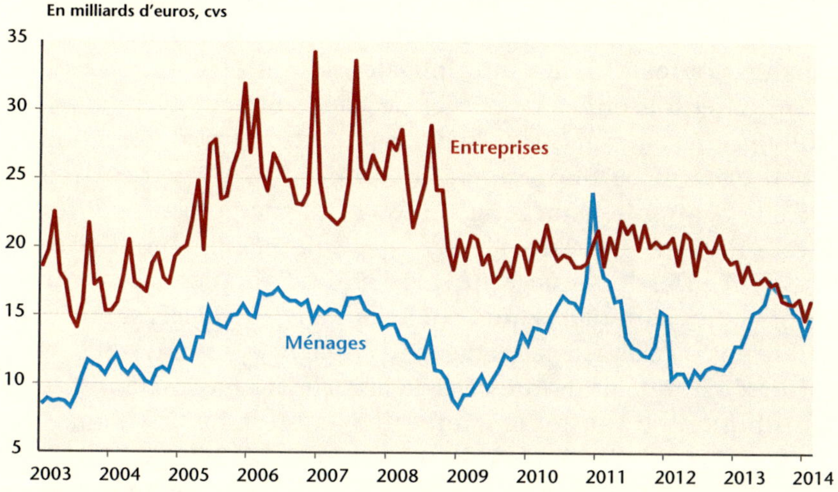

Source : Banque de France.

Tableau 3. Les freins à la croissance en France

En points

	2010	2011	2012	2013	2014	2015
Croissance du PIB	1,6	2,0	0,0	0,3	1,2	1,6
Impact sur le PIB dû...						
... aux évolutions du pétrole	-0,1	-0,3	-0,2	0,0	0,0	0,0
Effet direct sur l'économie française	-0,1	-0,2	-0,2	0,0	0,0	0,0
Effet via la demande adressée	0,0	-0,1	0,0	0,0	0,0	0,0
... aux politiques d'austérité	-0,7	-1,5	-2,1	-1,7	-1,2	-1,0
Effet direct sur l'économie française	-0,5	-1,3	-1,2	-1,1	-0,9	-0,7
Effet via la demande adressée	-0,2	-0,3	-0,9	-0,6	-0,3	-0,3
... aux conditions monétaires	-0,3	-0,4	-0,3	-0,3	-0,3	-0,2
Effet direct sur l'économie française	-0,3	-0,3	-0,2	-0,2	-0,2	-0,1
Effet via la demande adressée	0,0	-0,1	-0,1	-0,1	-0,1	-0,1
Acquis	0,5	0,8	0,2	-0,2	0,3	0,5
Rythme de croissance spontanée hors chocs	2,2	3,4	2,4	2,4	2,4	2,4

Sources : INSEE, comptes trimestriels ; prévision OFCE *e-mod.fr* 2014-2015, avril 2014.

8. Moins de rigueur mais plus de multiplicateurs

La politique budgétaire restrictive, qui a modelé l'activité depuis 2010, restera le principal déterminant de la croissance en 2014 et en 2015, avec des contributions respectives émanant des impulsions internes de -0,9 et -0,7 point. La prise de conscience de l'impact négatif de l'assainissement budgétaire à marche forcée, dans un contexte où les multiplicateurs sont élevés, a poussé les autorités européennes à alléger le fardeau de l'ajustement en prolongeant, en mai 2013, le délai imparti pour la correction du déficit excessif de plusieurs pays européens. Initialement fixée à 2013, la contrainte d'un retour sous la cible des 3 % a été différée à 2015, offrant au gouvernement français une fenêtre pour atténuer l'austérité. Dès lors que cette plus grande souplesse sera mise à profit par les partenaires qui bénéficient aussi de délais supplémentaires pour relâcher la rigueur (l'Espagne, les Pays-Bas et le Portugal), la demande adressée à la France sera moins déprimée. La contribution de l'austérité « importée » restera négative, mais par rapport à 2013, s'atténuera de 0,2 point en 2014 et en 2015. Au total, l'effet négatif des restrictions internes et externes serait environ deux fois moindre qu'en 2012 et en 2013.

Mais les points de croissance gagnés du fait de l'allègement de la rigueur seront en partie rognés par l'augmentation de la taille des multiplicateurs liée au changement de structure de la politique budgétaire en 2014 et en 2015. Les mesures budgétaires annoncées délaissent en effet l'accroissement des prélèvements obligatoires pour la diminution des dépenses dont on estime qu'elle exerce un effet multiplicateur négatif plus prononcé que la hausse de la fiscalité quand l'économie se trouve en bas de cycle (graphique 15).

Le taux de prélèvements obligatoires ne devrait plus enregistrer qu'une hausse marginale en 2014, passant de 45,9 % du PIB en 2013 à 46,0 % en 2014, et devrait se stabiliser à ce niveau en 2015, après une augmentation cumulée de 3,4 points de 2010 à 2013[6]. Cette stabilité d'ensemble masque toutefois des évolutions très différenciées selon les agents. Les ménages subiront des prélèvements supplémentaires de 12 milliards par le biais de nouvelles augmentations d'impôts et de la hausse de la TVA au 1er janvier

6. Pour plus de détails, voir la partie : « Finances publiques, objectif 3 % ».

pour financer le CICE. Les entreprises, quant à elles, verront leurs prélèvements s'alléger de 9 milliards en 2014 à la suite de la mise en œuvre, en 2013, du CICE.

Graphique 15. Multiplicateur selon l'instrument et la phase conjoncturelle

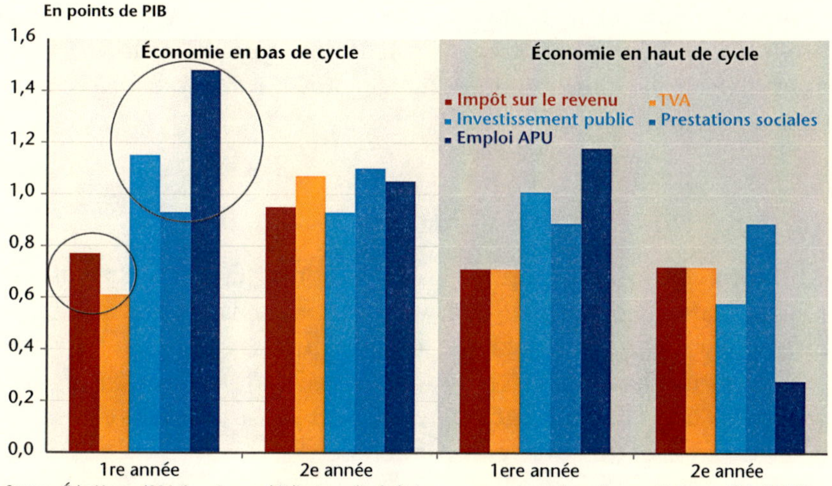

Source : Éric Heyer (2014) : « Les multiplicateurs budgétaires au cours du cycle », *Document de travail de l'OFCE*, (à paraître).

En contrepartie, l'effort budgétaire portera sur les dépenses, avec un ralentissement envisagé des engagements dont le taux de croissance en volume passerait sous l'étiage de ces trente dernières années (graphique 16).

Graphique 16. Taux de croissance des dépenses publiques primaires*

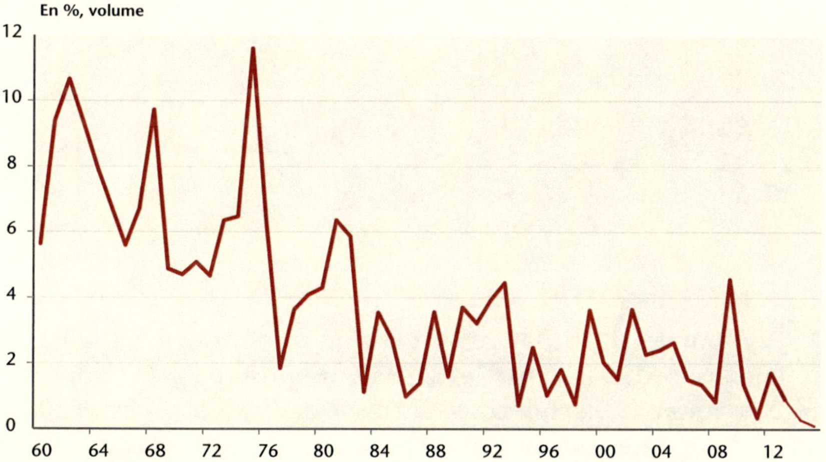

* Les dépenses publiques primaires représentent les dépenses publiques auxquelles ont été retranchés les intérêts payés sur la dette et sur lesquelles le gouvernement n'a aucune prise à court terme.
Source : INSEE, prévisions OFCE.

Cette modification de la structure de l'austérité pourrait conduire à une hausse des multiplicateurs et entamer le bénéfice, en termes d'activité, de l'allègement de la restriction. En situation de bas de cycle, nos simulations montrent en effet que les multiplicateurs associés aux mesures budgétaires portant sur les dépenses sont plus élevés que les multiplicateurs associés aux prélèvements (graphique 15). C'est le cas pour l'emploi dans les administrations publiques, pour les prestations sociales et pour l'investissement public.

9. Embellie du climat conjoncturel

Depuis environ un an, le paysage conjoncturel s'est notablement éclairci en Europe, avec un retour de la croissance et un raffermissement des indicateurs conjoncturels. Pour ce qui est de la France proprement dite, les enquêtes de conjoncture témoignent d'un retour de la confiance dans les secteurs productifs à la charnière de 2012 et de 2013 (graphique 17).

Graphique 17. Indicateurs de confiance dans...

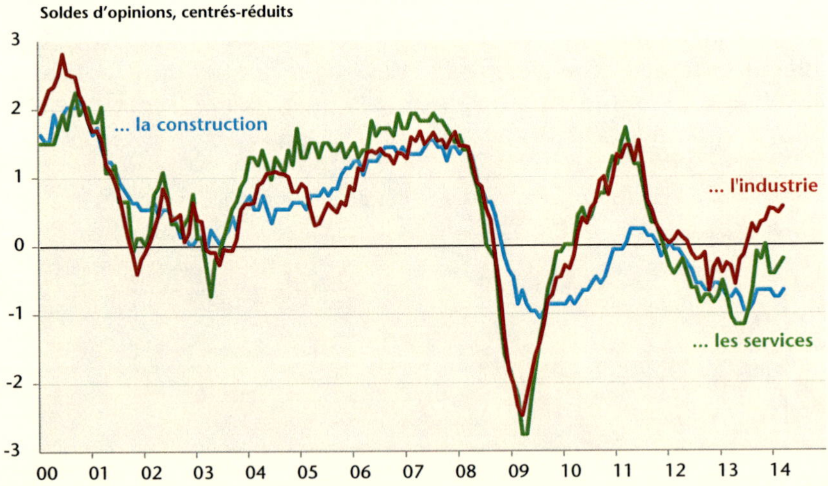

Source : INSEE.

Les données quantitatives ont traduit en chiffres d'activité cette amélioration déclarée par les chefs entreprise dans les enquêtes, avec un retour de la croissance depuis le deuxième trimestre 2013 à un rythme trimestriel moyen un peu inférieur à +0,3 % depuis neuf mois, qui tranche avec la stagnation qui s'était instaurée depuis le deuxième trimestre 2011.

L'économie française paraît être sur de bons rails pour prolonger le mouvement engagé en 2013. Les dernières informations conjoncturelles confirment les perspectives de croissance, tout au moins à court terme, même si la remontée visible dans les enquêtes de conjoncture, qui ne s'est jamais avérée linéaire dans le passé, s'est tassée depuis quelques mois. La production manufacturière croît continument depuis quatre mois et sa hausse de 0,7 % en janvier laisse un acquis de croissance de 0,8 % pour le premier trimestre 2014.

Les comptes nationaux risquent toutefois d'être perturbés par des facteurs exceptionnels, comme ils l'ont déjà été en 2013. La croissance surprenante du deuxième trimestre, en décalage avec le climat des affaires moins exubérant au sein des entreprises, tenait à la forte consommation d'énergie entraînée par les conditions climatiques exécrables du printemps 2013. Cette anormalité a été corrigée au trimestre suivant, quand les dépenses en énergie ont retrouvé un niveau plus conforme à la saison, ce qui s'est répercuté par une retombée de la croissance au troisième trimestre.

Des phénomènes de même nature sont à attendre de l'exceptionnelle douceur de l'hiver dernier ainsi que de l'impact des dispositifs institutionnels sur la consommation des ménages. Les températures clémentes en janvier ont pesé sur la production et la consommation d'énergie. L'indice de production industrielle totale, c'est-à-dire incluant la production d'énergie, est en repli de -0,2 % en janvier, après un recul de -0,6 % en décembre. Février et mars devraient s'inscrire dans la même lignée, les températures n'ayant pas été plus froides qu'en décembre et en janvier. L'acquis de croissance de la production industrielle totale pour le premier trimestre 2014 s'établit ainsi à -0,2 %, contre +0,8 % pour l'indice manufacturier, ce qui contribuera négativement à la croissance du PIB au début de l'année.

La consommation des ménages, quant à elle, devrait accuser le contrecoup des facteurs qui l'ont artificiellement dopée en fin d'année 2013, sous l'effet d'achats d'anticipation avant la hausse de la TVA au 1er janvier 2014, de la fin de la période de déblocage de l'épargne salariale au 31 décembre, et enfin du durcissement du malus écologique automobile au 1er janvier 2014. Les signaux négatifs se multiplient en ce début d'année avec d'abord le fort repli de la consommation d'énergie en janvier et février lié aux températures clémentes, puis celui de la consommation d'automobiles.

Ces facteurs exceptionnels ne doivent toutefois pas nourrir un pessimisme excessif dès lors que l'allègement de la facture énergétique des ménages pourra être reporté sur d'autres postes de consommation et éviter ainsi un recul au premier trimestre. Au total, et malgré un acquis très négatif de la consommation en biens en février, les dépenses totales devraient stagner au début de l'année 2014.

Ces éléments exceptionnels sont des facteurs de volatilité du taux de croissance du PIB à court terme. Ils ne doivent pas masquer le sentier de croissance sous-jacent de l'économie française qui s'est indiscutablement redressé depuis le deuxième trimestre 2013 après deux années de stagnation. Le regain de vigueur de l'activité ne sera toutefois pas à même d'enclencher un cercle vertueux, car il sera mis à profit par les agents, notamment les entreprises, pour normaliser leur situation.

10. Croissance à la marge intensive

En 2014 et en 2015, le PIB français croîtrait respectivement de +1,2 et +1,6 %. En termes trimestriels, la croissance du PIB ne dépasserait pas significativement celle du potentiel. L'écart de production se refermant à peine, la phase conjoncturelle en cours et anticipée ne peut être qualifiée de reprise, même si une période de croissance positive prolongée s'est ouverte en 2013.

Plus élevée que le consensus de février, respectivement +0,8 et +1,2 % en 2014 et en 2015, la prévision décrite ici ne peut pour autant être qualifiée de reprise, ni même d'optimiste, car elle ne repose pas sur la hausse de l'emploi, la distribution de revenu, l'accélération de la consommation et la reprise de l'investissement par le jeu de l'accélérateur.

Les entreprises profiteront en effet du regain de croissance procuré par le relâchement de l'austérité pour restaurer progressivement leur situation financière. Cette stratégie repose prioritairement sur l'augmentation de la productivité qui permettra de résorber les marges de capacité de production et de restaurer le taux de marge, mis à mal par six années d'une trajectoire conjoncturelle chaotique pour les entreprises (graphique 18).

Graphique 18. Excédent brut d'exploitation dans la valeur ajoutée et cycle de productivité dans les secteurs marchands

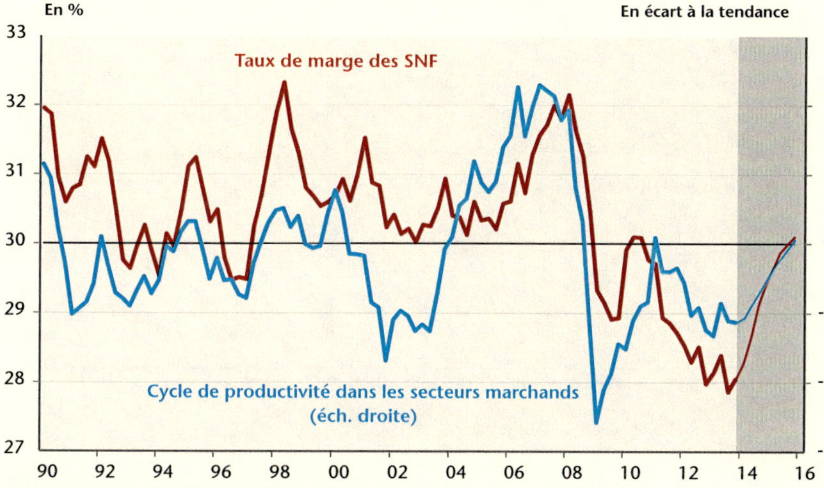

Sources : INSEE, comptes trimestriels ; prévision OFCE *e-mod.fr* 2014-2015, avril 2014.

La contrepartie de cet ajustement, longtemps différé, est qu'il ne faudra pas attendre de la croissance une reprise des embauches. La dynamique de l'emploi dans ce contexte conduira à une poursuite des pertes en 2014 sur l'ensemble de l'année dans le secteur marchand et à un réamorçage des créations en 2015, à un rythme encore très modeste toutefois (tableau 4). Seul le traitement social du chômage, grâce à la création de 115 000 emplois aidés dans le secteur non marchand en 2014, permettra une progression de l'emploi total qui sera toutefois insuffisante pour stabiliser le taux de chômage.

Marqué par l'absence de progression des débouchés et par la contraction des marges disponibles pour le financer, l'investissement des entreprises a accusé une nouvelle baisse en 2013, -3,8 %, après -1,9 % en 2012. La croissance attendue ces deux prochaines années, le redressement du taux de marge et l'effet des restitutions d'impôts sur les bénéfices au titre du CICE devraient réenclencher une phase de reprise des dépenses d'investissement au début de 2014. La croissance des dépenses au quatrième trimestre 2013,

+0,9 %, après 7 trimestres consécutifs de recul, peut être vue comme les prémisses de l'engagement de ce cycle.

Tableau 4. Emploi et chômage

Variations annuelles, en milliers, de fin d'année à fin d'année

Glissement annuel	2010	2011	2012	2013	2014	2015
Population active observée	38	178	205	15	126	121
Emploi total	127	133	-50	23	64	55
– Secteur marchand	65	106	-54	-45	-35	28
Salariés	20	45	-79	-61	-43	20
Non-salariés	45	61	25	16	8	8
– Secteur non marchand	62	27	4	68	99	27
Emplois aidés	44	-74	7	54	115	28
Emplois non aidés	18	101	-3	14	-16	-1
Chômage	-89	45	255	-8	61	66
Taux de chômage (niveau en %)	8,8	9,0	9,8	9,8	10,0	10,1

Sources : INSEE, Ministère du Travail ; prévision OFCE *e-mod.fr* 2014-2015, avril 2014.

Mais ce cycle restera peu dynamique car, comme on l'a vu plus haut, les entreprises disposent de marges de capacité de production sans investir. Intensifier l'utilisation des équipements installés permettra aux entreprises de pouvoir répondre au supplément de demande en atténuant l'effet accélérateur traditionnel (graphique 19).

Graphique 19. Taux d'investissement des SNF et taux d'utilisation des équipements

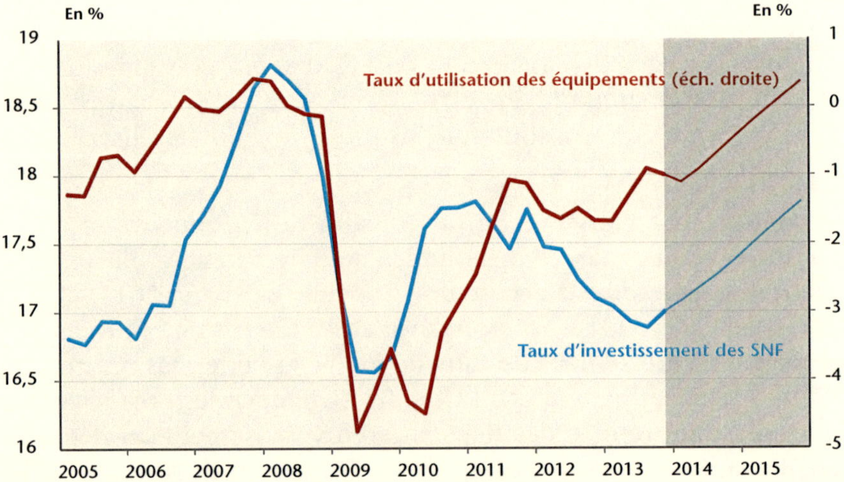

Sources : INSEE, comptes trimestriels ; prévision OFCE *e-mod.fr* 2014-2015, avril 2014.

Le commerce extérieur n'apparaît pas davantage à même de pouvoir soutenir une reprise. Les exportations en volume accéléreraient certes de +0,8 % en 2013 à respectivement +2,8 et +3,5 % en 2014 et en 2015, mais la France ne profitera pas à plein du regain d'activité chez ses partenaires européens. Comme celles de l'Allemagne et l'Italie, les parts de marché françaises devraient souffrir de la concurrence accrue de l'Espagne, en situation de dévaluation interne par le biais du mouvement de déflation salariale qui s'y est enclenché, même si la position concurrentielle de la France s'améliore un peu vis-à-vis de l'Allemagne (graphique 20).

Graphique 20. Parts de marché à l'exportation

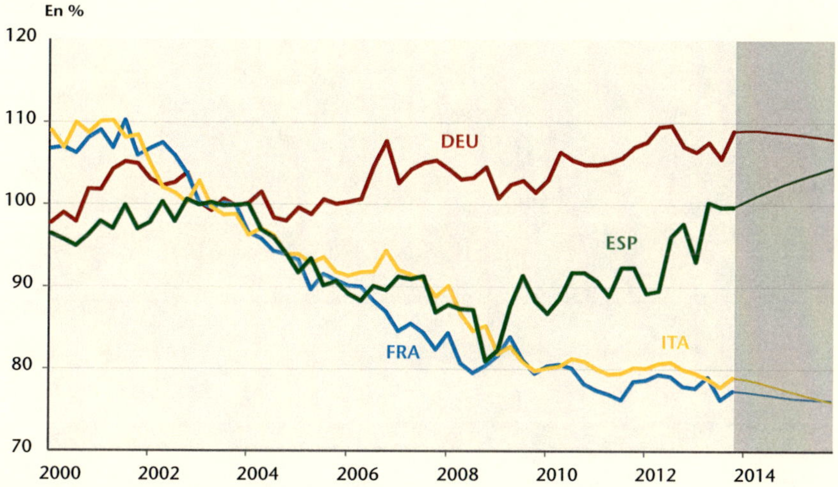

Sources : OFCE : Comptabilités nationales.

11. Double peine pour les ménages

Au-delà de ses à-coups liés aux conditions climatiques et aux mesures institutionnelles, la consommation des ménages croît à un rythme très ralenti depuis la rechute conjoncturelle de 2011. Le rythme inférieur à 1 % l'an qui s'est instauré depuis trois années apparaît faible au regard de la longue période et il devrait perdurer en 2014 et une grande partie de 2015 (graphique 21).

Les ménages ont en effet payé une première fois la politique d'austérité, par les pertes d'emploi et le ralentissement induit de la masse salariale. Les salaires, après avoir rebondi avec la reprise des créations de poste en 2010 et en 2011, ont fortement décéléré en termes nominaux en 2012 (+1,9 %) et en 2013 (+1,3 %) après une hausse de 2,6 % en 2011 (tableau 5). La progression en 2013 aurait pu être moindre encore si la réactivation de la politique de l'emploi pour faire face à la dégradation du marché du travail n'avait pas soutenu les salaires. En termes réels, la masse salariale a stagné en 2012, pour se redresser en 2013 mais sous le seul effet du ralentissement de l'inflation, passée de +1,9 à 0,6 % entre 2012 et 2013.

Graphique 21. Taux de croissance de la consommation des ménages

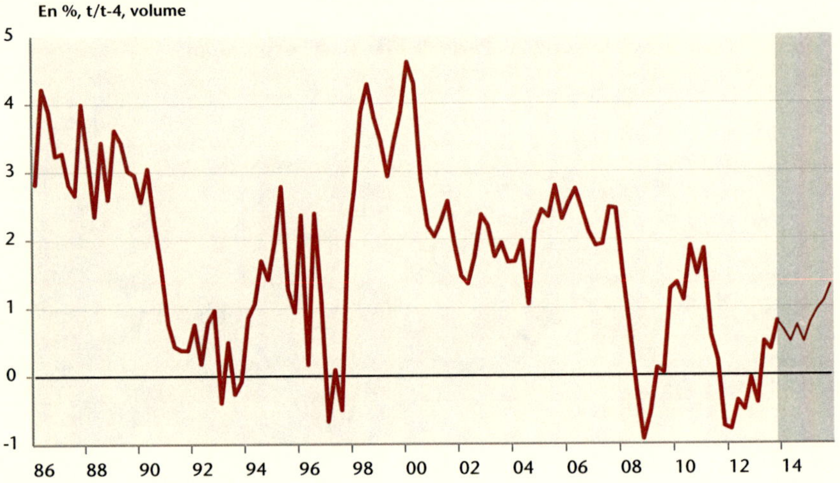

Sources : INSEE, comptes trimestriels ; prévision OFCE *e-mod.fr* 2014-2015, avril 2014.

En 2014 et en 2015, la masse salariale nominale retrouvera un peu de vigueur, respectivement +1,8 et +2,1 %, grâce au ralentissement des pertes d'emploi dans les secteurs marchands et à la reprise, très modeste au demeurant, des créations d'emplois en 2015. La politique de l'emploi atteindra son plein effet en 2014, ce qui contribuera également à la progression de la masse salariale, mais en 2015 le soutien public au marché du travail devrait s'estomper avec le retrait des créations d'emplois aidés dans le secteur non-marchand. Les salaires individuels, portés par les gains de productivité, ajouteront à l'effet créations d'emplois pour renforcer l'accélération de la masse salariale nominale. En termes réels, sa progression resterait toutefois environ deux fois inférieure en 2014 et en 2015 à sa tendance de longue période.

Le deuxième coût de l'austérité pour les ménages est à venir et consistera en une hausse des prélèvements fiscaux directs et indirects. Les hausses d'impôts décidées par le gouvernement conduiront à un alourdissement de plus de 10 % de la facture fiscale des ménages qui freinera la progression du revenu disponible brut nominal (RDB) de +0,9 % en 2013 à +0,5 % en 2014. Compte tenu du regain d'inflation lié pour partie à la hausse de la TVA au premier janvier 2014 et pour partie au regain d'activité, le RDB réel baisserait en 2014. En revanche, la stabilisation de la charge fiscale en 2015 restaurerait la croissance du RDB réel. Elle demeurerait toutefois très en deçà de sa tendance de longue période.

Tableau 5. Croissance du revenu réel des ménages

En %

Moyenne annuelle	2013	2014	2015	1990-2009
Revenu disponible brut	0,3	-0,3	0,9	1,9
dont :				
Masse salariale brute	0,6	1,0	1,1	1,9
Cotisations sociales	3,9	4,1	0,8	0,9
Prestations sociales	2,5	1,3	-0,5	2,5
EBE des ménages	0,4	1,4	1,4	1,4
Dividendes et intérêts nets	-0,7	3,5	3,4	2,0
Impôts (y.c. CSG et ISF)	3,4	10,5	1,2	4,0
Déflateur de la consommation	0,6	0,8	1,0	1,5
Consommation *(volume)*	0,3	0,6	1,0	1,7
Taux d'épargne *(en % du RDB)*	15,6	15,1	15,1	15,1

Sources : INSEE, comptes trimestriels ; prévision OFCE *e-mod.fr* 2014-2015, avril 2014.

Dans ces conditions, il ne faudra pas attendre de la consommation un rôle moteur de la croissance en 2014 et en 2015. La baisse du taux d'épargne s'interposera entre le revenu et la consommation pour soutenir les dépenses (tableau 6). L'effet de ralentissement du revenu prédominera dans la détermination des mouvements du taux d'épargne. S'y ajoutera un effet de richesse immobilière lié à la meilleure tenue probable des prix en 2014 et en 2015, relativement modeste toutefois en comparaison du rôle qu'il a joué de 2002 à 2008 quand les plus-values exubérantes réalisées par les propriétaires poussaient la consommation à la hausse.

Tableau 6. Les déterminants des variations du taux d'épargne en France

En points

	2002-2008	2009-2011	2012	2013	2014*	2015*
Variations réalisées/estimées	**-0,7**	**0,5**	**-0,4**	**-0,1**	**-0,4**	**-0,1**
Écart critique (g – r)**	0,1	0,5	0,2	0,0	0,0	0,0
Effet richesse immobilière	-1,0	-0,2	0,0	0,0	-0,1	-0,1
Variation du chômage	0,0	0,4	0,2	0,1	0,0	0,0
Ralentissement du revenu	-0,2	-0,2	-0,7	-0,1	-0,3	0,0
Mesures Sarkozy [1]	-0,1	—	—	—	—	—
Réforme fiscale	0,5	—	—	-0,1	—	—

1. Pour plus de détails, se référer à Valérie Chauvin *et ali.* (2004) : « Évaluation du plan de relance de l'économie française », *Document de travail de l'OFCE*, n° 2004-04, mai. D'après l'INSEE, sur les 15 milliards d'euros rendus à la consommation par ces mesures, seuls 1,5 à 2 milliards ont été réellement dépensés et auraient alors permis une baisse de 0,2 point du taux d'épargne en 2004 compensée partiellement par une hausse de 0,1 point en 2005.
* Prévisions OFCE.
** L'écart critique est la différence entre le taux de croissance du revenu des ménages (g) et le taux d'intérêt à long terme (r). Cet écart illustre la capacité des ménages à emprunter.
Sources : INSEE, comptes trimestriels ; prévision OFCE *e-mod.fr* 2014-2015, avril 2014.

12. Finances publiques, objectif 3 %

Si l'on ne dispose pas, pour l'heure, de l'évolution des composantes des finances publiques pour l'année 2013, la publication le 31 mars 2014 des chiffres de déficit et de dette publics est décevante compte tenu de l'effort budgétaire qui a été engagé pour l'année par le gouvernement. Le déficit budgétaire s'élève à 4,3 % du PIB, après 4,9 % en 2012, soit une baisse effective de 0,6 point, décevante au vu de l'effort budgétaire de 1,7 point de PIB mis en œuvre en 2013, dont 1,4 point par le biais d'une hausse des prélèvements obligatoires (tableau 7). Cet effort budgétaire annuel est d'ailleurs le plus important mis en œuvre depuis le début de la mise en place de la rigueur budgétaire.

L'évolution du solde public résulte de l'addition des variations du déficit conjoncturel, à savoir un creusement de 0,6 point en 2013, généré par l'écart entre la croissance effective du PIB (+0,2 %) et la croissance potentielle (+1,4 %), avec les variations du déficit structurel. Déduit de la différence entre la variation du déficit effectif et celle du déficit conjoncturel, le déficit structurel ne se serait amélioré que de 1,2 point de PIB en 2013, soit bien moins que le 1,8 point attendu de l'effort budgétaire. L'écart semble s'expliquer par la faiblesse de l'élasticité des recettes fiscales qui aurait amputé la progression du taux de prélèvements obligatoires

(TPO) de 0,5 point par rapport au 1,4 voté en Loi de finance. Au total, le TPO se sera élevé de 0,9 point en 2013 (encadré 2). Pour la prévision, nous avons supposé que cette élasticité anormalement faible ne se prolongerait pas et reviendrait à 1 en 2014 pour s'établir à 1,1 en 2015.

Tableau 7. Décomposition de la variation du solde public

En points de PIB

	2010	2011	2012	2013	2014	2015	2011-2015
Solde public	**-7,0**	**-5,2**	**-4,9**	**-4,3**	**-3,7**	**-3,0**	**4,0**
Variation du solde public (E=A+B+C+D)	0,5	1,8	0,4	0,6	0,6	0,7	4,0
Variation des taux de PO (A=A1+A2)	0,4	1,2	1,2	0,9	0,1	0,0	3,5
dont mesures nouvelles sur les PO (A1)	0,2	1,0	1,2	1,4	0,1	-0,2	3,5
dont élasticité spontanée des recettes fiscales au PIB (A2)	0,2	0,2	0,0	-0,5	0,0	0,2	0,0
Gains dus à l'écart entre la progression des dépenses publiques et le PIB potentiel*(B=B1+B2)	0,1	0,4	0,0	0,3	0,6	0,6	1,9
dont dépenses publiques primaires (B1)	0,1	0,6	-0,1	0,3	0,6	0,6	2,1
dont charges d'intérêts sur la dette publique)(B2)	0,0	-0,2	0,1	0,0	0,0	0,0	-0,1
Variation solde conjoncturel (C)	0,1	0,3	-0,7	-0,6	-0,1	0,1	-1,0
Impact des recettes non fiscales sur le PIB (D)	-0,1	-0,1	0,0	0,0	0,0	0,0	-0,2
Variation solde structurel (E=A+B1)**	0,5	1,8	1,1	1,2	0,7	0,6	5,4
Effort structurel* (F=A1+B1)**	0,3	1,6	1,1	1,7	0,7	0,4	5,5

* Cela correspond à l'écart entre la croissance du PIB potentiel (1,4 % en moyenne sur la période 2010-2014) et celle du PIB effectif (c'est-à-dire la variation de l'écart de production à son potentiel), pondéré par la part des dépenses primaires dans le PIB. Il reflète le fait que les dépenses primaires augmentent au rythme du PIB potentiel indépendamment de la croissance observée.
** Il s'agit de l'évolution spontanée des recettes fiscales (hors mesures discrétionnaires), qui reflète la différence de dynamique des assiettes fiscales par rapport à celle du PIB.
Sources : INSEE, MINEFI, calculs et prévisions OFCE.

En 2014 et en 2015, le gouvernement poursuivra l'ajustement budgétaire engagé depuis 2010. Mais la structure de la rigueur va changer, avec cette fois un accent mis sur la réduction de la dépense publique plutôt que sur l'augmentation des prélèvements. L'impulsion budgétaire serait de 0,7 point de PIB en 2014, décomposée en une hausse des prélèvements obligatoires à hauteur de 0,15 point, contre 1,4 en 2013, et en des économies structurelles sur la dépense primaire.

L'apparente stabilité des prélèvements obligatoires en 2014 masque de fortes disparités, puisque la fiscalité sur les ménages s'alourdira de 12,6 milliards d'euros sous l'effet principalement de la hausse de la TVA (5,4 milliards) et de la hausse de l'impôt sur le revenu (3,8 milliards). Simultanément, le CICE restituera aux entreprises 7,5 milliards d'impôts sur les bénéfices. Viendront s'y ajouter 4,5 milliards résultant du contrecoup de mesures antérieures temporaires.

En contrepartie de la stabilité des prélèvements obligatoires en 2014, le gouvernement réorientera l'austérité vers la maîtrise des dépenses publiques. Ces économies sur la dépense publique se répartissent en une économie de 8,4 milliards sur les dépenses de l'État hors charges de la dette, 0,6 milliard sur la charge de la dette (grâce à la baisse des taux), et 6 milliards sur les dépenses de la sphère sociale, soit au total 15 milliards par rapport à l'évolution tendancielle des dépenses.

Il résulterait de cet effort une évolution des dépenses publiques de 1,7 % en valeur sur l'année 2014, et de 0,4 % en volume. Une telle évolution des dépenses publiques représenterait un effort sans précédent, puisque l'évolution de la dépense des administrations publiques était de 4 % l'an en valeur entre 2000 et 2007, et de 2,5 % sur les trois dernières années (tableau 9).

En 2015, l'évolution du taux de PO se stabiliserait : le CICE poursuivra sa montée en charge à hauteur de 7 milliards d'euros. Mais nous faisons l'hypothèse que cette montée en charge sera compensée à hauteur de 3 milliards d'euros par la poursuite des efforts en matière de lutte contre la fraude fiscale et autres mesures anti-abus, et à hauteur de 4 milliards par l'impact sur les prélèvements obligatoires d'une élasticité des recettes fiscales au PIB à 1,1. Dans le même temps, le gouvernement poursuivra son effort d'économies structurelles sur la dépense primaire, que nous supposons égales à celles mises en place en 2014 (soit 0,6 point de PIB).

L'impulsion budgétaire sera donc légèrement plus faible en 2015 qu'en 2014, et son impact sur la croissance restera important, malgré une légère baisse du multiplicateur budgétaire des dépenses. En effet, nos dernières prévisions, en référence à de nombreux travaux[7], s'appuyaient sur une hausse du multiplicateur

7. Voir par exemple : Coenen G. *et al.* (2012), « Effects of Fiscal Stimulus in Structural Models », *American Economic Journal: Macroeconomics*: (4) 1.
Creel, Heyer et Plane (2011), « Petit précis de politique budgétaire par tous les temps », *Revue de l'OFCE*, 116, janvier 2011.
Éric Heyer (2014) : « Les multiplicateurs budgétaires au cours du cycle », *Document de travail de l'OFCE*, (à paraître).

en bas de cycle, en particulier pour les dépenses publiques, dont le multiplicateur atteindrait 1,3 en bas de cycle. Les multiplicateurs budgétaires ont ainsi été poussés à la hausse par divers facteurs au cœur de la crise : trappe à liquidité, contraintes de liquidité des agents, rationnement du crédit...

Si l'*output gap* français demeure dégradé, les indicateurs de crédit en revanche montrent une détente des conditions de crédit sur la période récente, qui commencent à alléger l'impact de l'austérité sur l'économie. Le multiplicateur budgétaire des dépenses baissera donc en 2015, mais le multiplicateur budgétaire global restera élevé (1,1 en 2015, comme 2014), car l'impulsion budgétaire portera essentiellement sur la dépense publique, qui est l'instrument dont l'impact sur l'activité est le plus fort. En définitive, l'impulsion budgétaire efficace (c'est-à-dire l'impact de l'impulsion sur l'activité) sera de 0,9 point de PIB en 2014 et 0,7 point en 2015 (tableau 8).

Tableau 8. Calcul de l'impulsion budgétaire efficace

	Multiplicateur budgétaire à court terme 2014	Mesures 2014 (en Mds)	Impact sur le PIB	Multiplicateur budgétaire à court terme 2015	Mesures 2015 (en Mds)	Impact sur le PIB
Entreprises		**9,0**	**7,8**		**5,5**	**4,7**
Impôt sur le bénéfice des sociétés	0,8	7,5	5,3	0,8	7,0	5,6
Contrecoup mesures 2013	0,8	4,5	4,5			
Autre	0,6	-3	-1,8	0,6	-1,5	-0,9
Ménages		**-12,6**	**-9,8**		**-1,5**	**-1**
TVA	0,7	-5,4	-3,9			
Impôt sur le revenu	0,8	-3,8	-3,1			
Droits de mutation	0,8	-0,5	-0,4			
Cotisations sociales et prélèvements sociaux	0,9	-1,05	-1,0			
Autre	0,7	-1,8	-1,4	0,7	-1,5	-1,0
Rentrées fiscales liées à l'élasticité des recettes	**0,7**			**0 ,7**	**-4**	**-2,1**
Économie structurelle sur la dépense primaire	**1,3**	**-11,5**	**-15,1**	**1,2**	**-12**	**-14,4**
Total	**1,1**	**-15,6**	**-17,1**	**1,1**	**-12**	**-13,2**
En point de PIB		**-0,7**	**-0,9**		**-0,6**	**-0,7**

Sources : PLF, calculs OFCE.

Tableau 9. Principaux agrégats des finances publiques

	Moyenne 1990-2000	Moyenne 2000-2010	2010	2011	2012	2013*	2014*	2015*
Solde public	-3,9	-3,3	-7,1	-5,3	-4,8	-4,3	-3,7	-3,0
Dépenses publiques (DP)	53	53,2	56,6	55,9	56,7	57,1	56,6	55,9
Taux de croissance de la DP (en %, en euros constants)	2,7	2,1	1,4	0,8	1,5	0,9	0,4	0,2
Taux de prélèvements obligatoires	42,9	43,4	42,5	43,7	45,0	45,9	46,0	46,0
Dette publique au sens de Maastricht	49,8	64,5	82,7	86,2	90,6	93,5	95,3	95,5

* Prévision OFCE, avril 2014.
Sources : INSEE, MINEFI, calculs OFCE.

L'impulsion budgétaire qui résulterait de ces hypothèses serait de -0,6 point de PIB. La politique d'austérité, quoiqu'atténuée en comparaison des années 2011 à 2013, se poursuivrait sans discontinuer. L'objectif des 3 % pourra être atteint en 2015, avec une quasi-stabilisation de la dette publique (tableau 10), mais au prix d'un taux de chômage qui restera supérieur à 10 % de la population active.

Tableau 10. Résumé de la prévision pour 2014 et 2015

En %, moyenne annuelle

	2010	2011	2012	2013	2014*	2015*
Taux de croissance du PIB	1,6	2,0	0,0	0,3	1,2	1,6
Importations	8,9	5,1	-0,9	0,8	2,9	3,2
Consommation des ménages	1,5	0,5	-0,4	0,3	0,6	1,0
Consommation des administrations	1,7	0,2	1,4	1,4	1,8	1,2
Investissement total	1,4	2,9	-1,2	-2,1	1,8	3,4
Exportations	9,5	5,4	2,5	0,8	2,8	3,5
Contribution à la croissance						
Demande intérieure hors stocks	1,6	1,0	-0,1	0,2	1,1	1,5
Variations de stocks	0,1	1,0	-0,8	0,1	0,1	0,1
Solde extérieur	0,0	0,0	1,0	0,0	0,0	0,0
Taux de croissance du PIB zone euro	1,9	1,6	-0,6	-0,4	1,3	1,6
Autres indicateurs						
Inflation *(Déflateur de la consommation)*	1,1	2,1	1,9	0,6	0,8	1,0
Taux d'épargne *(en % du RdB)*	15,9	16,1	15,7	15,6	15,1	15,1
Taux de chômage	8,9	8,8	9,4	9,9	9,9	10,1
Solde public *(en point de PIB)*	-7,1	-5,3	-4,8	-4,3	-3,7	-3,0
Dette publique *(en point de PIB)*	82,7	86,2	90,6	93,5	95,3	95,5
Taux de croissance du PIB *(en glissement)*	1,9	1,5	-0,3	0,8	1,3	1,6

Sources : INSEE, comptes trimestriels ; OFCE, prévision *e-mod.fr* pour 2014 et 2015.

Encadré 2. Quel impact des annonces du discours de politique générale du 8 avril ?

Le scénario présenté ici intègre les informations disponibles fin mars 2014. Depuis cette date, de nouvelles annonces ont cependant été faites lors du discours de politique générale du nouveau Premier ministre, Manuel Valls, qui devraient impacter les perspectives françaises à l'horizon de notre prévision.

Si nous n'en connaissons pas précisément les contours aujourd'hui, le nouveau gouvernement devrait procéder à :

— L'élaboration d'un budget rectificatif pour l'année 2014, intégrant 4 milliards d'économies supplémentaires, en plus des 15 milliards initialement annoncés. Cette baisse de dépenses supplémentaire a pour but de maintenir l'objectif de déficit public à 3,6% du PIB en 2014.

— En 2015 :

- Une baisse supplémentaire de cotisations sociales patronales sur les salaires compris entre 1 et 1,6 smic. Cette baisse conduirait à la suppression intégrale des cotisations patronales à l'URSSAF au niveau du smic. Cette mesure s'élèverait à 4,5 milliards d'euros.
- Une baisse de plus de 3 points des cotisations familles des indépendants et artisans, pour un montant de 1 milliard.
- Une baisse de cotisations sociales salariales entre 1 et 1,3 smic, qui correspondrait à un gain annuel de 500 euros au niveau du smic. Bien que les contours de la mesure restent flous, le coût de ces allègements serait estimé 2,3 milliards d'euros. Cette mesure serait suivie, après 2015, d'autres allègements fiscaux dont le calendrier reste à définir, le tout pour un montant total de 5 milliards d'euros.
- La suppression de la contribution sociale de solidarité des sociétés (C3S) assise sur le chiffre d'affaire des entreprises est programmée sur la période 2015-2017. Cet impôt représente un peu plus de 5 milliards d'euros, et nous faisons l'hypothèse de l'étalement de la mesure, avec une baisse de 1 milliard d'euros dès 2015, sans hausse de fiscalité en contrepartie.

— Au cours des années suivantes :

- La suppression de la surtaxe de l'impôt sur les sociétés instaurée en 2010 devrait prendre effet en 2016.
- Une baisse supplémentaire de cotisations sociales patronales sera adoptée en 2016 sur les salaires compris entre 1,6 et 3,5 smic, pour un montant total de 4,5 milliards d'euros.
- Une baisse du taux de l'IS est programmée, à un rythme indéfini, pour atteindre 28 % en 2020.

L'évaluation du calendrier et des montants engagés dans cette inflexion de la politique économique sont bien sûr susceptibles d'évoluer au gré des précisions qui seront apportées dans les mois qui viennent par le gouvernement. Pour autant, nous présentons ici une première évaluation de l'impact de ces annonces sur les perspectives de croissance et de finances publiques à l'horizon de notre prévision. Le tableau 11 résume l'ensemble de ces annonces, ainsi que leur impact sur la croissance *via* le multiplicateur budgétaire. En résumé, le coût *ex ante* du Pacte de responsabilité est de 30 milliards d'euros, dont 20 milliards de CICE (déjà pris en compte dans notre prévision) et 10 milliards de mesures nouvelles pour les entreprises. Le Pacte de solidarité coûterait *ex ante* 5 milliards d'euros. Quant aux décisions annoncées aux assises de la fiscalité, leur coût s'élèverait à 5,3 milliards d'euros d'ici la fin du quinquennat.

En 2015, horizon de notre prévision, les mesures nouvelles s'élèvent à 5,5 milliards d'euros pour le pacte de responsabilité, 2,3 milliards d'euros pour le pacte de solidarité et 1 milliards pour la réduction de la C3S dans le cadre des assises de la fiscalité.

Tableau 11. Mesures annoncées dans le discours de politique générale (DPG) de Manuel Valls le 8 avril 2014

		Date de mise en œuvre	Montant en mds €	Multiplicateur	Impact sur la croissance, en %
Pacte de responsabilité	CICE année 1	1er janvier 2014	9	1,0	0,5
	CICE année 2	1er janvier 2015	7	0,8	0,3
	CICE année 3	1er janvier 2016	1	0,8	0,0
	CICE année 4	1er janvier 2017	2	0,8	0,1
	CICE année 5	1er janvier 2018	1	0,8	0,0
	Allègements bas salaires	1er janvier 2015	4,5	0,9	0,2
	Allègements salaires > 1,6 SMIC	1er janvier 2016	4,5	0,8	0,2
	Allègements indépendants et artisans	1er janvier 2015	1	0,8	0,04
	TOTAL		**30**		**1,4**
Pacte de solidarité	Allègements cotisations salariales <1,3 SMIC	1er janvier 2015	2,3	0,8	0,1
	Baisses impôts	2016-2017	2,7	0,7	0,1
	TOTAL		**5**		**0,2**
Assises de la fiscalité	Suppression de la C3S	2015	1	0,8	0,04
		2016-2017	4		0,16
	Suppression de la surtaxe de l'IS	2016	2,3	0,9	0,1
	Baisse du taux d'IS	Horizon 2020			

Sources : DPG, calculs de l'auteur.

Le tableau 12 présente l'impact de ces mesures (selon les hypothèses du tableau 11) sur la croissance, le solde public et l'impulsion budgétaire, et le taux de chômage. L'ajout de 4 milliards d'euros d'économies supplémentaires en 2014 dans le cadre d'un budget rectificatif pèserait pour 0,2 point sur la croissance en 2014, et porterait le taux de chômage à 10,2 % de la population active en fin d'année (contre 10 % dans notre scénario). L'objectif de déficit à 3,6% du PIB serait atteint.

En 2015, l'impact des mesures nouvelles dépendra de leur financement ou non par de nouvelles coupes dans les dépenses publiques. Le scénario sans financement illustre bien le dilemme déficit public/chômage auquel est confronté le gouvernement. Sans financement, l'impact sur la croissance de l'injection de ces 8,8 milliards d'euros serait de 0,4 point de PIB. Ce gain de croissance, conjugué aux effets des allègements de cotisations sociales sur les bas salaires[8], permettrait au taux de chômage de retrouver le niveau de fin 2013 à 9,8 % de la population active fin 2015 (soit une baisse de 0,3 point, contre une hausse de 0,1 point dans notre scénario central). La baisse de l'impulsion budgétaire à -0,1 % du PIB, bien qu'en partie compensée par l'effet de la croissance sur les recettes fiscales, éloignerait cependant le scénario de la trajectoire de Bruxelles, avec un déficit public à -3,2 % du PIB en 2015, et donc supérieur aux 3% attendus par Bruxelles.

Tableau 12. Impact des mesures annoncées

	2013	2014		2015		
		Avant DPG	Après DPG	Avant DPG	Après DPG	
					Non financé	Financé*
PIB (en %)	0,3	1,2	1,0	1,6	2,0	1,5
Solde public *(en % du PIB)*	-4,3	-3,7	-3,6	-3,0	-3,2	-3,1
Taux de chômage*	9,8	10,0	10,1	10,1	9,8	10,0
Impulsion budgétaire	-1,2	-0,7	-0,9	-0,6	-0,1	-0,6

* On suppose que les 9,3 milliards d'euros de mesures d'allègements de cotisations sociales et impôts sont financés par une baisse du même montant des dépenses publiques, qui vient s'ajouter aux 50 milliards déjà annoncés par le gouvernement.
Sources : INSEE, comptes nationaux, calculs de l'auteur.

Le scénario financé apparaît comme le plus noir : en raison de multiplicateurs plus élevés sur les dépenses publiques que sur les recettes fiscales, l'impact global de ces mesures financées serait négatif sur la croissance. Ce qui annulerait en grande partie les effets positifs des allègements de

8. D'après les simulations réalisées pour le Haut Conseil du financement de protection sociale en mars 2014, un allègement de cotisations sociales sur les bas salaires de 4,5 milliards d'euros permettrait la création d'environ 90 000 emplois à long terme. A horizon d'un an, nous évaluons cet effet à 60 000 emplois. Compte tenu d'un effet de flexion de 20 %, cela implique une baisse de 48 000 chômeurs.

cotisations sociales sur les bas salaires. Le taux de chômage atteindrait ainsi 10 % fin 2015, soit une légère baisse de 0,1 point. L'impact récessif des baisses de dépenses publiques pèserait par ailleurs sur le déficit public, ce qui, malgré une impulsion budgétaire identique au scénario central, amènerait le déficit public à 3,1 % du PIB, au-delà de l'objectif de 3 %. Ce scénario apparaît donc plus mauvais que le scénario central en termes de finances publiques et de croissance, la légère baisse du taux de chômage n'étant due qu'à l'effet des allègements de cotisations sociales sur les bas salaires, et donc à une proportion d'emplois à bas salaires dans l'emploi total plus importante que dans le scénario central.

13. Désinflation compétitive de nos partenaires et euro fort : quels impacts sur l'économie française ?

Depuis près de 2 ans, l'euro s'apprécie continument face aux principales monnaies du monde. En s'établissant aujourd'hui à 1,38 dollar, l'euro a vu sa valeur augmenter depuis juin 2012 de 12 % face au dollar. Au cours de la même période, la monnaie commune s'est appréciée de 49 % par rapport au yen et de près de 3 % face à la livre sterling (graphique 22).

Graphique 22. Taux de change de l'euro par rapport...

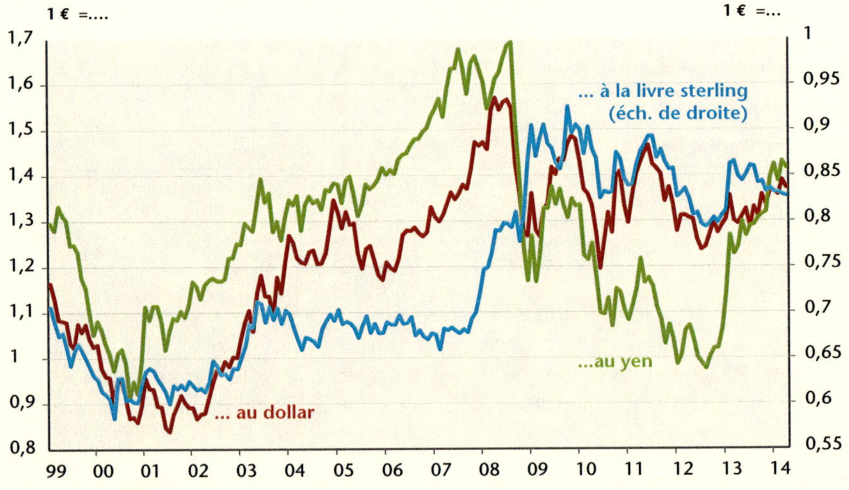

Source : Datastream.

Le taux de change effectif nominal de l'euro, qui pondère ces différents taux de change en fonction de la structure du commerce de la zone euro, s'est ainsi apprécié de 9,5 % depuis le troisième trimestre 2012 (graphique 23).

Graphique 23. Taux de change effectif nominal de l'euro

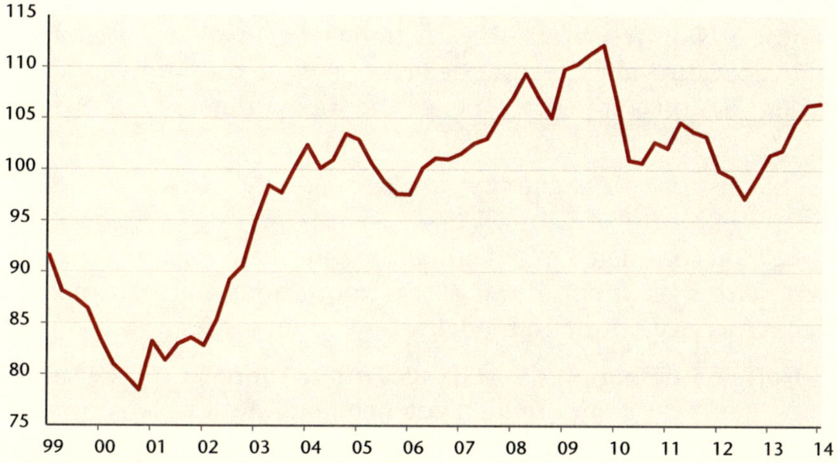

Source : OCDE.

Au cours de la même période, les pays du Sud de la zone euro (Grèce, Espagne, Portugal...) se sont lancés dans une politique de désinflation compétitive afin de nourrir une croissance étouffée par des politiques d'austérité surdimensionnées (graphique 24).

Graphique 24. Coûts salariaux unitaires

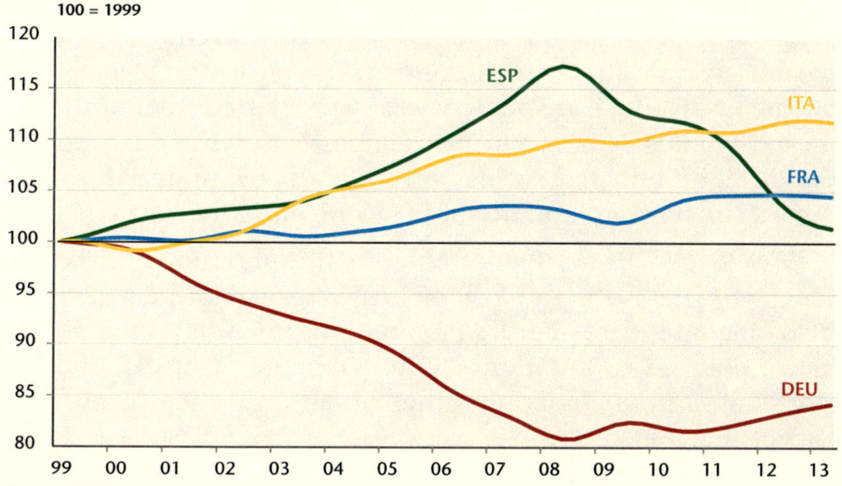

Source : OCDE.

Nous nous intéressons ici non pas aux raisons d'une telle appréciation de l'euro (différentiel de performances, comportement des banques centrales) mais à ses incidences macroéconomiques (impact sur le PIB, sur les prix et sur l'emploi notamment). Dans ce but, nous présenterons dans un premier temps le bloc du commerce extérieur français figurant dans le modèle *emod.fr*. Puis nous analyserons, l'impact d'une appréciation de l'euro sur l'économie française. Nous ferons ici la distinction entre une perte de compétitivité liée à une appréciation de l'euro de celle due à une politique de désinflation compétitive menée chez nos partenaires européens.

Présentation du bloc commerce extérieur

Le bloc commerce extérieur comprend quatre équations : nous considérons les importations et les exportations de l'ensemble des biens et services, dont on modélise les volumes et les prix.

Notre modélisation des échanges internationaux repose sur des fondements du comportement de demande où les biens produits localement et ceux importés sont imparfaitement substituables (Armington, 1969) et où la fixation des prix repose sur un arbitrage des exportateurs entre maintien de la compétitivité et préservation des marges. Elle ne prend pas explicitement en compte les théories du commerce international qui insistent sur les différences de conditions d'offre (immobilité relative du capital (Ricardo), différences dans les dotations initiales des facteurs (Heckscher-Ohlin), préférences des consommateurs pour la diversité et économies d'échelle) mais elle se fonde sur un schéma d'analyse dans lequel le consommateur est soumis à une contrainte de revenu et cherche à maximiser son utilité en consommant deux types de biens imparfaitement substituables. On dérive de ce programme d'optimisation une fonction de demande de biens importés qui dépend du revenu réel du consommateur et des prix relatifs des importations par rapport aux prix des produits locaux (compétitivité).

Dans les équations d'importations et d'exportations en volume, nous avons substitué au revenu réel une variable de demande (demande intérieure pour les importations, mondiale adressée à la France pour les exportations). Cette élasticité de la demande est contrainte à l'unité conduisant de ce fait à une spécification en parts de marché.

Les déterminants principaux des équations de prix du commerce de biens et services sont des indicateurs de prix domestique et de prix étranger. Dans nos équations, nous contraignons à l'unité la somme des deux élasticités.

Les quatre équations s'écrivent alors de la manière suivante :

$$\begin{cases} X_t = f_1\left((DMond)_t^{\alpha}, \left(\frac{P_{E_{XZE}} + P_{E_{XHZ}}.\, e_{\$}}{P_X}\right)_t^{\varepsilon_X}\right) \\ M_t = f_2\left((DI)_t^{\beta}, \left(\frac{P_{VA}}{P_{E_M}.\, e_{\$}}\right)_t^{\varepsilon_M}\right) \\ P_{X_t} = f_3\left((P_{VA})_t^{\omega_{P_X}}, \left(\frac{P_{E_{XZE}} + P_{E_{XHZ}}.\, e_{\$}}{P_{VA}}\right)_t^{\varepsilon_{P_X}}\right) \\ P_{M_t} = f_4\left((P_{VA})_t^{\omega_{P_M}}, \left(\frac{P_{E_M}.\, e_{\$}}{P_{VA}}\right)_t^{\varepsilon_{P_M}}\right) \end{cases}$$

Avec :

X : Exportations en biens et services, en volume
$DMond$: Demande mondiale adressée à la France, en volume
M : Importations en biens et services, en volume
DI : Demande intérieure en biens et services, en volume
P_X : Prix des exportations en biens et services
P_M : Prix des importations en biens et services hors pétrole
P_{VA} : Prix de la valeur ajoutée
$P_{E_{XHZ}}$: Prix des exportations des concurrents hors de la zone euro en dollars
$P_{E_{XZE}}$: Prix des exportations des concurrents de la zone euro en euros
P_{EM} : Prix des importations en dollars
$e_{\$}$: Taux de change euro/dollar

Les résultats des estimations

Les différentes équations ont été modélisées par des Modèles à Correction d'Erreur (MCE). Les estimations sont menées sur données trimestrielles sur la période 1980-2013. Les résultats sont résumés dans le tableau 13.

Avant de détailler les résultats, signalons que les résultats des premières estimations nous ont conduits à introduire des *trends* dans les relations de long terme pour les équations d'exportations en volume et les équations de prix d'importations et d'exportations. Pour les exportations en volume, nous avons retenu une tendance linéaire entre T2-1999 et T3-2008, et une autre entre T1-1980 et T3-2008 pour les deux équations de prix. Ces tendances correspondent à la période au cours de laquelle les importations des pays émergents (Chine, autres Asie, PECO, Russie, pays de l'OPEP) accélèrent rapidement.

Tableau 13. Estimation des paramètres de long terme du modèle de commerce extérieur

Equation :	Exportations (X)	Importations (M)	Prix des exportations (PX)	Prix des importations (PM)	
Résultats					
Force de rappel	-0,191*** (-5,11)	-0,057* (-3,64)	-0,125* (-3,82)	-0,081* (-3,79)	
Elasticités de long terme					
Demande adressée à la France	1 *(NC)*				α
Demande intérieure		1 *(NC)*			β
Prix de la VA			1 *(NC)*	1 *(NC)*	ω
Élasticités-prix	0,58 *(5,14)*	0,88 *(10,52)*	0,55 *(11,55)*	0,72 *(-6,31)*	ε
Trend	-0,01 *(-23,41)*	NS	-0,003 *(-14,87)*	-0,002 *(-3,85)*	γ
Diagnostics et tests					
R^2	0,52	0,63	0,76	0,88	
SSR	0,023	0,015	0,004	0,003	
LM(1)	2,26 [p > 0,13]	0,05 [p > 0,83]	0,70 [p > 0,40]	0,76 [p > 0,38]	
LM(4)	4,60 [p > 0,33]	1,26 [p > 0,87]	1,98 [p > 0,74]	0,83 [p > 0,93]	
ARCH(4)	4,13 [p > 0,39]	6,43 [p > 0,17]	13,87*** [p > 0,01]	8,31* [p > 0,08]	
RESET	0,03 [p > 0,86]	0,11 [p > 0,74]	0,74 [p > 0,39]	0,08 [p > 0,78]	
Bera-Jarque	0,18 [p > 0,91]	1,76 [p > 0,42]	0,27 [p > 0,87]	1,65 [p > 0,44]	
Correction de l'hétéroscedasticité			Oui/White	Oui/White	

Note : Entre parenthèses les T de Student des coefficients estimés. Entre crochets, la p value des tests sur les résidus du MCE.

* (**, ***) : significatif au seuil de 10 % (resp. 5 %, 1 %). Les seuils de test pour la significativité de la force de rappel des modèles à correction d'erreur sont issus de Ericsson et MacKinnon (2002).

Sources : INSEE, calculs des auteurs.

Le premier enseignement est statistique : les forces de rappel des modèles à correction d'erreur sont statistiquement significatives et les élasticités estimées sont toutes de signe attendu. L'ensemble des simulations dynamiques donne des résultats très satisfaisants (Annexe A). Notons également que ces équations ont des propriétés statistiques satisfaisantes. Les tests LM conduisent au rejet de l'hypothèse d'auto-corrélation des résidus des équations. Ceux-ci sont homoscédastiques au regard du test ARCH, excepté pour les équations de prix, dont le calcul de la matrice des variances-covariances est corrigé par la méthode de White. La forme fonctionnelle des équations est validée par le test Reset et, selon le test de Bera Jarque, les résidus suivent une loi normale. Enfin, la valeur de ces élasticités n'est pas biaisée par un biais d'exogénéité : l'estimation par triple moindres carrés ne change pas significativement les résultats (Annexe B).

Le deuxième enseignement que l'on peut tirer de ces estimations est que la sensibilité aux prix du commerce extérieur français est très proche des estimations existantes dans la littérature (tableau 14). C'est le cas notamment de l'élasticité-prix des exportations (0,58) qui est identique à celle estimée dans la version antérieure d'*emod.fr* en 2002 et semblable à celle retenue dans le modèle Mesange. Cette valeur est confirmée par des travaux utilisant une méthodologie et des données différentes (Artus et Fontanié, 2006) ; Héricourt *et ali.*, 2014).

La nouvelle estimation des équations de prix indique un impact plus important des prix étrangers par rapport aux prix intérieurs. Cela traduit une compression plus importante des marges des exportateurs français, pratiquant un *pricing to market*, amortissant alors l'impact sur les prix de la dégradation de leurs coûts relatifs.

Cet effet de marge s'observe dans le résultat d'une dépréciation théorique du taux de change de l'« euro franc » contre toutes les monnaies sur le commerce extérieur français. Pour un choc de 10 %, les prix des exportations françaises augmentent de près de 6 % (graphique 25).

Le troisième enseignement est que la condition dite « de Marshall-Lerner » est vérifiée :

$$S = \varepsilon_{P_X} + ((1 - \varepsilon_{P_X}) * \varepsilon_X) - (\varepsilon_{P_M} * (1 - \varepsilon_M)) = 0{,}71 > 0$$

Tableau 14. Élasticités prix de long terme du commerce extérieur

	Méthodologie	Exportations (X)	Importations (M)	Prix des exportations (P_X)	Prix des importations (P_M)
Nouvelles estimations	Série temporelles, MCE, 1980-2013	0,58	0,88	0,55	0,72
OFCE (2002)	Série temporelles, MCE, 1980-2000	0,57	0,58	0,55	0,30
OFCE (2007)	Série temporelles, MCE, 1980-2000	0,34			
OFCE (2008a)	Série temporelles, MCE, 1980-2000	0,37			
OFCE (2008a)	Série temporelles, VECM, 1983-2005	0,71			
OFCE (2008b)	Série temporelles, MCE, 1983-2005	0,73			
Bourquart *et alii* (2005)	Série temporelles, MCE, 1980-2002	0,55			
Artus et Fontanié (2006)	Panel, MCQG, 1989-2003	0,59		0,66	
Modèle Mesange (2010)	Série temporelles, MCE, 1980-2005				
Secteur manufacturier		0,60	0,86	0,33 (c)	0,5 (c)
Secteur non manufacturier		0,64	0,52	0,48 (c)	0,5 (c)
Héricourt, Martin, Orefice (2014)	Données d'entreprises, 1995-2005	0,51			

Source : Calculs des auteurs.

Graphique 25. Impact d'une dépréciation théorique de 10 % de l'« euro franc »

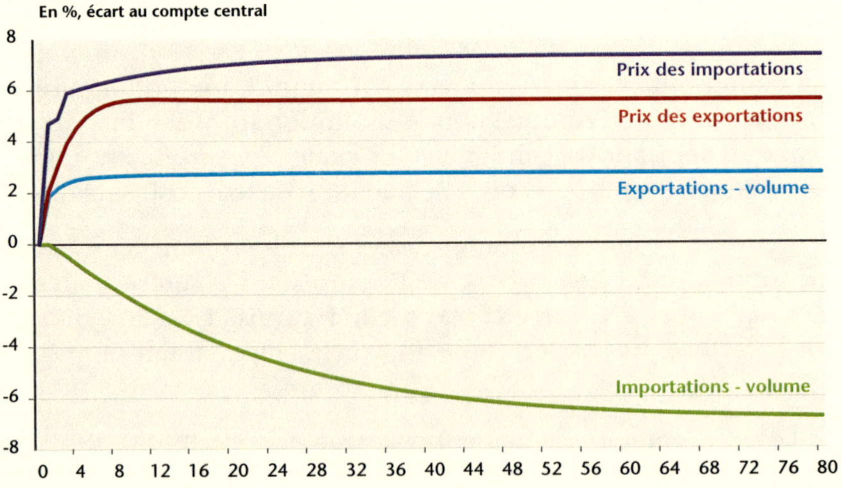

Sources : INSEE, calculs des auteurs.

Une dévaluation (respectivement une appréciation) conduit, toutes choses égales par ailleurs, à une amélioration (respectivement dégradation) du solde commercial. Ainsi, les effets positifs (négatifs) des gains de compétitivité sur les volumes l'emportent sur les effets négatifs (positifs) associés à la dégradation des termes de l'échange.

Quels impacts d'une perte de compétitivité-prix de 10 % de l'économie française

Nous allons ici distinguer une perte de compétitivité-prix vis-à-vis de l'extérieur de la zone euro (liée à une appréciation de l'euro), d'une perte vis-à-vis de nos partenaires européens (due à une politique de désinflation compétitive).

Avant de commenter les résultats, il est à noter que, dans nos simulations, nous avons supposé que les autorités politiques et économiques nationales ne réagissaient pas à la dégradation des performances commerciales.

a) Impact macroéconomique d'une appréciation de 10 % de l'euro

Les effets d'une appréciation de l'euro sont doubles :

— **Un effet de revenu** : un euro fort réduit le prix des importations. Cela se traduit par une baisse de la facture énergétique, une baisse des prix de production des entreprises et un gain de pouvoir d'achat des ménages ;

— **Un effet de substitution** : un euro fort renchérit le prix des exportations et réduit ces dernières. Elle améliore la compétitivité des producteurs concurrents, ce qui provoque une hausse des importations au détriment de la production domestique.

Ce double effet de sens inverse ne s'applique qu'au commerce extra zone euro. Le commerce avec nos partenaires européens n'est pas directement impacté puisque les prix des importations et des exportations en provenance et à destination de cette zone restent inchangés. Cela ne veut pas dire toutefois que le commerce intra zone euro n'est pas impacté par un euro fort mais cela passe par l'unique canal de la demande adressée.

Tableau 15. Impact sur l'économie française d'une appréciation du taux de change de l'euro de 10 % contre toutes les monnaies

Écart au niveau du scenario de référence en %

	n	n+1	n+2
PIB	-0,3	-0,4	-0,5
Emploi salarié total *(en milliers)*	-22,0	-53,0	-74,0
Prix à la consommation des ménages	-0,9	-1,4	-1,9
Capacité de financement public *(en % du PIB)*	0,0	-0,2	-0,3

Note de lecture : Une appréciation de l'euro serait défavorable à l'activité à court-terme *via* une détérioration de la compétitivité-prix de la France par rapport aux pays hors zone euro. L'effet négatif de l'appréciation de l'euro sur l'activité de nos partenaires de la zone euro et celui positif de nos partenaires hors zone euro est pris en compte.
Source : emod.fr.

Comme le résume le tableau 15, une appréciation de 10 % de l'euro face à l'ensemble des monnaies entraîne une perte de compétitivité-prix à l'exportation pour la France vis-à-vis du reste du monde. Les autres pays de la zone euro bénéficient de la même perte de compétitivité sur l'ensemble des marchés à l'exportation. Dans ce cas, l'effet sur l'activité serait de -0,3 % la première année, et de -0,5 % au bout de trois ans. La baisse de demande adressée entraînée par la dégradation de l'activité chez nos partenaires européens serait globalement compensée par l'amélioration de la demande adressée à la France par le reste du monde. Sur le marché du travail, une telle appréciation entraînerait une destruction de 22 000 emplois la première année de 74 000 emplois au bout de 3 ans. Le solde public de son côté se dégraderait de 0,3 point de PIB à l'horizon de 3 ans.

b) Impact d'une perte de compétitivité vis-à-vis des partenaires de la zone euro

Une dégradation de 10 % de la compétitivité-prix vis-à-vis des autres pays de la zone euro aurait un effet négatif sur l'activité *via* une baisse des exportations, de l'investissement et de l'emploi (tableau 16). L'effet sur l'activité serait de -0,4 % la première année, et de -0,8 % au bout de trois ans. Il serait nul au bout de 10 ans. Près de 120 000 emplois seraient détruits à l'horizon de 3 ans et le déficit public s'alourdirait de 0,5 point de PIB à cet horizon.

Tableau 16. Impact sur l'économie française d'une dégradation de 10 % de la compétitivité-prix de la France par rapport aux pays de la zone euro

Écart au niveau du scenario de référence en %

	n	n+1	n+2
PIB	-0,4	-0,7	-0,8
Emploi salarié total *(en milliers)*	-36,0	-87,0	-120,0
Prix à la consommation des ménages	-1,1	-1,8	-2,3
Capacité de financement public *(en % du PIB)*	-0,1	-0,3	-0,5

Note de lecture : La dégradation de 10% de la compétitivité-prix de la France par rapport aux pays de la zone euro est entendue comme une baisse de 10% des prix des autres pays de la zone euro concurrents de la France sur ses marchés d'exportation. L'effet positif de l'amélioration de la compétitivité-prix sur l'activité de nos partenaires de la zone euro et celui négatif de nos partenaires hors zone euro est pris en compte.
Source : emod.fr.

c) Impact macroéconomique d'une dégradation de la compétitivité-prix de 10 % de la France vis-à-vis du reste du monde

Si maintenant nous simulons une perte de compétitivité-prix de la France vis-à-vis de tous les pays, alors l'impact récessif est fort puisque il rogne de 1,2 point l'activité dès la deuxième année et détruit plus de 190 000 emplois au bout de 3 ans. Le solde public se détériorerait quant à lui de 0,8 point de PIB à 3 ans (tableau 17).

Tableau 17. Impact sur l'économie française d'une dégradation de 10 % de la compétitivité-prix de la France par rapport au reste du monde

Écart au niveau du scenario de référence en %

	n	n+1	n+2
PIB	-0,7	-1,2	-1,3
Emploi salarié total *(en milliers)*	-58,0	-140,0	-194,0
Prix à la consommation des ménages	-2,0	-3,2	-4,3
Capacité de financement public *(en % du PIB)*	-0,1	-0,5	-0,8

Note de lecture : La dégradation de 10 % de la compétitivité-prix de la France par rapport au reste du monde est entendue comme une baisse de 10 % des prix de tous les concurrents de la France sur ses marchés d'exportation.
Source : emod.fr.

Références bibliographiques

Artus P. et L. Fontanié, 2006, « Évolution récente du commerce extérieur français », *Rapport du CAE.*

Bénassy-Quéré A., P-O. Gourinchas, P. Martin et G. Plantin, 2014, « L'euro dans la 'guerre des monnaies'», *Les notes du conseil d'analyse économique*, 11.

Bourquard V., N. Carnot, A. Deruennes et S. Pamies-Sumner, 2005, « Une maquette de prévision à court terme pour la France », *Document de Travail de la Direction générale du trésor et de la politique économique (MINEFI).*

Chauvin V. , G. Cornilleau, G. Dupont, C. Hagneré, E. Heyer, M. Plane, X. Timbeau, 2004, « Évaluation du plan de relance de l'économie française », *Document de travail de l'OFCE*, 2004-04.

Coenen G. *et alii*, 2012, « Effects of Fiscal Stimulus in Structural Models », *American Economic Journal: Macroeconomics*: 4 : 1.

Creel J., E. Heyer et M. Plane, 2011, « Petit précis de politique budgétaire par tous les temps », *Revue de l'OFCE*, 116.

Gordon R., 2012, « Is US economic growth over? Faltering innovation confronts the six headwinds », *CEPR Policy Insight*, 63.

Héricourt J., P. Martin et G. Orefice, 2014, « Les exportateurs français face aux variations de l'euro », *La Lettre du CEPII*, 340.

Heyer E., 2012, « Une revue récente de la littérature sur les multiplicateurs budgétaires : la taille compte », *Blog de l'OFCE*.

Heyer E., 2014, « Les multiplicateurs budgétaires au cours du cycle », *Document de travail de l'OFCE*, à paraître.

OFCE, Chauvin V., G. Dupont, É. Heyer, M. Plane et X. Timbeau, 2002. « Le modèle France de l'OFCE. La nouvelle version : *e-mod.fr* », *Revue de l'OFCE*, 81.

OFCE, Blot C., M. Cochard, F. Reynès, 2007, « L'euro fort est-il apprécié ? », *Revue de l'OFCE*, 103.

OFCE, Blot C., M. Cochard, 2008a, « L'énigme des exportations revisitée. Que faut-il retenir des données de panel ?, *Revue de l'OFCE*, 106.

OFCE, Cochard M, 2008b, « Le commerce extérieur français à la dérive », *Revue de l'OFCE*, 106,.

Plane M., 2012, « Évaluation de l'impact macroéconomique du Crédit d'Impôt pour la Compétitivité et l'Emploi », Dossier ; Coût du Travail et Emploi, in *Revue de l'OFCE/Débats et Politique*, 126 : 141–153.

Annexe A : Simulations dynamiques des équations du commerce extérieur

Graphique A1. Volume d'exportations observées et simulation dynamique

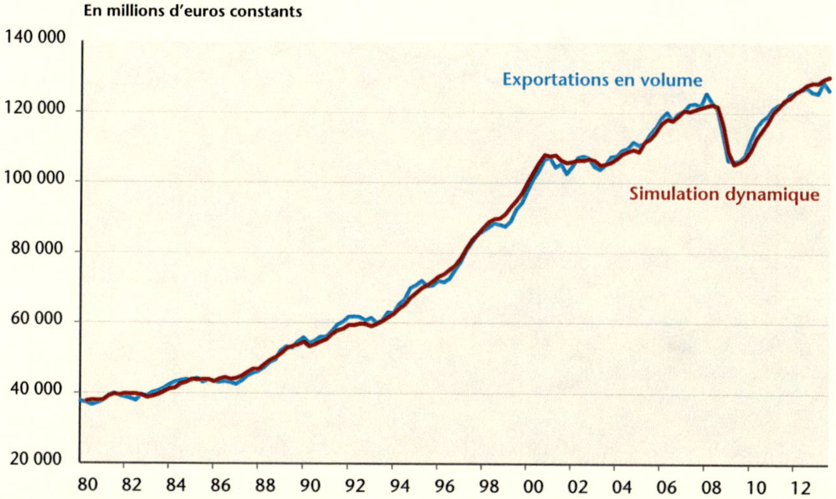

Sources : INSEE, calculs des auteurs.

Graphique A2. Volume d'importations observées et simulation dynamique

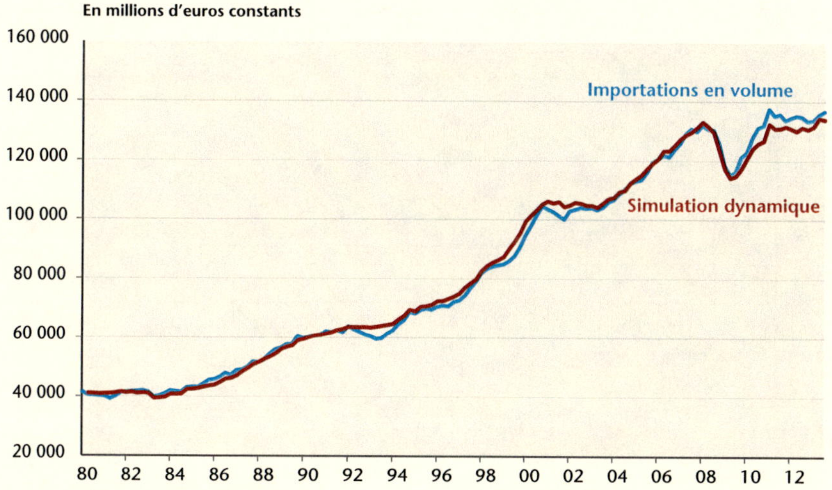

Sources : INSEE, calculs des auteurs.

Graphique A3. Prix des exportations observées et simulation dynamique

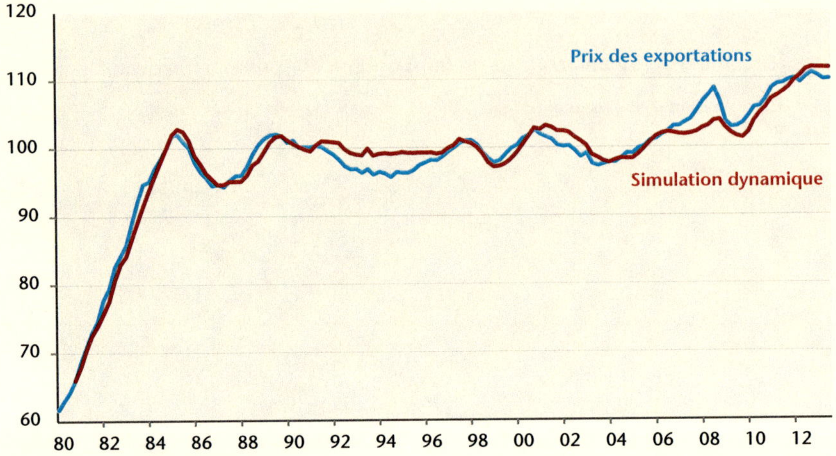

Sources : INSEE, calculs des auteurs.

Graphique A4. Prix des importations observées et simulation dynamique

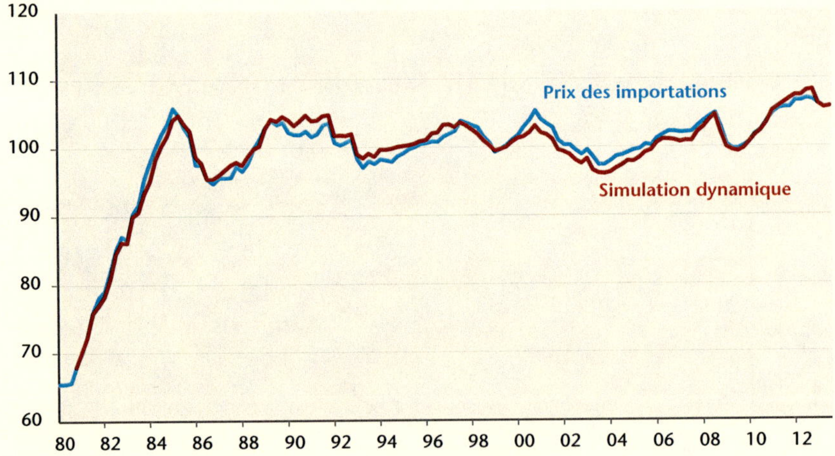

Sources : INSEE, calculs des auteurs.

Graphique A5. Estimation récursive des élasticités

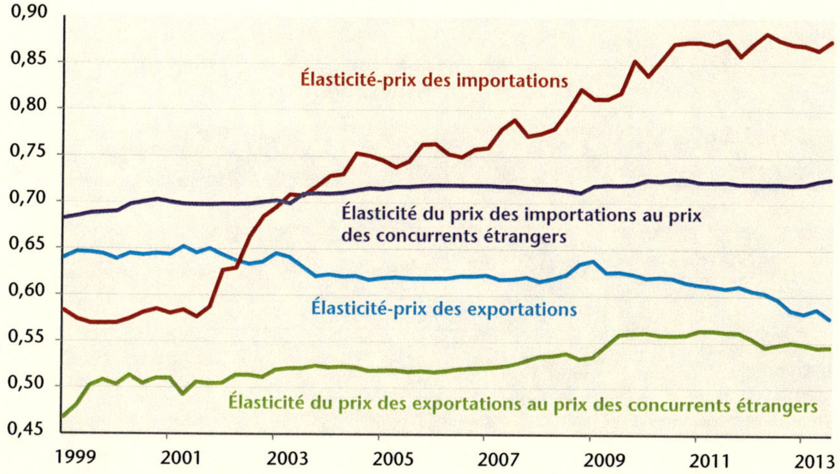

Sources : INSEE, calculs des auteurs.

Annexe B : Estimation simultanée des paramètres de long terme du modèle de commerce extérieur – triples moindres carrés

Estimation simultanée des paramètres de long terme du modèle de commerce extérieur – triples moindres carrés

Équation :	Exportations	Importations	Prix des exportations	Prix des importations	
		Résultats			
Force de rappel	-0,236* *(-4,54)*	-0,053 *(-2,20)*	-0,082 *(-2,00)*	-0,084 *(-3,48)*	
		Élasticités de long terme			
Demande adressée à la France	1 *(NC)*				α
Demande intérieure		1 *(NC)*			β
Prix de la VA			1 *(NC)*	1 *(NC)*	ω
Élasticités-prix	0,60 *(5,35)*	0,79 *(6,17)*	0,78 *(4,06)*	0,68 *(-6,51)*	ε
Trend	-0,01 *(-24,38)*	NS	-0,002 *(-3,90)*	-0,003 *(-4,28)*	γ
		Diagnostics et tests			
R_2	0,51	0,54	0,72	0,85	
SSR	0,023	0,018	0,004	0,003	
DW	2,02	1,90	1,77	1,65	

* Significatif *au seuil de 1 %.*
Source : Calculs des auteurs.

I. Résumé des prévisions pour l'économie française

Moyenne annuelle, en %

	2013	2014	2015
En % de variation aux prix chaînés :			
PIB	0,3	1,2	1,6
Importations	0,8	2,9	3,2
Dépenses de consommation des ménages	0,3	0,6	1,0
FBCF totale, dont :	-2,1	1,8	3,4
Sociétés non financières	-2,3	2,6	4,2
Ménages	-3,8	0,6	3,1
Administrations publiques	1,4	1,8	1,2
Exportations	0,8	2,8	3,5
Contribution des stocks à la croissance, *en %*	0,1	0,1	0,1
Demande intérieure hors stocks	0,2	1,1	1,4
Compte des ménages, *en termes réels %*			
Salaires bruts	0,6	1,0	1,1
Salaires nets	0,1	0,4	1,1
Prestations sociales	2,5	1,3	-0,5
Prélèvements sociaux et fiscaux	3,6	7,7	1,1
Revenu disponible	0,3	-0,3	0,9
Taux d'épargne, *en % du RDB*	15,6	15,1	15,1
Déflateur de la consommation			
En glissement %	0,5	1,0	1,0
En moyenne %	0,6	0,8	1,0
Compte des sociétés non financières, *en %*			
Taux de marge	28,1	28,9	29,9
Taux d'épargne	12,5	14,1	14,9
Taux d'investissement *(en volume)*	16,9	17,1	17,5
Taux d'autofinancement *(hors stock)*	66,1	73,1	75,5
Compte du reste du monde et des administrations			
Taux de prélèvement obligatoire, *en % du PIB*	45,9	46	46
Solde public au sens de Maastricht, *% du PIB*	-4,3	-3,7	-3,0
Solde commercial, en milliards €[1]	-40,7	-37,7	-35,7
Emploi salarié, en moyenne annuelle, *en %*	-0,3	0,2	0,2
Emploi total, en moyenne annuelle, *en %*	-0,2	0,3	0,2
Chômage BIT, *en millions*	2,826	2,821	2,893
Taux de chômage BIT moyen, *en %*	9,9	9,9	10,1
Taux de change $/€	1,33	1,38	1,35
Taux d'intérêt à court terme[2]	0,2	0,3	0,3
Taux d'intérêt à long terme[3]	2,2	2,2	2,1

1. FAB/FAB, au sens de la comptabilité nationale
2. Taux PIBOR puis EURIBOR à trois mois
3. Taux des OAT à 10 ans

Sources : INSEE, comptes trimestriels, prévision OFCE *e-mod.fr* 2014-2015, avril 2014.

II. France. Ressources et emplois en biens et services, aux prix chaînés

	Niveau (prix chaînés)	Taux de croissance trimestriels en %												Taux de croissance annuels en %		
	2007	2013				2014				2015				2013	2014	2015
		T1	T2	T3	T4	T1	T2	T3	T4	T1	T2	T3	T4			
PIB	1801	0,0	0,6	-0,1	0,3	0,2	0,4	0,4	0,4	0,4	0,4	0,4	0,5	0,3	1,2	1,6
Importations	515	-0,1	1,4	0,9	0,7	0,6	0,6	0,7	0,7	0,8	0,9	1,0	1,1	0,8	2,9	3,2
Dépenses de consommation des ménages	989	0,1	0,3	0,0	0,4	0,0	0,1	0,2	0,2	0,3	0,3	0,3	0,4	0,3	0,6	1,0
Dépenses de conso. des administrations	370	0,4	0,7	0,3	0,5	0,2	0,3	0,3	0,2	0,2	0,2	0,2	0,2	1,8	1,4	1,0
FBCF totale, dont :	368	-0,7	-0,3	-0,3	0,5	0,5	0,8	0,8	0,9	0,8	0,8	0,8	0,9	-2,1	1,8	3,4
Sociétés non financières	192	-0,9	-0,1	-0,3	0,9	0,7	0,9	0,9	1,0	1,1	1,1	1,1	1,1	-2,3	2,6	4,2
Sociétés financières	14	-0,2	-0,1	-0,9	0,1	-1,3	0,8	1,0	0,9	0,8	0,9	0,9	0,9	-2,1	-0,3	3,6
Ménages	101	-1,3	-1,5	-0,7	-0,4	0,5	0,7	0,8	0,8	0,6	0,7	0,7	0,8	-3,8	0,6	3,1
Administrations publiques	57	0,5	1,0	0,4	1,0	0,2	0,3	0,3	0,3	0,3	0,3	0,3	0,3	1,4	1,8	1,2
ISBLSM	3	0,0	0,0	0,1	0,1	0,5	-0,2	0,2	0,1	0,0	0,2	0,2	0,2	0,3	0,6	0,5
Exportations	488	-0,5	2,3	-1,1	1,3	0,7	0,7	0,7	0,7	0,8	0,9	1,0	1,1	0,8	2,8	3,5
Contribution																
Demande intérieure hors stocks		0,0	0,3	0,0	0,4	0,1	0,3	0,3	0,3	0,4	0,4	0,4	0,5	0,2	1,1	1,4
Variations de stocks		0,1	0,1	0,5	-0,3	0,0	0,0	0,0	0,0	0,0	0,0	0,0	0,0	0,1	0,1	0,1
Solde extérieur		-0,1	0,2	-0,6	0,2	0,1	0,1	0,0	0,0	0,0	0,0	0,0	0,0	0,0	0,0	0,1

Sources : INSEE, comptes trimestriels, prévision OFCE e-mod.fr 2014-2015, avril 2014.

III. Déflateur de la consommation et taux de salaire horaire

	Taux de croissance trimestriels en %												Taux de croissance annuels en %		
	2013				2014				2015						
	T1	T2	T3	T4	T1	T2	T3	T4	T1	T2	T3	T4	2013	2014	2015
Déflateur de la consommation	0,3	-0,1	0,2	0,1	0,2	0,3	0,3	0,3	0,3	0,3	0,2	0,2	0,6	0,8	1,0
Salaire horaire moyen brut	0,5	0,6	0,4	0,2	0,5	0,5	0,6	0,6	0,6	0,6	0,6	0,6	1,9	1,9	2,4

Sources : INSEE, comptes trimestriels ; prévision OFCE *e-mod.fr* 2014-2015, avril 2014.

IV. Emploi et productivité par tête

	Taux de croissance trimestriels en %												Taux de croissance annuels en %		
	2013				2014				2015						
	T1	T2	T3	T4	T1	T2	T3	T4	T1	T2	T3	T4	2013	2014	2015
Branches principalement marchandes															
Effectifs	-0,1	-0,1	-0,1	0,0	-0,1	0,0	0,0	0,0	0,0	0,0	0,0	0,1	-0,5	-0,1	0,0
Productivité par tête	0,1	0,7	0,0	0,2	0,3	0,4	0,4	0,4	0,4	0,4	0,4	0,4	0,6	1,3	1,6

Sources : INSEE, comptes trimestriels ; prévision OFCE *e-mod.fr* 2014-2015, avril 2014.

V. Éléments du compte des ménages

	Taux de croissance trimestriels en %												Taux de croissance annuels en %		
	2013				2014				2015				2013	2014	2015
	T1	T2	T3	T4	T1	T2	T3	T4	T1	T2	T3	T4			
Masse salariale brute (1)	0,0	0,5	0,1	0,4	0,2	0,2	0,2	0,2	0,3	0,3	0,4	0,4	0,6	1,0	1,1
Masse salariale nette (1)	-0,1	0,5	0,0	0,4	-0,3	0,2	0,2	0,2	0,3	0,3	0,4	0,4	0,1	0,4	1,1
Prestations sociales (1)	0,3	0,8	0,6	0,9	0,1	0,2	0,0	-0,2	-0,2	-0,2	-0,2	-0,2	2,5	1,3	-0,5
Revenu disponible réel (1)	1,0	0,5	-0,2	-0,2	-0,3	0,0	0,2	0,2	0,3	0,4	0,0	0,2	0,3	-0,3	0,9
Taux d'épargne en % du RDB	15,7	15,9	15,7	15,2	15,0	15,0	15,1	15,2	15,2	15,0	15,0	15,0	15,6	15,1	15,1
Taux d'épargne en logement	8,0	7,8	7,7	7,7	7,8	7,9	7,9	8,0	8,0	8,0	8,1	8,2	7,8	7,9	8,1
Taux d'épargne financière	6,5	6,9	6,8	6,2	6,0	5,8	5,8	5,7	5,7	5,8	5,4	5,2	6,6	5,8	5,5

(1) Aux prix chaînés de l'année précédente
Sources : INSEE, comptes trimestriels ; prévision OFCE *e-mod.fr* 2014-2015, avril 2014.

VI. Commerce extérieur et parts de marché

	Taux de croissance trimestriels en %												Taux de croissance annuels en %		
	2013				2014				2015				2013	2014	2015
	T1	T2	T3	T4	T1	T2	T3	T4	T1	T2	T3	T4			
Importations en volume	-0,1	1,4	0,9	0,7	0,6	0,6	0,7	0,7	0,8	0,9	1,0	1,1	0,8	2,9	3,2
Prix des importations	-0,5	-0,8	0,5	-0,6	-0,3	-0,3	-0,3	-0,2	0,0	0,0	0,0	0,0	-0,8	-1,1	-0,4
Demande interne	-0,2	0,8	-0,3	0,8	0,4	0,5	0,5	0,5	0,5	0,6	0,6	0,7	0,3	1,7	2,2
Exportations en volume	-0,5	2,3	-1,1	1,3	0,7	0,7	0,7	0,7	0,8	0,9	1,0	1,1	0,8	2,8	3,5
Prix des exportations	-0,1	-0,5	0,0	-0,3	0,0	-0,1	0,0	0,1	0,0	0,0	0,0	0,0	-0,1	-0,4	0,0
Demande mondiale	-0,6	1,2	1,5	0,0	0,8	0,9	1,0	1,0	1,1	1,1	1,1	1,1	1,7	3,3	4,2

Sources : INSEE, comptes trimestriels ; prévision OFCE *e-mod.fr* 2014-2015, avril 2014.

VII. Taux d'intérêt et taux de change

	Taux de croissance trimestriels en %												Taux de croissance annuels en %		
	2013				2014				2015				2013	2014	2015
	T1	T2	T3	T4	T1	T2	T3	T4	T1	T2	T3	T4			
Taux d'intérêt :															
À court terme (1)	0,2	0,2	0,2	0,2	0,3	0,3	0,3	0,3	0,3	0,3	0,3	0,3	0,2	0,3	0,3
À long terme (2)	2,1	1,9	2,4	2,3	2,3	2,1	2,1	2,1	2,1	2,1	2,1	2,1	2,2	2,2	2,1
1 euro = ... Dollar	1,32	1,31	1,32	1,36	1,4	1,4	1,4	1,4	1,4	1,4	1,4	1,4	1,3	1,4	1,4

(1) Taux PIBOR puis EURIBOR à 3 mois
(2) Taux des OAT à 10 ans
Sources : INSEE, comptes trimestriels ; prévision OFCE *e-mod.fr* 2014-2015, avril 2014.

Partie 2

FICHE THÉMATIQUE FICHES PAYS

PÉTROLE : UNE STABILITÉ DURABLE

Céline Antonin
Département analyse et prévision

Le deuxième semestre 2013 est marqué par la stabilité des prix autour de 110 dollars le baril de Brent. Ce maintien à des niveaux élevés s'explique par la faiblesse de l'offre par rapport à la demande, sous l'effet de ruptures d'approvisionnement (Libye, Nigéria) et d'un climat politique tendu au Proche-Orient, dans un marché surtout déterminé par les fondamentaux.

Dans notre scénario central, nous faisons l'hypothèse d'une reprise progressive de la production en Libye dès 2014, de la levée des sanctions en Iran à partir de fin 2014/début 2015, et excluons une baisse de l'offre de la Russie malgré le bras de fer autour de l'Ukraine. Les prix du Brent baisseraient au cours de l'année 2014 avec la baisse des tensions sur l'offre pour atteindre 100 dollars en fin d'année. En 2015, les prix se maintiendraient autour de 100 dollars le baril, car le retour d'une croissance plus dynamique dans les pays développés devrait être compensé par une hausse de la production des pays non-membres de l'OPEP et par la présence de stocks abondants. La persistance de tensions politiques en Afrique et au Proche-Orient, la volonté de l'Arabie Saoudite de maintenir les cours entre 100 et 110 dollars, la demande toujours dynamique en provenance des pays non OCDE et le coût d'extraction des nouveaux gisements non conventionnels devraient néanmoins entraîner la résistance des cours en les maintenant au-dessus des 100 dollars.

Deuxième semestre 2013: une stabilité remarquable

Le deuxième semestre 2013 a été marqué par la stabilité des cours (graphique 1).

Graphique 1. Évolution des trois indices pétroliers de référence, 2005-février 2014

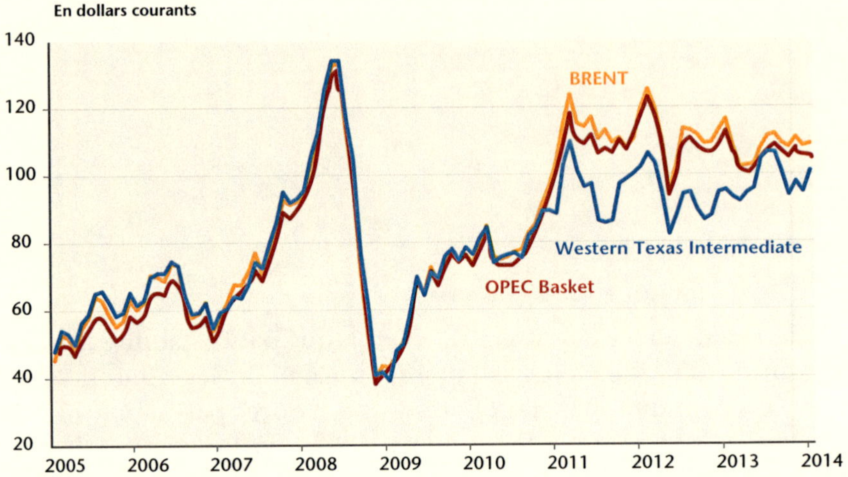

Source : Datastream.

L'offre mondiale a progressé de 0,45 Mbj entre juin et décembre 2013. L'essentiel de cette hausse est le fait des producteurs non membres de l'OPEP, notamment les États-Unis (+ 690 000 bj entre janvier et octobre 2013), le Canada (+ 360 000 bj) et le Brésil (+650 000 bj). En revanche, l'offre des membres de l'OPEP a décru depuis fin 2012, surtout en raison des ruptures d'approvisionnement en Libye, aux vols et sabotages qui se poursuivent au Nigéria et aux sanctions contre l'Iran, qui n'ont pas été totalement compensées par l'Arabie Saoudite. La production iranienne reste à des niveaux historiquement bas, elle atteint 2,7 Mbj en janvier 2014.

Sur le plan de la demande, on observe un rééquilibrage en faveur des pays de l'OCDE, dont la demande s'est raffermie au deuxième semestre 2013 (+2,5 % entre le deuxième et le quatrième trimestre 2013), tirée par les États-Unis, le Canada et le Japon, alors que celle des pays non membres de l'OCDE a décéléré (+ 0,6 %).

Au premier semestre, on a assisté à une baisse drastique de l'écart de prix entre le Western Texas Intermediate étatsunien et le Brent européen – le spread est passé de 18 dollars en janvier 2013 à 3 dollars en juillet 2013), grâce à la mise en place de nouvelles infrastructures à Cushing, Oklahoma, et à la hausse de la production de brut léger aux États-Unis qui s'est substituée à l'importation de Brent. Pourtant, au deuxième semestre, l'écart s'est à nouveau creusé, en raison des tensions croissantes sur la Syrie et la Libye qui ont poussé le Brent à la hausse, et d'une nouvelle hausse des niveaux de stock à Cushing. Au troisième trimestre, les stocks américains ont retrouvé leur haut niveau de 2010, soit 97 jours de demande.

Baisse des cours en 2014 avant une stabilisation en 2015

Dans notre scénario central, nous prévoyons une détente graduelle du prix du Brent au cours de l'année 2014. En effet, malgré les tensions politiques en Afrique du Nord et au Moyen Orient, la hausse de la production des pays non membres de l'OPEP devrait compenser l'affermissement de la demande, le tout dans un contexte de stocks élevés en Europe et aux États-Unis. En 2015, le baril devrait rester autour de 100 dollars. Malgré le bras de fer entre la Russie et l'Ukraine (encadré), les risques haussiers restent limités, en raison de l'accord conclu en novembre 2013 avec l'Iran, et des marges de production existantes en Libye et en Irak.

Les stocks des pays de l'OCDE se maintiennent à des niveaux élevés, ce qui contribue à atténuer les chocs : mi-2013, ils représentaient 95 jours de demande aux États-Unis et 92 jours en moyenne dans les pays de l'OCDE.

Au niveau de l'offre, la production des pays de l'OPEP ne devrait pas varier en 2014. L'essentiel de la hausse de production viendrait des pays non-membres de l'OPEP, en particulier de la production étatsunienne et canadienne issue des gisements schisteux. De nouveaux gisements devraient être exploités au Brésil, en Chine et en Russie. Nous faisons l'hypothèse d'un apaisement des tensions en Libye et en Irak, et d'une levée partielle des sanctions sur l'Iran en 2015, ce qui se traduirait par 1 Mbj supplémentaire. C'est en effet dans ces trois pays que se concentrent les risques. Depuis juillet 2013, la Libye fait face à un conflit autour de la gestion de la manne pétrolière où des groupes de miliciens armés contrôlent une partie du pays. En raison de la fermeture de plusieurs gisements, la production pétrolière s'est effondrée entre mai et septembre 2013, passant de 1,4 à 0,3 Mbj. En janvier, elle s'est ponctuellement redressée à 0,5 Mbj en raison de la réouverture du gisement Sharara, mais l'attaque du terminal pétrolier mi-février a amputé la production de 75 %. La situation reste donc extrêmement tendue, et il paraît peu probable que le pays retrouve sa capacité de production potentielle, estimée à 1,2 Mbj[1]. Nous anticipons pour notre part une croissance de la production de 0,3 Mbj à l'horizon 2015.

En Irak, malgré une capacité de production estimée à 6,5 Mbj, la production continue à stagner autour de 3 Mbj depuis 2012, en raison des conflits au Kurdistan irakien et des attaques armées visant l'oléoduc Kirkuk/Ceyhan. Selon les autorités, la situation serait en voie d'amélioration avec une production de 3,5 Mbj en février 2014. En outre, le pays s'est fixé un objectif de production de 4 Mbj grâce à la construction de capacités supplémentaires. Seul problème, et non des moindres, les 400 000 bj de capacité supplémentaire doivent provenir de la région autonome du Kurdistan ; or la situation s'envenime entre le gouvernement irakien et les autorités kurdes au sujet des droits pétroliers, ces derniers ayant décidé depuis un an de ne plus utiliser le réseau d'oléoducs irakien mais d'exporter le pétrole par leurs propres moyens tout en construisant un nouvel oléoduc.

Dans le cas de l'Iran, l'accord de Genève, signé le 24 novembre 2013 entre le pays et les pays du groupe 5 + 1 (États-Unis, France, Royaume-Uni, Russie, Chine et Allemagne), prévoit, pour 6 mois, la levée très partielle des sanctions occidentales (déblocage de 4,2 milliards de dollars des avoirs bloqués de l'Iran, levée des restrictions sur les exportations pétrochimiques notamment) en contrepartie de la suspension d'une partie des activités nucléaires iraniennes. Pour ce qui est des exportations de pétrole, l'accord prévoit le maintien des exportations de pétrole à leur niveau actuel, autour de 1 Mbj[2]. Même si la plupart des sanctions restent inchangées, cet accord marque indéniablement un apaisement des relations : d'ailleurs, les ventes de pétrole iranien auraient progressé de 100 000 bj au mois de janvier 2014, quasi-intégralement sous l'effet de la demande chinoise. Nous faisons l'hypothèse d'une production relativement stable en 2014, mais d'une levée plus importante des sanctions en 2015, ce qui se traduirait par un supplément d'offre de 0,5 Mbj.

---

1. La capacité de production, qui se situait autour de 1,7 Mbj en avant la guerre de 2011, a déjà été amputée de 0,5 Mbj en raison des destructions d'infrastructures.
2. Avant l'accord, il était prévu que les pays importateurs de pétrole iranien consentent à nouveau à baisser leurs importations sous peine de sanctions de la part des États-Unis.

Graphique 2. Croissance, intensité pétrolière et consommation de pétrole

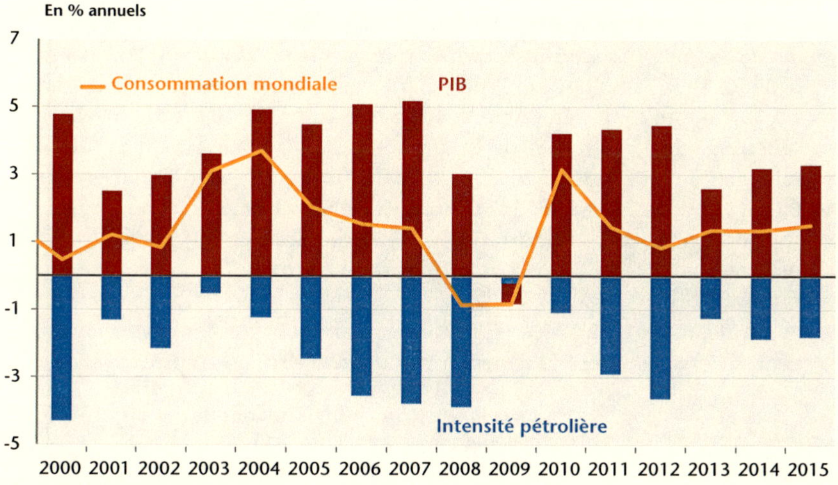

Sources : Datainsight, calculs de l'auteur.

Du côté de la demande, les pays industriels devraient enregistrer une croissance plus dynamique en 2014 et en 2015, avec la reprise en zone euro et une croissance dynamique aux États-Unis. Mais avec la baisse de l'intensité pétrolière (graphique 2), la demande de pétrole des pays de l'OCDE ne devrait pas progresser. La progression de la demande proviendrait intégralement des pays émergents, qui consommeront respectivement 1,2 et 1,4 Mbj supplémentaires Mbj en 2014 et 2015.

Encadré. Russie contre Ukraine : des menaces à relativiser

Le conflit qui oppose l'Ukraine à la Russie au sujet de la Crimée fait craindre une interruption des livraisons de pétrole russe vers l'Ukraine, et partant, vers l'ensemble de l'UE. Les pays européens menacent également la Russie de sanctions économiques, ce qui fait peser un risque haussier sur les cours. Cela étant, le risque de réduction ou de rupture d'approvisionnement ne nous semble pas crédible, car la Russie et l'Europe n'y ont aucun intérêt.

En 2012, la Russie a exporté 7,2 Mbj de pétrole et produits raffinés, dont 5 Mbj de pétrole brut, d'après l'AIE. 80 % de ce pétrole brut a été exporté vers l'Europe, notamment l'Allemagne, les Pays-Bas, et la Pologne. Sur ce total, l'oléoduc Druzhba (branche Sud), qui passe par l'Ukraine, permettrait d'exporter 1 Mbj. Si la Russie veut pénaliser l'Ukraine, elle pourrait décider de ne plus exporter via la branche sud de l'oléoduc, et pénaliserait essentiellement les pays d'Europe centrale et orientale (Slovaquie, Hongrie et République tchèque), dont les raffineries sont très dépendantes du pétrole russe. Mais elle serait elle-même pénalisée, ne pouvant plus exporter que vers la mer Noire au Sud et vers la Biélorussie, la Pologne et l'Allemagne via la branche nord de Druzhba. Or, la manne pétrolière est une ressource importante en Russie et des sanctions de la part des pays européens menaceraient son équilibre budgétaire ; en 2013, les revenus tirés de l'industrie pétrolière représentaient en effet 25 % du PIB. D'un autre côté, certains pays européens sont dépendants des importations de pétrole russe et pâtiraient de leurs propres sanctions. La part des importations russes dans le total des importations de pétrole atteint par exemple 95 % en Pologne, 89 % en Finlande, ou encore 37 % en Allemagne, sans compter les pays d'Europe centrale et orientale, très dépendants du pétrole russe (graphique 3).

Graphique 3. Part de la Russie dans les importations de pétrole de quelques pays européens, 2011

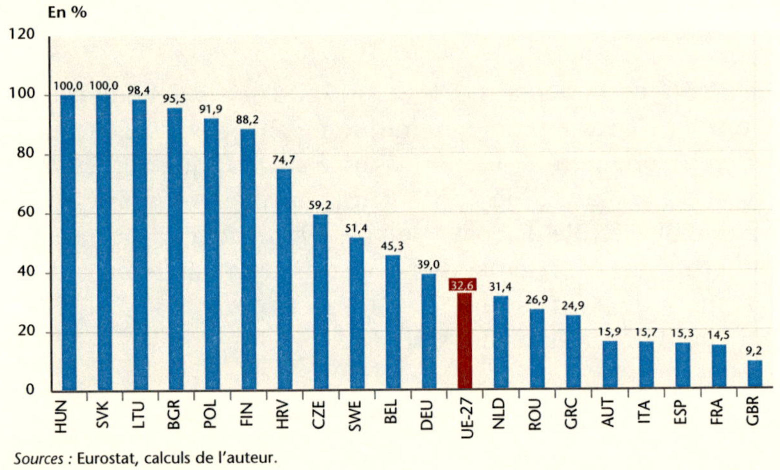

Sources : Eurostat, calculs de l'auteur.

Il semble peu probable d'assister à un mouvement majeur sur les volumes échangés. En revanche, l'impact de la crise Russie/Ukraine pourrait être une moindre collaboration avec l'Europe sur les dossiers de l'Iran ou de la Syrie.

Pour conclure, la résistance des cours du Brent depuis 2011 paraît assez indépendante de l'évolution des fondamentaux ; ainsi, la hausse de production importante en 2012 ne s'est pas traduite par une baisse sensible des cours du Brent. Cela conduit à réfléchir à la représentativité des indices. Près de la moitié des transactions mondiales utilisent le Brent comme indice de référence, alors que ce dernier, composé de brut extrait de quatre champs différents (Brent, Forties, Oseberg et Ekofisk) ne représente que 1 % de la consommation mondiale. En outre, la production issue de ces 4 champs est en baisse constante depuis ces cinq dernières années et des tensions sont régulièrement provoquées par l'arrêt de la production de Buzzard, un gisement issu du champ Forties (qui représente 45 % de l'indice Brent). En outre, l'on observe, avec l'exploitation du pétrole de schiste aux États-Unis, un différentiel important et persistant entre les indices WTI et Brent, fluctuant en fonction du degré d'engorgement à Cushing. Pour éviter une faible représentativité et une trop forte régionalisation du marché du pétrole, sans doute serait-il légitime d'inclure d'autres types de pétrole (notamment issus de gisements africains ou russes) dans l'indice Brent ou de créer un indice composite Brent-WTI.

Équilibre sur le marché pétrolier et prix des matières premières industrielles

Millions de barils/jour sauf mention contraire, cvs

	2013				2014				2015				2013	2014	2015
	T1	T2	T3	T4	T1	T2	T3	T4	T1	T2	T3	T4			
Demande mondiale	89.7	90.3	90.7	90.8	91.3	91.5	91.8	91.8	92.6	92.9	93.2	93.3	90.4	91.6	93.0
En taux de croissance [1]													1.4	1.4	1.5
PIB mondial [1]													2.6	3.2	3.3
Intensité pétrolière [1]													-1.2	-1.8	-1.8
Production mondiale	89.0	90.0	90.5	90.2	90.7	91.1	91.4	91.6	92.5	92.8	93.1	93.4	89.9	91.2	93.0
***Dont* : OPEP** [2]	35.8	36.2	35.9	35.5	36.5	36.7	36.9	37.2	37.2	37.1	37.3	37.8	35.9	36.8	37.3
Non OPEP	53.2	53.8	54.6	54.7	54.2	54.3	54.5	54.4	55.4	55.7	55.8	55.6	54.1	54.4	55.6
Variations de stocks	-0.6	-0.3	-0.2	-0.6	-0.6	-0.4	-0.4	-0.2	-0.1	-0.1	-0.1	0.2	-0.4	-0.4	0.0
***Dont* OCDE**	0.3	-0.2	-0.1	0.0	-0.4	0.2	0.1	0.2	0.0	0.0	-0.1	0.2	0.0	0.0	91.6
Prix du pétrole Brent [3]	112.5	102.6	110.3	109.4	108,3	107.0	103.0	100.0	100.0	100.0	100.0	100.0	108.7	104.8	102.5
Prix des matières premières industrielles [1]	5.6	-7.4	-0.3	1.9	-1.0	4.4	-5.1	4.3	5.1	3.9	-2.8	4.8	-2.7	0.0	9.6
Taux de change 1 € = ... $	1.32	1.30	1.31	1.36	1.36	1.40	1.40	1.38	1.35	1.35	1.35	1.35	1.32	1.38	1.35

1. En %, variation par rapport à la période précédente.
2. Hors Angola et Équateur. Bien que ces deux pays soient membres de l'OPEP depuis 2007, ils ne sont soumis à aucune contrainte de quota.
3. En dollars, moyenne sur la période.

Sources : EIA (pétrole), indice HWWA Hambourg (matières premières industrielles), calculs et prévision OFCE avril 2014.

ÉTATS-UNIS : LA FIN DE TOUS LES DANGERS ?

Christine Rifflart
Département analyse et prévision

Le choc fiscal mis en place au début de l'année 2013 a pesé sur la croissance. Après 2,8 % en 2012, celle-ci n'a atteint que 1,9 % en moyenne l'année suivante. Mais la reprise s'est réimposée en fin de période. La croissance s'est accélérée au deuxième semestre et l'année se termine sur un rythme de 2,5 % en glissement annuel. Le paysage s'est éclairci et les bons résultats du deuxième semestre devraient augurer d'une croissance désormais un peu plus soutenue. C'est dans ce contexte, alors que l'ajustement budgétaire se poursuit, que la Réserve fédérale a décidé de réduire progressivement ses interventions sur les marchés financiers. La politique monétaire restera très accommodante mais les instruments non conventionnels de la banque centrale se normalisent progressivement. Pour autant, même si la croissance est plus soutenue en 2014 et 2015, elle restera modérée. Certaines contraintes sont en passe d'être levées, notamment du côté des ménages, mais d'autres demeurent (ajustement budgétaire, marché du travail) qui pourraient peser encore lourdement dans les prochains trimestres. C'est pourquoi nous prévoyons une croissance de 2,6 % en 2014 et 2,9 % en 2015.

2013 : plus de rigueur, moins de croissance mais reprise en vue

Avec 1,9 % de croissance en moyenne sur l'année, les performances de l'économie américaine ont été médiocres en 2013. Le nouveau choc fiscal du début d'année a bridé la croissance qui s'était installée en 2012. Malgré cela, celle-ci s'est raffermie au deuxième semestre. Après une hausse de 0,3 % et 0,6 % au premier et deuxième trimestres respectivement, le PIB a progressé de 1 % et 0,6 au cours des deux trimestres suivants. En fin d'année, l'activité augmentait au rythme de 2,5 % sur un an, soit un peu plus vite que les 2 % atteints à la fin 2012.

Cette accélération résulte principalement du fort soutien des variations de stocks au troisième trimestre 2013 puis, au quatrième trimestre, de la contribution de 0,2 point du commerce extérieur, liée à la très bonne tenue des exportations. La demande intérieure hors stocks s'est raffermie elle aussi en fin d'année, sous l'effet de l'accélération de la consommation des ménages et de l'investissement des entreprises, le taux d'investissement progressant un peu plus vite sur la période. L'investissement logement par contre chute de 2,5 % au quatrième trimestre tandis que les dépenses publiques, en recul depuis 4 ans mais stables aux deuxième et troisième trimestres 2013, ont reculé de 1,4 %. Ce repli est à mettre en partie sur le compte de la crise budgétaire qui avait éclaté entre le 1er et le 16 octobre dernier et conduit, faute de crédits votés par le Congrès, à la fermeture des agences fédérales et à la mise en congé forcé d'une partie du personnel (800 000 fonctionnaires la première semaine et 485 000 la deuxième). Selon le Bureau of Economic Analysis, l'impact direct de ce shutdown, mesuré à partir de la réduction des heures travaillées, et donc des services non rendus, est estimé à 0,3 % sur la croissance du PIB annualisé du quatrième trimestre, soit 0,07 point de PIB non annualisé[1].

Plombé par la mise en place au début d'année de l'American Taxpayer Relief Act of 2012 (hausse de la pression fiscale sur les ménages les plus riches, relèvement de 2 points du taux de cotisations sociales payées par les salariés), le revenu des ménages a progressé, en termes réels, de seulement 0,8 % en 2013, après respectivement 2,4 % et 2,2 % en 2011 et 2012. Mais heureusement, ce choc fiscal est intervenu alors que l'effet richesse redevenait positif. L'effort de désendettement mené depuis 6 ans et la revalorisation depuis 2 ans de l'actif brut des ménages se sont combinés pour qu'à la fin de 2013, l'ajustement bilanciel des ménages soit en partie achevé. La dette brute immobilière

1. Les salaires des fonctionnaires mis en arrêt de travail ayant été versés rétroactivement, la masse salariale n'a finalement pas été affectée. Il en ressort que les dépenses à prix constants du gouvernement fédéral, mesurées sur la base de l'emploi ont baissé de 0,3% mais que les dépenses en valeur n'ont pas été modifiées. Le prix implicite payé sur les salaires a donc augmenté artificiellement de 0,3 point de PIB, ou dit autrement, que les services fournis par le gouvernement ont baissé sans que, au final, le coût n'en ait été réduit.

rapportée au revenu des ménages atteint fin 2013 74,3 %, soit son niveau de début 2003. Elle devrait continuer de baisser encore quelques trimestres, à un rythme de moins en moins rapide. Simultanément, la hausse des prix dans l'immobilier initiée au début de 2012 se poursuit. Comparé à son point bas, l'indice Case et Shiller a augmenté de 20 %. Dès lors, la dette immobilière rapportée à la valeur brute de l'actif gagé baisse mais reste encore trop élevée, notamment si on la compare à sa moyenne de long terme (42,6 % contre 37 % en moyenne avant la crise). Pour résumer, la richesse immobilière des ménages, nette de l'encours de dette, est encore légèrement en-deçа de sa tendance historique[2]. D'un maximum de 156 % du revenu en 2006 et d'un minimum à 70,9 % fin 2011, elle est revenue à 100 % fin 2013 pour une moyenne de long terme autour de 108 %. Ceci devrait retarder la reprise du prochain cycle du crédit. Pour autant, même si la richesse est très inégalement répartie, l'ensemble du patrimoine des ménages est très au-delà de la tendance de long terme. L'envolée des cours boursiers en 2013 a enrichi encore davantage les ménages détenteurs de titres financiers : la richesse financière qui croit tendanciellement depuis le début des années 1990 a dépassé ses pics de 2000 et 2007 (graphique 1). Cette reconstitution de la richesse nette des ménages a facilité la baisse du taux d'épargne. Face au tassement du RDB en 2013, le recul de plus d'un point du taux d'épargne à 4,5 % en moyenne sur l'année a permis de maintenir les dépenses de consommation au rythme de 2 % en moyenne.

Si la contrainte du taux d'épargne se desserre, le moteur de la consommation reste malgré tout lié à l'évolution des revenus, et principalement à ceux tirés du travail. Or, les créations d'emplois restent le maillon faible du processus de reprise aux États-Unis. L'emploi total a progressé de 1 % en 2013 (après 1,8 % en 2012) et l'emploi salarié non agricole et plus spécifiquement l'emploi salarié privé, ont cru de respectivement 1,7 % et 2,1 % en 2013, en ligne avec la tendance de 2012. Rapporté à la population en âge de travailler, le taux d'emploi est resté à un niveau bas tout au long de l'année, soit 5 points de moins qu'avant la crise. Pourtant un

2. En 2003 le cycle du crédit était reparti à la hausse alors que le taux d'endettement était encore relativement élevé. Mais la politique monétaire était à cette époque très accommodante et surtout les prix de l'immobilier étaient relativement élevés, ce qui avait largement soutenu la richesse nette des ménages.

retournement pourrait bien être en cours. En janvier et février, le taux d'emploi a très légèrement progressé de 58,6 % à 58,8 %. Cette remontée s'est accompagnée d'une reprise de la population active (+787 000 depuis décembre, après une baisse de 885 000 personnes depuis juin 2013). Le taux d'activité, qui avait perdu 0,7 point entre juin et décembre 2013, a pu au moins se stabiliser. Cette combinaison fait que le taux de chômage ne baisse plus. Avec la hausse de la population active, celui-ci a même légèrement augmenté en février passant de 6,6 % en janvier à 6,7 % de la population active, soit le même niveau qu'en décembre.

Graphique 1. La situation patrimoniale des ménages

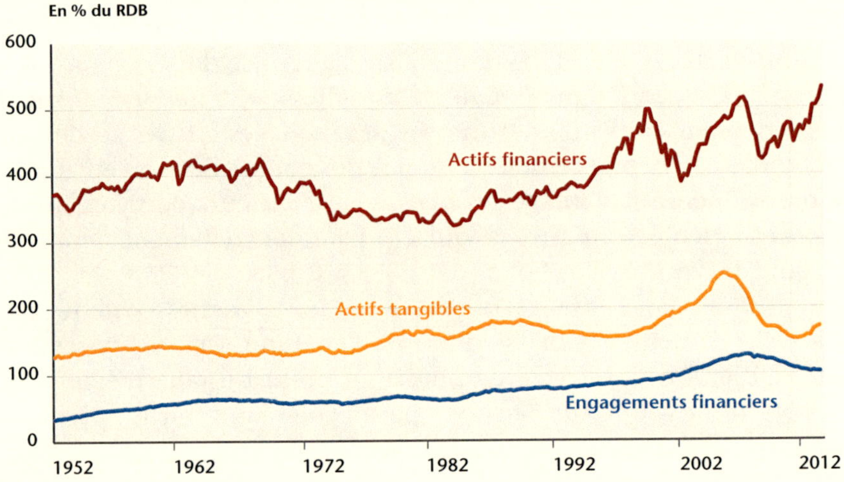

Source : Flow of funds, Federal Reserve.

Malgré cette situation dégradée et persistante sur le marché du travail, la progression des salaires s'est sensiblement accélérée en 2013, et notamment depuis septembre dernier. En février 2014, les salaires horaires ont augmenté de 2,5 % sur un an, contre une moyenne de 1,5 % en 2012. La progression étant supérieure à l'inflation, le pouvoir d'achat des salaires s'est raffermi en 2013 (+0,6 % en 2013), après deux années d'érosion (-1,1 % en 2011 et 0 % en 2012). À la fin 2013, il avait progressé de 1,4 % sur un an.

Cette amélioration n'a pourtant pas empêché la contraction de 2,5 % de l'investissement logement au dernier trimestre 2013. Sans remettre en cause la reprise amorcée sur le marché de l'immobilier en 2011, ce repli montre malgré tout sa fragilité. La remontée d'1 point des taux d'intérêt hypothécaires en quelques mois, à la suite de l'annonce du changement de cap de la politique monétaire de la Réserve fédérale, a marqué un coup d'arrêt à la reprise. Les mises en chantier ont même baissé : -6,4 % sur 1 an en février 2014, après avoir progressé de 35,9 % un an plus tôt. Cet arrêt brutal intervient alors qu'elles se situent à un niveau encore historiquement faible : 40 % en dessous de leur moyenne de long terme. Les ventes stagnent dans le neuf et enregistrent une chute de 15 % dans l'ancien entre juillet 2013 et février 2014. Les nouveaux crédits hypothécaires, nets des remboursements, qui étaient positifs au troisième trimestre sont redevenus négatifs en fin d'année. Enfin, l'indicateur de la National Association of Home Builders (NAHB) qui retraçait le retour de la confiance chez les promoteurs immobiliers depuis juin (l'indicateur était supérieur à 50) a cessé de s'améliorer par la suite et surtout chute en janvier et février 2014 (à 47). Pourtant, si la reprise des prix immobiliers et le renchérissement récent du coût du crédit rendent les conditions d'achat moins attractives qu'il y a un an, celles-ci n'ont jamais été aussi intéressantes. L'indice d'accessibilité des ménages, et notamment des primo-accédants au marché du crédit s'est rétracté en 2013 mais se situe à des niveaux historiquement élevés (graphique 2).

Graphique 2. Indice d'accessibilité* des ménages au marché du crédit

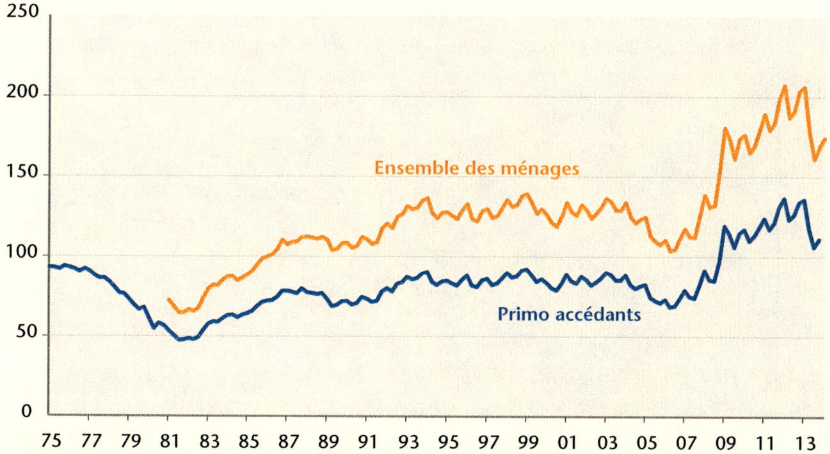

*L'indice d'accessibilité se mesure comme le rapport entre le revenu médian des ménages (des primo-accédants) et le revenu nécessaire à l'achat d'une maison au prix médian, et selon les conditions standard d'un prêt conventionnel (20 % d'apport personnel -10 % pour les primo-accédants, mensualités inférieures à 25 % du revenu).
Source : National Association of Realtors.

Après les hausses enregistrées entre début 2013 et septembre 2013, les taux d'intérêt sont stables. Ils ne devraient pas se resserrer davantage malgré le retrait effectif des interventions de la Fed sur les marchés financiers depuis le 1er janvier, car ce retrait annoncé préalablement a déjà été anticipé par les marchés. La politique monétaire continuera à être très accommodante. Le marché de la construction devrait donc repartir prochainement, les conditions étant réunies pour continuer le mouvement de reprise.

Du côté des entreprises, la situation financière est toujours confortable. Le taux de marge déjà très élevé a encore légèrement augmenté en 2013 : 35,2 au troisième trimestre 2013 après 34,8 % un an plus tôt, ce qui a favorisé de nouvelles hausses des dividendes versés. Cette progression du taux de marge reflète une légère décrue des coûts salariaux unitaires (-0,9 sur un an en fin d'année). D'importants gains de productivité ont été réalisés au deuxième semestre 2013 (1,3 % sur un an en fin de période, après une période de stagnation) et la reprise des salaires n'a fait qu'accompagner cette progression (graphique 3). La productivité du travail étant proche de sa tendance de long terme, les entreprises devraient recommencer à embaucher dans les prochains trimestres avec la reprise de la demande. Le gonflement des stocks apparu au deuxième semestre 2013 pourrait bien témoigner de la préparation des entreprises à cette consolidation de la croissance.

Graphique 3. La formation des coûts salariaux unitaires dans les SNF

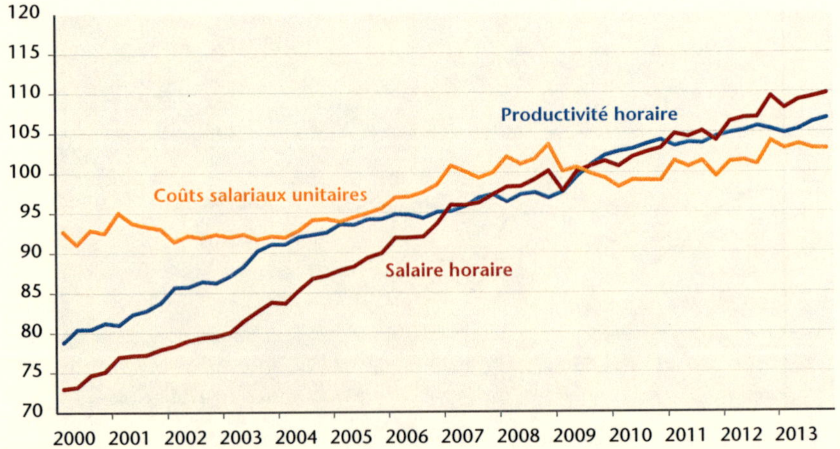

Source : Bureau of Economic Analysis.

Les indicateurs conjoncturels sont plutôt bien orientés, même si on peut observer une forte volatilité des enquêtes en fin d'année. Mais surtout le taux d'utilisation des capacités productives se rapproche de sa tendance de long terme. Déjà dans l'industrie manufacturière, les commandes de biens de capital ont repris en 2013 et sans retrouver leur niveau d'avant crise, sont malgré tout conséquentes. Aussi, l'investissement des entreprises pourrait s'accélérer en 2014 et 2015.

Vers un nouveau *policy mix* en 2014 et 2015

En 2014 et 2015, les changements majeurs viendront de la politique économique. La politique budgétaire restera restrictive mais moins qu'en 2013. L'effort budgétaire devrait passer de 1,5 point de PIB en 2013 à 1 point en 2014 et 0,7 point en 2015. Ce desserrement de la politique budgétaire est en partie lié aux résultats meilleurs qu'attendus par le gouvernement en 2013. Le déficit public est passé de 9,3 % en 2012 à 6,4 % l'année dernière et le déficit du gouvernement fédéral de 7,5 % à 4,9 %, du fait notamment d'une baisse plus forte des dépenses discrétionnaires, du remboursement de 88 milliards de dollars en 2013 des deux agences Freddy Mac et Fannie Mae au titre d'un soutien perçu en 2012) et de recettes très élevées (sous-estimation des élasticités au PIB,...).

Après la crise d'octobre 2013 qui avait conduit à la fermeture des agences fédérales, faute d'un budget voté au début de la nouvelle année fiscale, un accord a finalement été trouvé mi-décembre et la loi de finances 2014 a pu être adoptée définitivement le 16 janvier, avec plus de trois mois de retard. Construit sur la base d'un accord bipartisan, le budget prévoit l'annulation des coupes automatiques dans les dépenses et donc une baisse moins forte que prévue des dépenses, notamment discrétionnaires, c'est-à-dire celles qui font l'objet d'un vote au Congrès. Selon le Congressional Budget Office, cet assouplissement est évalué à 45 milliards de dollars en 2014 et 21 milliards en 2015, soit respectivement un peu moins de 0,3 % et un peu plus de 0,1 % du PIB. Il n'en demeure pas moins que la politique budgétaire reste contrainte par les engagements pris dans le Budget Control Act de 2011 qui prévoit une réduction du déficit de plus de 2 100 milliards de dollars à l'horizon 2021 (soit l'équivalent de 12,5 % du PIB de 2013). Au final, le solde budgétaire devrait être ramené vers 5,1 % du PIB en 2014 et 4 % en 2015, du fait de l'effort structurel demandé par le Congrès et de l'amélioration du solde conjoncturel venant d'une croissance du PIB plus rapide que celle du PIB potentiel (tableau 1).

Tableau 1. Décomposition du solde budgétaire en 2014 et 2015

En % du PIB, sauf comptes US en %

	2013	2014	2015
Solde budgétaire	**-6,4**	**-5,1**	**-4,0**
Variation du solde budgétaire		1,3	1,1
Variation du solde conjoncturel		0,3	0,4
Variation du solde structurel		0,9	0,7
Effort d'ajustement interne		1,0	0,7
Impact externe		0,1	0,1
Variation des intérêts versés		0,0	0,0
Comptes US *(en %)*			
Croissance du PIB	1,9	2,6	2,9
Croissance du PIB potentiel		2,0	2,0

Source : Bureau of Economic Analysis, prévision OFCE avril 2014.

L'autre changement concerne la politique monétaire. Dès l'annonce faite par la Réserve fédérale en mai 2013 de réduire ses rachats de titres publics ou garantis par l'État sur les marchés financiers, les investisseurs ont anticipé des baisses de prix et vendu leurs actifs publics. Résultat, les taux d'intérêt à long terme ont augmenté de plus d'1 point en quelques semaines. Mais depuis septembre 2013, les taux restent dans la fourchette de 2,5 et 3 % et se situent à 2,7 % depuis le début de l'année 2014. L'entrée en vigueur de la mesure en janvier 2014 ne s'est donc pas accompagnée de réactions fortes sur les marchés financiers, les investisseurs ayant déjà largement anticipé la mesure et réalloué leur portefeuille. Compte tenu de la faible croissance, de l'ancrage des anticipations à un faible niveau d'inflation et qu'il est peu probable que la Fed annonce un relèvement du taux des fonds fédéraux avant 2015, l'environnement monétaire devrait rester permissif à l'horizon de notre prévision. Les taux d'intérêt devraient se maintenir en dessous de 3 % au moins jusqu'à la mi-2015.

Dans ce contexte, la croissance devrait s'accélérer en 2014 et encore plus en 2015 à 2,6 % et 2,9 %. Cette accélération repose sur le raffermissement de la demande intérieure hors stocks. La consommation des ménages se raffermirait avec l'amélioration de l'emploi et des revenus, ce qui n'empêcherait pas une légère baisse du taux d'épargne. Le taux de chômage se maintiendrait proche de son niveau actuel, autour de 6,5 %, du fait que les créations d'emplois attendues dans ce nouveau contexte s'accompagneraient du retour sur le marché du travail d'une partie des chômeurs découragés. Pour autant, si le taux d'activité doit augmenter, il ne reviendra pas à son niveau d'avant-crise. Dans une publication récente, le CBO[3] a estimé que la baisse de 3 points du taux d'activité au cours de la crise s'expliquerait à hauteur d'1,5 point par des facteurs démographiques liés au vieillissement de la population, d'1 point par le manque d'opportunité de trouver un emploi compte tenu de la situation conjoncturelle et 0,5 point par les effets persistants du chômage de long terme qui peuvent inciter les personnes à sortir définitivement du marché du travail. Si tel est le cas, le retour sur le marché du travail concernerait 1 % de la population en âge de travailler.

La contribution du commerce extérieur à la croissance serait nulle. Les entreprises américaines devraient regagner des parts de marché sur les marchés étrangers du fait d'un bon positionnement de la compétitivité sur un marché qui repart timidement. Simultanément, les importations devraient également s'accélérer. Le taux de pénétration, qui a cessé d'augmenter depuis 2011 pourrait repartir légèrement à la hausse.

---

3. The Slow Recovery of the Labor Market, CBO, February 2014.

États-Unis : résumé des prévisions

Variations par rapport à la période précédente (sauf mention contraire), en %

	2013				2014				2015				2012	2013	2014	2015
	T1	T2	T3	T4	T1	T2	T3	T4	T1	T2	T3	T4				
PIB	0,3	0,6	1,0	0,6	0,7	0,5	0,5	0,7	0,8	0,7	0,7	0,7	2,8	1,9	2,6	2,9
PIB par tête	0,1	0,4	0,8	0,4	0,5	0,3	0,3	0,5	-0,4	-1,5	-2,5	-3,5	2,0	1,1	1,8	2,1
Consommation des ménages	0,6	0,5	0,5	0,6	0,7	0,6	0,7	0,8	0,9	0,8	0,8	0,8	2,2	2,0	2,5	3,2
Dépenses publiques [1]	-1,1	-0,1	0,1	-1,4	-0,2	-0,2	-0,2	-0,2	-0,2	-0,2	-0,2	-0,2	-1,0	-2,3	-1,6	-1,0
FBCF privée *dont*	-0,4	1,6	1,4	1,0	1,4	1,4	1,4	1,4	1,4	1,6	1,5	1,5	8,3	4,5	5,5	6,1
Logement	3,0	3,4	2,5	-2,3	2,0	2,0	2,0	2,0	2,0	3,0	3,0	3,0	12,9	12,1	5,4	9,9
Productive	-1,2	1,1	1,2	1,8	1,3	1,3	1,3	1,3	1,3	1,3	1,1	1,1	7,3	2,8	5,6	5,1
Exportations de biens et services	-0,3	1,9	1,0	2,3	1,2	1,2	1,2	1,2	1,2	1,2	1,2	1,2	3,5	2,7	5,8	4,9
Importations de biens et services	0,2	1,7	0,6	0,4	0,6	1,0	1,0	1,0	1,0	1,2	1,2	1,2	2,2	1,4	3,1	4,4
Variations de stocks	42,2	56,6	115,7	117,4	110,0	95,0	75,0	70,0	70,0	70,0	70,0	70,0	57,6	83,0	87,5	70,0
Contributions																
Demande intérieure hors stocks	0,1	0,5	0,6	0,3	0,6	0,6	0,7	0,7	0,8	0,8	0,8	0,8	2,5	1,6	2,3	3,0
Variations de stocks	0,2	0,1	0,4	0,0	0,0	-0,1	-0,1	0,0	0,0	0,0	0,0	0,0	0,2	0,2	0,0	-0,1
Commerce extérieur	-0,1	0,0	0,0	0,2	0,1	0,0	0,0	0,0	0,0	0,0	0,0	0,0	0,1	0,1	0,3	0,0
Prix à la consommation [2]	1,7	1,4	1,5	1,2	1,3	1,5	1,3	1,3	1,3	1,4	1,5	1,6	2,1	1,5	1,4	1,4
Taux de chômage, en %	7,7	7,5	7,3	7,0	6,6	6,5	6,5	6,5	6,5	6,5	6,5	6,5	8,1	7,4	6,5	6,5
Solde courant, en points de PIB	-2,5	-2,3	-2,3	-1,9	-2,0	-2,0	-2,1	-2,2	-2,2	-2,3	-2,3	-2,4	-2,7	-2,3	-2,1	-2,3
Solde public, en points de PIB													-9,3	-6,4	-5,1	-4,0
Impulsion budgétaire													-1,4	-1,5	-1,0	-0,7
PIB zone euro	-0,2	0,3	0,1	0,3	0,4	0,4	0,4	0,4	0,4	0,4	0,4	0,4	-0,6	-0,4	1,3	1,6

1. Conformément aux comptes nationaux américains, le poste dépenses publiques inclut la consommation et l'investissement publics.
2. Pour les trimestres, glissement annuel. Pour les années, moyenne annuelle.
Sources : Bureau of Economic Analysis (BEA), *Bureau of Labor Statistics* (BLS), prévision OFCE avril 2014.

ASIE : SPECTRES DE 1997 ET 2008 ÉCARTÉS

Amel Falah
Département analyse et prévision

Depuis le début de l'été 2013, plusieurs grandes économies émergentes ont traversé une période très mouvementée sur le plan financier. En mai 2013, les responsables de la Fed ont évoqué pour la première fois la possibilité d'une réduction d'achats d'actifs. Cette évocation d'un resserrement de la politique monétaire américaine a immédiatement affecté les pays émergents. Plusieurs d'entre eux ont enregistré au cours des mois suivants des sorties de capitaux, une hausse des rendements obligataires, une baisse des cours boursiers et une dépréciation de leurs taux de change. Les entrées de capitaux avaient alimenté des bulles d'actifs dans les pays émergents ; celles-ci étaient donc susceptibles d'éclater et de dégrader l'activité. Lorsque la Fed déclara en septembre 2013 qu'elle ne réduirait pas immédiatement ses achats d'actifs, les rendements obligataires reculèrent dans les pays émergents, sans toutefois revenir aux niveaux d'avant le mois de mai. Cette amélioration n'a été que temporaire : les pays émergents font face depuis janvier 2014 à de plus fortes pressions que celles qu'ils ont subies à l'été 2013.

Après une décennie de forte croissance économique durant les années 2000, la plupart des pays émergents sont confrontés à des difficultés. Le retournement de la confiance à l'égard de ces pays est aussi le résultat de l'accumulation de fragilités macroéconomiques. Les tensions financières ne seront pas sans conséquence, et les politiques monétaires devront s'adapter rapidement. Les pays les plus dépendants des financements extérieurs, comme l'Indonésie et l'Inde, ont été particulièrement affectés et demeurent exposés. De plus, dans certains pays, les prochaines élections seront probablement déterminantes (Inde en mai, Indonésie en juillet).

Ces turbulences financières semblent jusqu'à présent sans conséquences significatives sur l'évolution globale de l'activité, grâce notamment au rebond de l'économie chinoise depuis l'été.

Pour 2014 et 2015, nous prévoyons une poursuite des tendances en cours. Nous tablons donc sur une croissance dans la zone Asie de 6 % par an.

Tableau 1. Zone Asie détaillée : résumé des prévisions de PIB

Variations par rapport à la période précédente, en %

	Poids	2012	2013	2014	2015
Corée du Sud	6,8	2,0	2,8	3,1	3,3
Asie en développement rapide	20,3	4,8	4,4	4,5	4,8
Taïwan	3,9	1,5	2,2	3,2	3,4
Hong Kong	1,5	1,5	2,9	3,5	3,6
Singapour	0,9	1,9	4,0	4,1	4,2
Thaïlande	3,6	6,5	2,8	3,3	4,3
Indonésie	6,0	6,2	5,8	5,4	5,7
Malaisie	1,7	5,7	4,9	5,0	5,0
Philippines	2,6	6,6	7,1	6,2	6,0
Chine	48,5	7,8	7,7	7,5	7,4
Inde	24,4	4,8	4,8	5,0	5,1
Asie hors Chine	51,5	4,4	4,4	4,5	4,7
Total	100,0	6,1	6,0	6,0	6,0

Sources : CEIC, calculs et prévision OFCE avril 2014.

Tableau 2. Zone Asie : résumé des prévisions de commerce

Variations par rapport à la période précédente, en %

	2012	2013	2014	2015
Importations	3,2	3,7	2,6	3,3
Exportations	1,8	3,9	3,6	3,1
Demande adressée	3,1	2,9	3,4	3,9

Sources : FMI, prévision OFCE avril 2014.

Hétérogénéité devant la vulnérabilité extérieure

La croissance **chinoise** a atteint son objectif officiel avec une croissance de 7,7 % en 2013. Après un net ralentissement de l'économie au premier semestre de l'année, Pékin avait adopté en juillet des mesures de relance, notamment fiscales. Celles-ci ont permis un sursaut momentané de l'activité.

En poste depuis mars, le Président Xi Jinping et le Premier ministre Li Keqiang ont affiché leur intention de rendre l'économie moins dépendante des exportations et des investissements dans les industries lourdes -secteur en surcapacité -, en mettant l'accent sur la consommation intérieure. Ce rééquilibrage aurait des effets bénéfiques à long terme. En décembre 2013, les ventes au détail ont augmenté de 13,6% sur un an, mais ont décéléré par rapport au mois précédent. La production industrielle a progressé de 9,7% sur un an, moins qu'attendu et en ralentissement par rapport aux 10% de décembre. Enfin, sur l'année 2013, les investissements en capital fixe ont crû de 19,6% par rapport à 2012, moins qu'escompté par le marché. L'activité a plutôt bien résisté dans les autres économies asiatiques, à l'exception de l'Inde.

Depuis deux ans **l'économie indienne** ralentit, subissant de plein fouet la baisse de la demande des pays occidentaux, liée à la crise. Mais l'Inde paie également le prix d'un système politique sclérosé et d'un réseau d'infrastructures insuffisant. Elle peine à maîtriser l'inflation (10,4 % en 2012, 10,9 % en 2013, contre 8,4 % en 2011), qui flirte souvent avec le plafond de la Banque centrale, pénalisant la consommation intérieure. Elle affiche un déficit courant élevé, qui se détériore depuis 2009 pour atteindre 4,8 % du PIB en 2012, et qui est souvent financé par des capitaux à court terme. Les importantes sorties de capitaux et une forte dépréciation de la monnaie (la roupie indienne a franchi en septembre 2013 un nouveau record à la baisse, à 64 roupies pour un dollar américain) ont pesé sur l'économie.

La croissance indienne a chuté et peine à atteindre les 5 % (4,8 % en 2012 et 4,5 % en 2013). Ce sont les plus mauvais taux jamais enregistrés depuis dix ans. Autant d'éléments qui minent la confiance des investisseurs. De plus, les réformes destinées à ouvrir un peu plus le marché aux investisseurs étrangers, promises par le gouvernement à l'automne 2012, n'ont pas eu lieu.

La dépréciation des devises émergentes se poursuit face à la fuite des capitaux étrangers. Les investisseurs réallouent leurs actifs hors des économies émergentes les plus fragiles, où persiste un risque fort de crise de liquidité, au profit des pays développés où les indicateurs d'activité continuent à se redresser. Les pays dont les devises ont le plus souffert sont ceux qui dépendent fortement des capitaux étrangers, c'est-à-dire les pays où le déficit courant est important et l'inflation élevée. Parmi ces pays se trouvent l'Inde, la Malaisie et l'Indonésie.

En **Indonésie**, contrairement à l'Inde, les fondamentaux macroéconomiques sont solides et la croissance est robuste, même si elle a légèrement décéléré à 5,8 % en 2013. Les perspectives de croissance à moyen terme sont bonnes. Les finances publiques sont saines (la dette publique est de 26,2% du PIB et le déficit budgétaire proche de 2,2 % du PIB), en dépit du poids des subventions pétrolières (le mécanisme de subvention des prix du pétrole a pesé sur le déficit public en 2013 et conduit à une augmentation de la dette de 1,7 % du PIB). Par ailleurs, le déficit courant s'est accru en 2013 (-3,4 %), les importations ont été importantes (8,4 % au dernier trimestre 2013) car portées par la demande interne, tandis que les exportations, notamment de matières premières, ont diminué. Pour réduire le déficit courant, le gouvernement indonésien a annoncé de nouvelles mesures pour stabiliser l'économie, en particulier fiscales : hausse des taxes sur les importations de certains produits de luxe et baisse des taxes sur les exportations. Il soutient la monnaie fragilisée par d'importantes sorties de capitaux depuis la mi-mai : les taux directeurs ont été relevés de 1,5 point depuis septembre dernier, les amenant à 7,5 %.

Après l'Inde et l'Indonésie, la **Malaisie** a été le pays d'Asie le plus fragilisé par le retournement du comportement des investisseurs cet été, en dépit d'une moindre vulnérabilité extérieure. À la suite des élections pour le Parlement fédéral en mai dernier dans 12 des 13 États de Malaisie, le gouvernement actuel, au pouvoir depuis l'indépendance en 1957, a été reconduit, mais il a remporté seulement 133 des 222 sièges de l'Assemblée. Le PIB a progressé de + 4,9 % en 2013, tiré par la demande intérieure (+7,1 %), elle-même dopée par des dépenses électorales et les programmes d'infrastructures. Les exportations, en net recul (-0,5 % en 2013), ont été pénalisées par la faiblesse de la demande mondiale. La dégradation de la position financière des entreprises publiques et la progression des transferts sociaux expliquent la persistance du déficit budgétaire. Les mesures prises pour le réduire à 3 % du PIB en 2015 ont porté leurs fruits mais restent insuffisantes : le déficit a atteint 4,3 % du PIB en 2013 après 4,5 % en 2012. La dette publique, qui est passée de 40 % du PIB en 2008 à 57 % en 2013, reste un sujet d'inquiétude et demeure supérieure à la moyenne asiatique et à celle des pays émergents. L'excédent courant en 2013 s'est établi à 3,5 % du PIB, un niveau nettement inférieur à la moyenne des dix dernières années de 10 % du PIB. Le Ringgit a été peu affecté, comparativement aux autres devises asiatiques, par les annonces relatives à un éventuel arrêt du « Quantitative Easing III » de la Réserve fédérale américaine au cours de l'été *2013*.

Après une croissance en 2012 de + 2%, la plus faible performance depuis 2009, **la Corée du Sud** enregistre en 2013 une reprise de 2,8 %. Le rebond de l'économie coréenne en 2013 s'explique principalement par la reprise mondiale, qui a tiré ses exportations (+2,0 % au quatrième trimestre 2013). La reprise s'appuie également sur la croissance du secteur manufacturier, dont la production augmente de 2 % en décembre 2012. L'investissement domestique redémarre (+6,4 % au dernier trimestre 2013). Malgré un plan de soutien, la consommation des ménages ne croît que de 1,9% (+1,7 en 2012). En effet, elle a été affectée par un niveau d'endettement élevé (156% du revenu disponible). La dette des ménages atteignait 937 500 milliards de wons (855 milliards de dollars) en septembre 2012, soit plus de 70 % du PIB. Le ralentissement économique a pesé sur l'emploi, fragilisant les foyers dépendants d'un salaire unique : le gouvernement estime à 6 millions le nombre de Sud-Coréens exposés au risque de défaut de paiement, soit plus de 10% de la population.

Avec 3,5 % en 2013 après deux années de baisse (-1,7 % en 2012 et -1 % en 2011) le taux d'investissement global redémarre et contribue pour 0,6 point à la croissance du PIB en 2013.

Enfin, le commerce extérieur reste plus que jamais soumis à l'évolution de sa devise face au dollar et au yen. L'appréciation du won face à ces deux monnaies au cours de l'année 2012 se poursuit en 2013, détériorant la compétitivité-prix des produits coréens.

Après avoir ralenti en 2012, l'économie **Singapourienne** a rebondi en 2013 grâce au dynamisme de la demande interne et du secteur manufacturier, affichant une croissance de 4,0 % contre 1,9 %.

Après le rebond marqué de 2012 (+6,5 %), l'économie **thaïlandaise** a ralenti à 2,8 % en 2013. C'est la première baisse constatée depuis plus d'un an depuis les inondations catastrophiques de 2011. Après son élection en juillet 2011, le gouvernement avait mis en place un ensemble de mesures – notamment une hausse de 35 % du salaire minimum et des réductions d'impôts pour les ménages – visant à stimuler la consommation des ménages afin de réduire la dépendance du pays à la demande externe. Ces mesures n'ont pas eu l'effet escompté et ont conduit paradoxalement à un fort endettement des ménages. La consommation a baissé durant les 4 trimestres 2013.

Malgré un contexte international défavorable, la croissance **philippine** s'est élevée à 7,1 % en 2013 grâce à la consommation intérieure, l'emploi et le dynamisme des IDE.

Après une mauvaise année 2012 (+1,5 %), **Taïwan** a connu une croissance de 2,2 % en 2013. Les exportations, qui représentent les deux-tiers du PIB de l'île, ont augmenté de 3,8 % sur l'année, alors que les dépenses de consommation ont atteint 1,8 %.

Après avoir fortement ralenti en 2012 en raison de la décélération des exportations, la croissance **hongkongaise** a repris en 2013, affichant un taux de croissance de 2,9 % contre 1,5 %, mais elle est restée inférieure à la moyenne des dernières années. L'économie a été soutenue par la robustesse de la consommation privée (+6,2 % en 2013) et la croissance des exportations (+12,7 % en 2013), principalement à destination des marchés asiatiques.

2014-2015 : poursuite des réformes

En moyenne, les turbulences financières de l'été 2013 n'ont pas affecté la croissance globale des pays émergents. Mais des divergences de trajectoire sont apparues, en défaveur des économies présentant d'importants déséquilibres structurels. Elles devraient se prolonger en 2014 et 2015. En fonction de leur degré d'intégration mondiale, les pays d'Asie vont plus ou moins rapidement bénéficier de la reprise des pays développés, les flux de capitaux pourraient s'orienter de nouveau vers les pays émergents. Mais la situation de ces pays n'était pas soutenable. Les gouvernements doivent donc poursuivre les réformes structurelles et assouplir les restrictions réglementaires afin de restaurer la confiance des investisseurs. Dans certains pays émergents, les prochaines élections seront probablement déterminantes. Même si le Tapering est en lien direct avec la crise des balances de paiements, les marchés émergents subissent aussi de plein fouet le contrecoup des turbulences mondiales. L'Asie a cependant le pouvoir de maintenir le cap. Avec des réponses politiques appropriées aux défis immédiats (excès de crédit, poussée de l'inflation, déficit extérieur) et une grande détermination dans la poursuite de la réforme de leurs économies, les pays asiatiques pourront compter sur une croissance durable.

AMÉRIQUE LATINE : LE RAPPEL DES FONDAMENTAUX

Christine Rifflart
Département analyse et prévision

Sortie de la crise en 2010, l'Amérique latine a tiré parti jusqu'en 2012 d'un environnement international plutôt porteur. La crise des dettes souveraines dans la zone euro, combinée à une politique de bas taux d'intérêt aux États-Unis, a réorienté les flux de capitaux vers les pays émergents. Dès lors, l'amélioration de la situation économique et financière dans les grandes économies développées s'accompagne depuis l'année dernière d'un retournement en Amérique latine. Affaiblie par le fort ralentissement du commerce international depuis 2012 et par de moindres entrées des capitaux en 2013, la région enregistre depuis deux ans de piètres performances économiques qui contrastent avec l'embellie de 2010-2011, où au dynamisme de la demande étrangère, s'ajoutait un environnement financier anormalement porteur. Le problème est qu'aujourd'hui le retournement de l'environnement international fait apparaître les déséquilibres qu'il faut désormais corriger. En 2012, le maintien de conditions de financement très permissives avait permis d'atténuer l'impact récessif du repli du commerce international. Mais le retournement des anticipations financières enregistré à partir du printemps 2013 a réduit l'intérêt des investisseurs étrangers pour la région et ramené au premier plan le retour de la contrainte externe. À la fin du *quantitative easing* aux États-Unis et au retournement des perspectives de croissance dans la zone euro, s'ajoutent depuis le début de l'année les inquiétudes quant au financement des déséquilibres courants dans certains pays. En touchant les pays les plus exposés, les turbulences observées sur les marchés des changes depuis près d'un an illustrent cette situation. Mais à l'exception de l'Argentine et du Venezuela où la situation est particulièrement préoccupante, le risque d'une crise financière majeure dans la région nous semble écarté. L'ajustement à la contrainte extérieure pèse et pèsera encore lourdement en 2014 et 2015 sur les performances régionales : malgré le léger raffermissement des échanges de marchandises en 2014, la croissance pourrait atteindre 2 % en 2014 et 2,8 % en 2015 dans l'ensemble de la zone (tableau).

Tableau. Amérique latine : résumé des prévisions

Variations par rapport à la période précédente, en %

	2012	2013	2014	2015
PIB	2,9	2,6	2,0	2,8
Argentine	1,9	5,0	-0,4	1,3
Brésil	1,0	2,3	1,7	2,0
Mexique	3,7	1,3	2,4	4,1
Importations	2,8	7,7	1,7	4,3
Exportations	2,6	0,3	5,6	3,8
Demande adressée	2,1	0,1	5,8	3,9

Sources : FMI, calculs et prévision OFCE avril 2014.

2013-2015 : le retour de la contrainte extérieure ...

Depuis 2012, l'Amérique latine enregistre des rythmes de croissance inférieurs de moitié à ceux enregistrés entre 2003 et 2011. De 4,3 % en moyenne, la croissance a atteint 2,9 % et 2,6 % en 2012 et 2013 et elle pourrait se maintenir à ce rythme encore deux années. Portée pendant plusieurs années par l'envolée des termes de l'échange et la forte demande étrangère en matières premières, en provenance notamment de la Chine, l'Amérique latine avait ainsi su tirer parti de cet essor pour stimuler sa demande intérieure et redévelopper son secteur primaire. De plus en plus, le cycle de croissance de la région et le cycle du commerce international se sont confondus au point d'entretenir une dangereuse corrélation (graphique 1). Après la crise de 2009 qui avait fait plonger l'économie régionale dans la récession *via* le canal du commerce, la reprise des échanges en 2010 et 2011 avait ramené l'économie sur son ancienne trajectoire, et ce d'autant plus rapidement que le financement de la croissance était facilité, notamment en 2011, par des entrées massives de capitaux étrangers.

Graphique 1. PIB de l'Amérique latine et commerce international

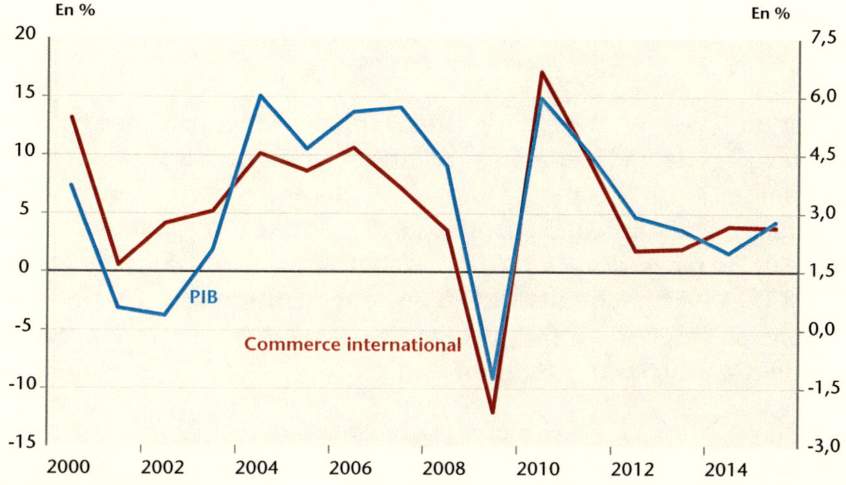

Source : OCDE, calcul OFCE.

Le durcissement de l'environnement international en 2012 et surtout 2013, la révision des perspectives de croissance, désormais plus favorables aux États-Unis et à la zone euro que dans les pays émergents, et le ralentissement des injections de liquidités par la Réserve fédérale sur les marchés financiers, annoncé en mai 2013 et effectif depuis janvier 2014, ont mis en évidence les points faibles de la croissance passée, et notamment ceux liés à ses sources de financement externes : dépendance au commerce extérieur et accès au marché des capitaux anormalement relâché pendant plusieurs années. Malgré la forte accumulation des réserves de changes, l'abondance des entrées de capitaux a favorisé la surévaluation de plusieurs monnaies (au premier chef le real brésilien) et donc grevé la compétitivité des produits nationaux, en même temps qu'elle nourrissait une forte expansion du crédit domestique. Aujourd'hui, le volume des ventes à l'étranger stagne, voire baisse, dans de nombreux pays (Chili, Colombie, Pérou, Argentine) tandis que les importations progressent encore de 7,7 % dans l'ensemble de la zone en 2013.

Résultat, le déficit de la balance courante, réapparu en 2008 mais contenu jusqu'en 2011, s'est dégradé en 2012 et surtout en 2013 (graphique 2). Entre la moyenne annuelle de 2008 et le troisième trimestre 2013, le solde courant s'est dégradé de plus de 8 points de PIB au Chili, 7,5 points au Pérou, 3,5 points au Brésil et en Argentine. En fin de période, le déficit atteint 3,5 % de PIB au Brésil, Chili, Colombie et 4,9 % au Pérou et les pays excédentaires, tels que l'Argentine et le Venezuela, enregistrent un recul de leurs excédents.

Or, tant que les sources de financement extérieur étaient abondantes, la dégradation des comptes courants ne posait pas problème, le financement étant plus qu'assuré par les entrées de capitaux. Mais en 2013, la baisse des entrées de capitaux et la hausse des *spreads* ont rappelé l'existence de la contrainte externe, car si les investissements directs se sont maintenus à des niveaux encore élevés, les autres placements (investissements en portefeuille et crédits) ont fortement diminué.

Graphique 2. Balance courante

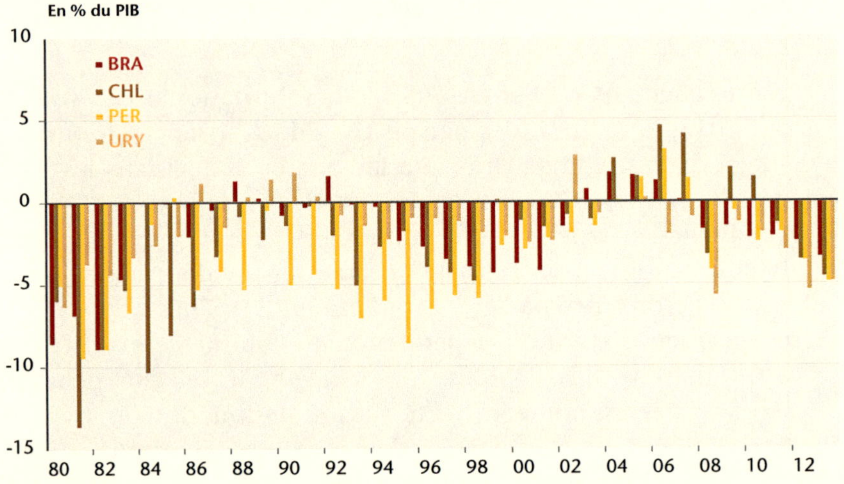

Source : OCDE.

Aussi, la nécessité de l'ajustement à ce nouvel environnement s'impose et le relâchement de la contrainte externe passe par la correction des déséquilibres, notamment le redressement de la compétitivité. Cela suppose que les taux de change reviennent vers des niveaux plus bas et que les pressions inflationnistes restent contenues dans certains pays. Depuis mai 2013 et mars 2014, les monnaies nationales se sont dépréciées face au dollar de 18 % en Argentine, 16 % au Chili, 13 % au Brésil, 10 % en Colombie, 7 % au Mexique et au Pérou. Mais comparées aux monnaies des principaux partenaires commerciaux et une fois pris en compte les différentiels d'inflation, les taux de change effectif réel restent encore élevés (graphique 3). Si l'on se réfère à la moyenne de 2003-2004, où les balances courantes étaient en moyenne équilibrées, ces taux sont encore 80 % plus élevés au Brésil, autour de 20 % au Chili, Colombie, Pérou et Equateur. Le peso argentin qui, au vu des statistiques officielles, apparaît comme très compétitif, avec un taux de change effectif réel inférieur de 30 % à la période de référence, pâtit lui aussi d'une forte surévaluation dès lors que l'on considère l'inflation effective, et non plus l'inflation officielle, compte tenu de l'important écart existant entre les deux depuis 2007. Toutefois, cette tendance à la baisse des taux de change vient attiser des tensions inflationnistes déjà existantes dans certains pays, poussant les autorités à intervenir sur les marchés pour atténuer la tendance. Les réserves de changes ont baissé en Argentine au Venezuela mais aussi au Brésil et au Pérou pour soutenir la monnaie et éviter un choc inflationniste (graphique 4).

Néanmoins, partout les finances publiques restent solides et, à l'exception du Venezuela entré dans un processus de monétisation de son déficit (supérieur à 15 % du PIB), la dette publique reste contenue. C'est au Brésil qu'elle est la plus élevée (57 % du PIB fin 2013) mais elle reste stable et n'est pas libellée en devises étrangères.

Graphique 3. Taux de change effectif réel

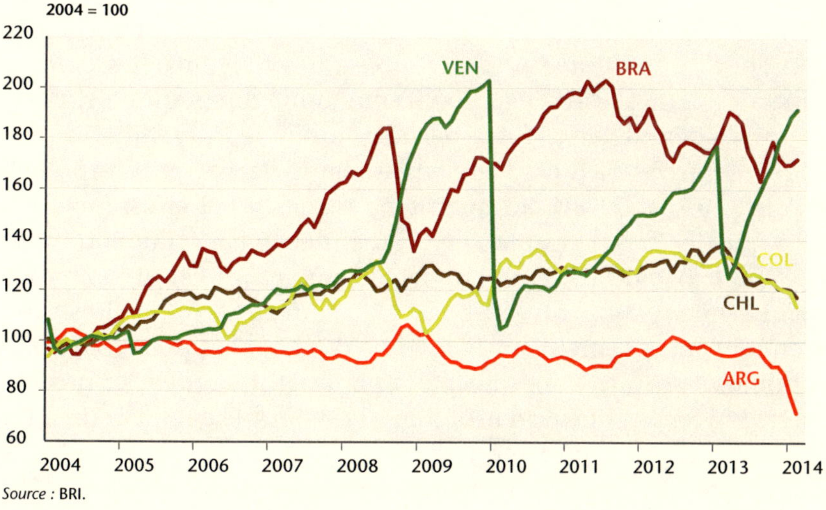

Source : BRI.

Graphique 4. Variation des réserves de change

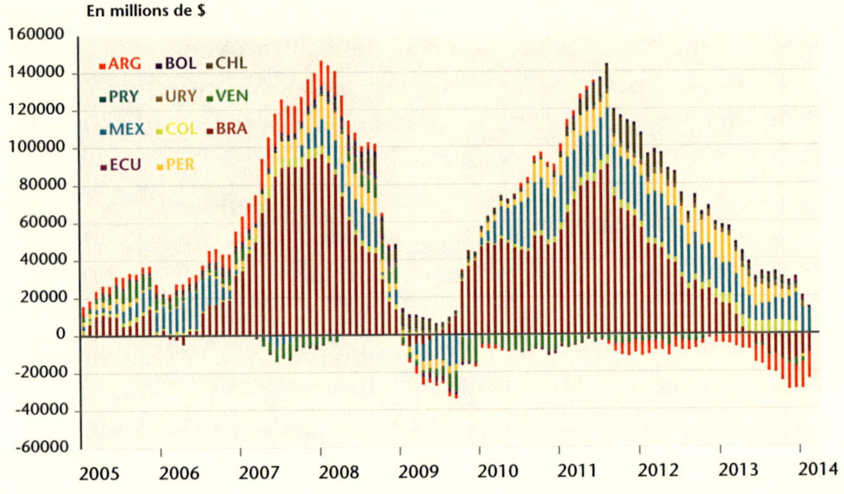

Source : FMI.

… nécessite des ajustements plus ou moins douloureux selon les pays

Si la croissance régionale est globalement faible, certains pays s'en sortent malgré tout mieux que d'autres. Ainsi en est-il des pays intermédiaires, dont les fondamentaux sont solides. Le Chili, la Colombie, le Pérou sont restés dynamiques en 2013, avec une croissance proche de leur rythme de long terme. L'inflation a été contenue et est restée près des cibles autorisées par les banques centrales dans le cadre de la politique monétaire nationale. Ceci a permis la détente en octobre dernier du taux d'intérêt directeur au Chili, confronté à un net ralentissement de l'activité. Après un recul de 0,1 % du PIB au quatrième trimestre, la croissance n'est plus que de 2,7 % sur un an en fin d'année et la production industrielle a baissé de 1,7 % en janvier sur un an. Au Pérou, les taux se maintiennent à un niveau bas, et les autorités monétaires interviennent massivement sur le marché des changes pour soutenir la monnaie. Mais les taux directeurs pourraient augmenter prochainement avec la poussée d'inflation qui se profile depuis le début de l'année. Le pas a déjà été franchi en Colombie où les autorités monétaires ont resserré leur taux en même temps qu'elles rachetaient des dollars pour reconstituer leurs réserves de change (200 millions en janvier 2014).

Le Brésil est dans une situation conjoncturelle beaucoup plus difficile. Avec une croissance moyenne proche de 2,5 % depuis trois ans, l'activité progresse moins vite que sa tendance de long terme mais les tensions sur l'offre demeurent, et notamment sur le marché du travail. Le taux de chômage reste à un niveau bas et les tensions salariales continuent d'attiser les pressions inflationnistes. Depuis avril 2013, la politique monétaire est devenue particulièrement agressive : le taux directeur Selic est passé de 7,25 % à 10,75 % en février 2014 tandis que l'inflation reculait sur la période de 6,5 % à 5,6 %. La politique budgétaire vient faire le contre poids et poursuit une orientation expansionniste. Cette stratégie devrait se poursuivre en 2014 avec les élections présidentielles d'octobre et les grands événements sportifs en vue jusqu'en 2016 (Coupe du monde de football et Jeux Olympiques). La surévaluation du real brésilien est encore forte au début de 2014 mais malgré l'ajustement opéré depuis 2011, les investisseurs n'ont pas déserté le pays. En janvier 2014, les entrées d'investissements directs, mais aussi de portefeuilles, ont continué à affluer, ce qui a permis de stabiliser le taux de change. Pour autant le climat d'incertitude, le resserrement des conditions financières, la dégradation de la compétitivité, ainsi que le risque d'une récession en Argentine, troisième partenaire commercial du Brésil, pèsent lourdement sur les conditions de la croissance dans les deux années à venir.

L'inquiétude est forte pour l'Argentine et le Venezuela, deux pays confrontés à des gestions macroéconomiques catastrophiques. Le Venezuela coupé des sources de financement extérieurs compte sur son excédent courant et la monétisation de son déficit public pour financer l'économie tandis qu'en Argentine, l'excédent courant, qui s'était maintenu jusqu'en 2010, s'est mué en un déficit qui, bien que faible, illustre les faiblesses du pays. Le risque de récession est élevé pour 2014 tandis que l'entrée dans une spirale dépréciation du peso, inflation, hausse des salaires risque de se mettre en place si un changement radical n'est pas conduit par la nouvelle équipe arrivée au gouvernement à la suite des élections législatives d'octobre 2013. Pour contrer les pressions à la baisse du taux de change, les autorités sont intervenues massivement sur le marché des changes dans chacun de ces deux pays.

Les réserves de change ont sensiblement chuté au point qu'au Venezuela elles atteignent un seuil critique, et un défaut sur les engagements financiers n'est pas exclu pour 2014.

Pour autant, alors que chacun est dans un régime de change contrôlé, la gestion des taux de change s'est différenciée entre les deux pays au cours des mois récents. L'Argentine a relâché son contrôle sur les changes et laissé glisser sa monnaie à un rythme supérieur à celui de l'inflation (effective). En parallèle, le taux d'intérêt de référence a fortement augmenté (même si le taux réel reste toujours négatif). Simultanément, le gouvernement cherche à normaliser les relations du pays avec la communauté financière internationale dans l'optique d'un retour sur les marchés avant la fin de l'année (reprise des négociations avec le Club de Paris, accord en vue avec les fonds « vautour » pour en finir avec les impayés de la dette argentine de 2001). En janvier, le gouvernement a publié un nouvel indice de prix plus en phase avec la réalité : l'inflation mensuelle est en janvier et février supérieure à 3 %. Malgré ou à cause de cela, l'inquiétude a conduit l'agence de notation Moody's à dégrader le 18 mars dernier la note de la dette argentine de B3 à CAA1.

Au Venezuela, la dernière dévaluation massive de janvier 2013 n'a fait qu'attiser les pressions inflationnistes et accentuer les déséquilibres internes. L'accélération de l'inflation en 2013 (52,6 % en décembre sur un an), combinée à la pénurie de produits de base a incité les autorités monétaires à la création d'un nouveau taux de change. Désormais, trois taux cohabitent : un taux préférentiel pour les produits de base qui équivaut à une dévaluation de 44 % pour environ 15 % des biens importés, un taux pour les touristes et un taux officiel pour l'importation des autres biens. Mais les problèmes demeurent, et pour le moment, aucun changement de cap ne semble se dessiner réellement.

PECO : LE DANGER RUSSE

Marion Cochard
Département analyse et prévision

Après une année 2012 de fort ralentissement, voire de récession pour certains pays de la zone, la croissance a repris progressivement au cours de l'année 2013 dans les pays d'Europe centrale. Le second semestre, et le quatrième trimestre en particulier, ont été marqués par la vigueur d'une croissance tirée par un assouplissement de la politique budgétaire et le regain de croissance en zone euro (notamment en Allemagne). l'ensemble des pays de la zone ont vu leurs enquêtes de conjoncture s'améliorer tout au long de l'année. Si les chiffres de croissance annuelle demeurent faibles pour l'année 2013, en raison notamment d'acquis de croissance très négatifs, cette sortie de l'ornière se traduira dans les chiffres dès 2014. Les pays d'Europe centrale renoueraient avec une croissance dynamique, quoique encore en-deçà des rythmes qui prévalaient avant la crise (avec 2,2 % en 2014 et 2,8 % en 2015). Mais l'incertitude majeure concerne l'Europe orientale, déstabilisée par le bouleversement politique qu'a connu l'Ukraine et les conséquences que pourrait avoir l'intervention russe pour les économies des deux pays. Nous prévoyons que les sanctions économiques imposées à la Russie pèseront sur une économie russe déjà en net ralentissement, mais nous soulignons le risque d'une escalade de la situation géopolitique, qui pourrait avoir de graves conséquences sur une économie totalement dépendante de ses exportations de matières premières.

Europe centrale : la reprise

À partir du début de l'année 2013, tous les indicateurs de conjoncture se sont redressés, suivis par le reprise progressive de la croissance dans l'ensemble des pays de la zone. Dans tous ces pays, le rebond de croissance a essentiellement été tiré par les exportations, grâce au rebond de croissance qu'ont connu les pays de la zone euro, et notamment l'Allemagne. En revanche, le redressement de l'investissement productif demeure timide, dans la plupart des pays, la production industrielle se redresse lentement (elle reste largement en-deçà de son niveau d'avant-crise en Hongrie et en République tchèque). De même, la consommation des ménages reste atone dans la plupart des pays de la zone, et les taux de chômage ont à peine entamé leur décrue. En Pologne, seul pays à avoir échappé à la récession au cœur de la crise (*cf.* graphique 2), la hausse du chômage (qui dépasse désormais 12 %) conjuguée à une baisse des salaires réels a affecté la consommation des ménages au cours des derniers trimestres.

Bien qu'encore convalescents, les pays de la zone semblent donc retrouver le chemin de la croissance, à la faveur d'un *policy mix* plus favorable rendu possible par la résorption partielle des déséquilibres qui prévalaient avant la crise (*cf.* graphique 1). Dans la plupart des pays, la politique monétaire s'est considérablement assouplie et devrait demeurer accommodante à l'horizon de la prévision. Du côté budgétaire, la persistance des déséquilibres ne laisse guère de possibilités de relance, mais les mouvements d'assainissement budgétaire ont laissé place à une politique budgétaire

Graphique 1. Soldes courants des principaux pays d'Europe centrale

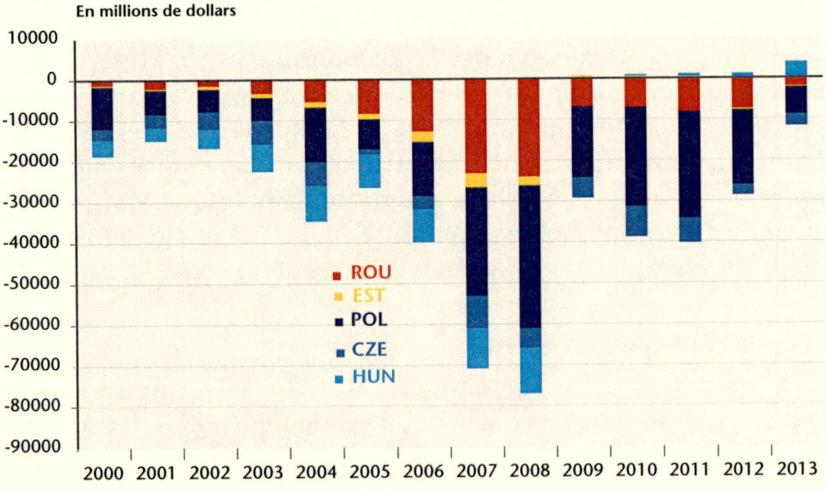

Source : Datastream.

neutre. Signe de l'assainissement de leurs économies, les pays d'Europe centrale ont échappé à la défiance qui semble gagner les autres zones émergentes, et leurs taux de change ont été peu perturbés par les mouvements de dépréciation observés en Amérique latine ou en Asie depuis la fin 2013.

À l'horizon de notre prévision, ces économies poursuivront leur reprise, tirées par une croissance un peu plus solide en zone euro. Le commerce extérieur continuera à tirer la reprise de l'investissement, et la demande intérieure redeviendra progressivement moteur de croissance au cours de l'année 2014. Les pays de la zone verront ainsi leur croissance renouer avec des rythmes proches de ceux d'avant-crise, à 2,2 % en 2014 et 2,8 % en 2015.

Graphique 2. PIB en volume

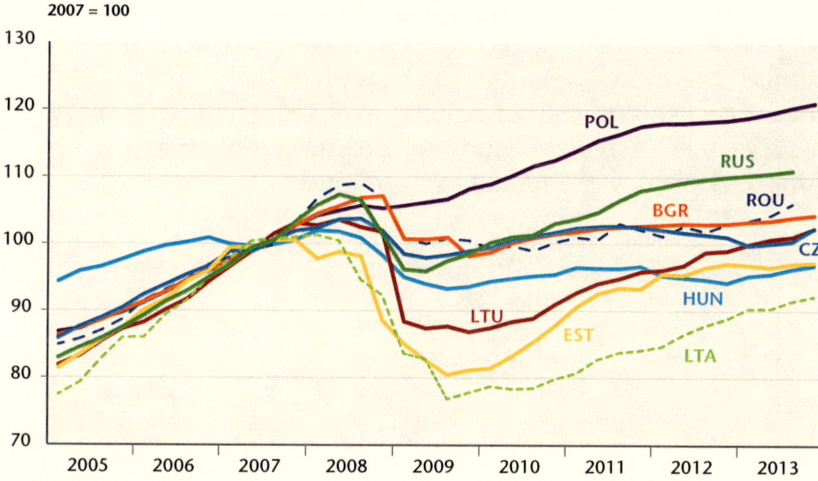

Sources : Sources nationales.

Europe orientale : jusqu'où ira la Russie ?

La situation en Ukraine, et par ricochet en Russie, est pour l'heure extrêmement incertaine. Les manifestations débutées en novembre ont conduit à la destitution du Président Ianoukovitch le 22 février 2014. Dans la foulée, la Crimée est rattachée à la Russie à la suite du référendum du 16 mars, mais l'indépendance de la Crimée n'est à ce jour reconnue que par la Russie.

Face à cette situation chaotique, de nombreuses questions se posent, qui peuvent avoir un impact majeur sur l'économie de la zone dans les années à venir. Au bord du défaut de paiement et vidée du soutien financier russe, de quelles options disposera l'Ukraine ? Et à quel prix pour un pays déjà en plein marasme économique ? Plus important pour l'équilibre économique mondial, jusqu'où les pays occidentaux pousseront-ils les sanctions financières à l'encontre de la Russie ? Avant même le déclenchement de la crise ukrainienne, l'économie russe commençait à donner des signes de fort ralentissement. Victime du syndrome hollandais, l'économie russe souffre de l'affaiblissement continu de sa compétitivité, qui conduit à l'effondrement de son secteur productif, avec un taux d'investissement productif en chute libre. Le dynamisme de l'économie et la balance commerciale ne sont plus soutenus que par les exportations de matières premières, qui alimentent la consommation privée. Et la chute vertigineuse des réserves de change au cœur de la crise (-36% en l'espace de 6 mois, au second semestre 2008, *cf.* graphique 3), montre la grande fragilité que masquent des indicateurs pour l'instant à l'équilibre, et la rapidité avec laquelle l'économie russe peut vaciller si ses exportations de matières premières étaient impactées par des représailles économiques.

Graphique 3. Russie : taux de change et réserves de change

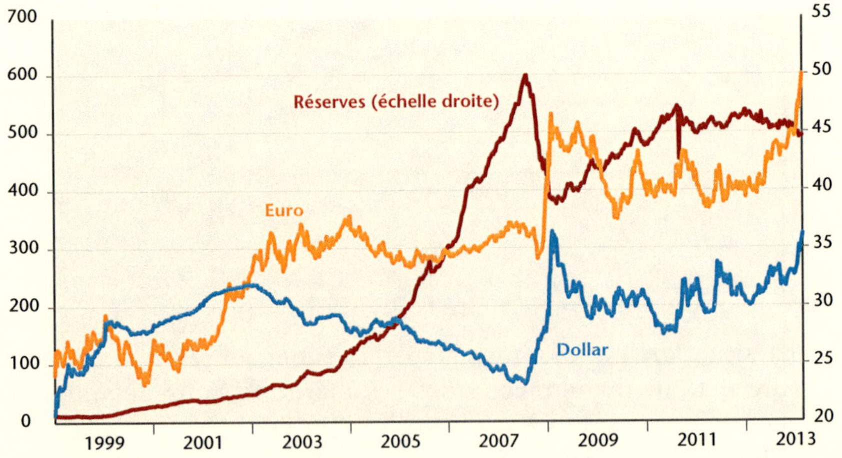

Source : Datastream.

Signe de cette fébrilité, le ministère de l'Économie russe a annoncé des fuites de capitaux estimées à 70 milliards de dollars sur le seul premier trimestre 2014, contre 50,7 milliards pour toute l'année 2013. Des voix s'élèvent donc pour alerter sur le risque de récession encouru par la Russie si ces sorties de capitaux venaient à s'amplifier. La Banque mondiale estime ainsi que le PIB russe pourrait se contracter de 1,8% en 2014 si la crise ukrainienne venait à s'aggraver.

Reste à savoir quelle sera l'ampleur de la réponse occidentale, car la Russie possède de solides arguments économiques dans ce conflit qui l'opposent aux autres pays développés. À commencer par la dépendance de l'Europe au gaz russe, qui représente aujourd'hui plus d'un quart des besoins en gaz de l'Union européenne (contre 22 % de la consommation finale d'énergie de l'UE, en incluant les autres sources d'énergie fossiles et les livraisons d'uranium enrichi). Et il apparaît d'autant plus difficile de contourner la Russie à court terme que les réserves de la mer du Nord s'amenuisent et que les États-Unis ne devraient pas être en mesure d'exporter du gaz de schiste avant 2016. En l'état actuel des choses, nous inscrivons un ralentissement net de la croissance russe, dû à la crise de confiance et l'instabilité financière qui pèseront encore sur le secteur productif russe. Dans la mesure où nous n'inscrivons pas de rupture des volumes d'exportation de matières premières, nous maintenons une croissance positive (0,9 % en 2014 et 2 % en 2015). Mais les risques qui pèsent sur l'économie russe sont clairement à la baisse : les risques de rupture d'exportation, l'instabilité financière et les pressions sur le rouble dans un contexte de déficit extérieur massif pourraient faire basculer le pays dans la récession si la situation géopolitique venait à se tendre encore.

Ex-bloc de l'Est : résumé des prévisions de croissance

Variations par rapport à la période précédente, en %

Croissance du PIB	Poids	2010	2011	2012	2013	2014	2015
Nouveaux pays de l'UE :	**34,4**	**2,0**	**3,2**	**0,8**	**1,4**	**2,4**	**2,8**
- Pologne	*13,8*	*3,9*	*4,5*	*1,9*	*1,6*	*2,7*	*3,2*
- République tchèque	*5,7*	*2,3*	*1,8*	*-0,9*	*-1,1*	*1,7*	*2,3*
- Hongrie	*4,9*	*1,3*	*1,6*	*-1,7*	*1,1*	*1,8*	*2,1*
- Pays baltes	*2,2*	*1,0*	*6,6*	*4,1*	*3,0*	*3,3*	*3,8*
Russie	**46,4**	**4,5**	**4,3**	**3,4**	**1,5**	**0,9**	**2,0**
Autres CEI [1]	17,9	6,0	5,9	2,6	2,4	0,0	3,8
Total	**100,0**	**3,8**	**4,1**	**2,3**	**1,6**	**1,2**	**2,6**

1. Communauté des États indépendants.
Sources : Comptes nationaux, calculs et prévision OFCE avril 2014.

ROYAUME-UNI : L'ÎLE MYSTÉRIEUSE

Catherine Mathieu
Département analyse et prévision

L'économie britannique est entrée dans une phase de reprise en 2013, la hausse du PIB accélérant de 0,2 % en glissement au quatrième trimestre 2012, à 2,7 % au quatrième trimestre 2013. En moyenne annuelle, le PIB a augmenté de 1,7 % en 2013 contre 0,3 % en 2012. Cette croissance intrigue de ce côté-ci de la Manche, en regard des performances de la zone euro (-0,4 % en 2013) ou de la France (0,3 %). L'accélération de la croissance britannique s'est accompagnée d'une baisse de 0,7 point du taux de chômage, de 7,9 % à la fin 2012 à 7,2 % à la fin 2013. L'inflation, mesurée selon l'indice des prix à la consommation harmonisé n'était plus que de 1,7 % en glissement sur un an en février 2014, contre 2,8 % un an plus tôt. La Banque d'Angleterre a poursuivi son soutien à l'activité en maintenant son taux directeur à 0,5 % et en laissant inchangées les mesures non conventionnelles. Le gouvernement garde le cap de la réduction de la dette et du déficit publics, ayant pour objectif de faire baisser le ratio de dette publique à partir de 2017-2018. En 2013, le déficit public au sens de Maastricht aurait été de 5,8 points de PIB, selon les comptes nationaux parus le 29 mars, et la dette publique aurait été de l'ordre de 91 points de PIB à la fin 2013. Les taux d'intérêt publics à long terme restent à des niveaux très faibles, même s'ils ont augmenté d'un point en 2013, parallèlement à l'amélioration de la croissance, pour atteindre 3 % en fin d'année, avant de redescendre à 2,7 % en mars. De fait, les taux britanniques sont depuis 2010 quasiment identiques à ceux des États-Unis, et supérieurs à ceux de l'Allemagne (1,6 % fin mars). Les indicateurs conjoncturels suggèrent la poursuite de la croissance au premier semestre 2014. À l'horizon 2015, la question est de savoir si l'investissement des entreprises prendra bien le relais de la consommation des ménages, qui a jusqu'à présent tiré la reprise, alors que l'on ne peut guère attendre de soutien du côté de la politique budgétaire ou des exportations.

Signaux conjoncturels : poursuite de la croissance

La croissance de l'économie britannique en 2013 semble certes flatteuse au regard de ce qui se passe dans le même temps dans la zone euro. Mais elle est du même ordre qu'aux États-Unis par exemple, et surtout il ne faut pas oublier que le PIB britannique n'avait pas encore rejoint son niveau d'avant crise à la fin 2013 (graphique 1). Entre le premier trimestre 2008 et le deuxième trimestre 2009, le PIB britannique avait baissé de 7 points, et le fait que cette perte n'ait pas été effacée quatre ans plus tard, constitue une sortie de crise particulièrement lente au regard des crises précédentes. Le 'rattrapage' en termes de PIB recouvre par ailleurs des évolutions sectorielles très disparates. Ainsi, considérons les services (78 % du total de la valeur ajoutée en 2010) où la valeur ajoutée a rejoint son niveau d'avant crise au deuxième trimestre 2013 : les services de la santé (7,5 % de la valeur ajoutée) ont « échappé » à l'austérité budgétaire, et ce sont ceux qui ont connu la plus forte hausse de valeur ajoutée depuis le début de crise : + de 15 points à la fin 2013 ; ils sont suivis des services immobiliers (10 % de la valeur ajoutée, et une hausse de plus de 10 points sur la période). Par contre, la valeur ajoutée dans les services financiers et d'assurance (9,5 % de la valeur ajoutée) ne fait que se stabiliser à la fin 2013, et est inférieure de 13 points à son niveau d'avant crise. Dans le bâtiment (6,3 % de la valeur ajoutée), la valeur ajoutée reste aussi très en deçà de son niveau d'avant crise, bien que l'activité soit repartie à la hausse depuis le début 2013.

Graphique 1. Évolution de la valeur ajoutée par secteur (en volume)

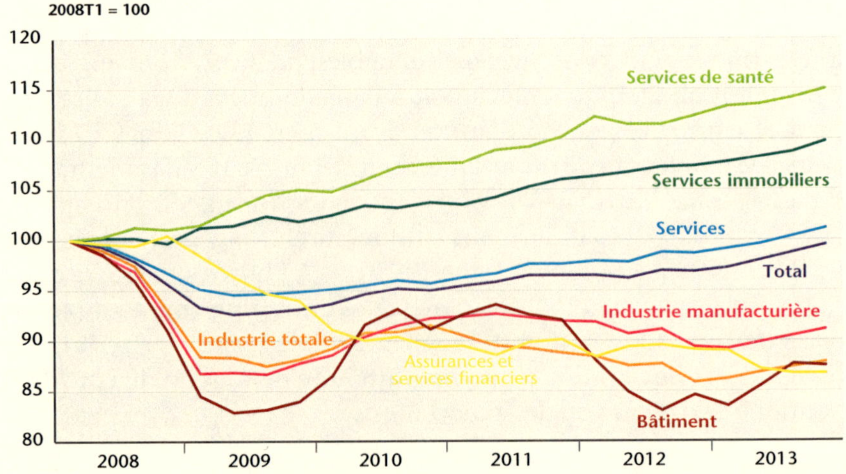

Source : ONS.

Dans l'industrie, la production a enfin recommencé à croître en 2013, mais la valeur ajoutée restait, à la fin 2013, 7 points inférieure à son niveau d'avant crise. Les enquêtes auprès des industriels continuent de signaler une hausse de la production au premier semestre 2014. Néanmoins, alors que les perspectives de production restent bien orientées, les opinions des industriels sur leurs carnets de commande, surtout à l'exportation, se tassent depuis le début de l'année. Du côté des ménages, la confiance continue de s'améliorer et les ventes de détail en volume sont en hausse 3 % en glissement sur un an en mars. Au total, les indicateurs conjoncturels disponibles à la fin mars suggèrent la poursuite de la croissance au premier semestre 2014 à des rythmes similaires ceux des trimestres précédents.

Politique économique : vraies mesures et écrans de fumée

À son arrivée au pouvoir en 2010, le gouvernement issu de la coalition des conservateurs et des libéraux a mis en place une politique budgétaire restrictive, laissant à la Banque d'Angleterre la tâche de faire redémarrer l'économie. Tandis que le gouvernement proclamait haut et fort que sa priorité était la réduction des déficits et de la dette publique, la Banque d'Angleterre déployait des moyens exceptionnels pour faire redémarrer la croissance.

Le Comité de politique monétaire de la Banque d'Angleterre avait abaissé très rapidement son taux de base à 0,5 % au début de la crise et l'a laissé inchangé depuis ; il a ensuite mis en place une politique non conventionnelle d'achats d'actifs (portant ceux-ci progressivement à 375 milliards de livres). Depuis août dernier, le CPM a pris en compte une nouvelle dimension du mandat de la Banque d'Angleterre : le taux directeur ne sera pas relevé et le montant des achats d'actifs ne sera pas réduit tant que le taux de chômage ne baissera pas en dessous de 7 %. Selon les prévisions de la Banque d'Angleterre de l'été 2013, ceci ne devait pas se produire d'ici 2015. En fait, la baisse du taux de chômage a été plus rapide, puisque l'on arrive déjà à un niveau proche de 7 % (7,2 % à la fin 2013). Mais l'inflation est en net ralentissement, à 1,7 % seulement en février contre 2,8 % il y a un an. L'inflation est d'ailleurs passée en dessous de la cible de la politique monétaire (2 %, dans une fourchette de +1/-1 %) et selon les prévisions de la Banque d'Angleterre restera proche de 2 % à l'horizon 2015. Le CPM annonce donc que le taux directeur restera à 0,5 % et que le montant des actifs détenus par la Banque centrale au titre de sa politique non conventionnelle resterait aussi inchangé à 375 milliards de livres, à l'horizon de la prévision.

Les taux d'intérêt publics à long terme restent à des niveaux très faibles, même s'ils ont augmenté d'un point en 2013, parallèlement à l'amélioration de la croissance, pour atteindre 3 % en fin d'année dernière, avant de redescendre à 2,7 % en mars. De fait, les taux britanniques sont depuis 2010 quasiment identiques à ceux des États-Unis, et supérieurs à ceux de l'Allemagne (1,6 % fin mars). Ces hausses de taux nominaux ont reflété une normalisation sur des marchés obligataires historiquement bas, ce qui est d'ailleurs vrai aussi en termes réels. La remontée parallèle des taux d'intérêt dans la période récente aux États-Unis et au Royaume-Uni s'est en produite alors que les perspectives de croissance sont plus fortes dans ces deux pays que dans la zone euro prise dans son ensemble. Le ralentissement de l'inflation et les perspectives de croissance modérée devraient maintenir les taux longs britanniques à des niveaux faibles à l'horizon 2015.

La politique budgétaire garde le cap de la réduction du déficit et de la dette publics. Selon le budget 2014, présenté le 20 mars dernier, la dette publique baisserait à partir de 2017, la réduction du déficit devant se faire principalement par la baisse des dépenses, qui serait marquée à partir de 2015. Le détail des mesures de baisses des dépenses n'est pas connu, et c'est dans ce sens que l'on peut se demander à quel point elles seront mises en place, ou constituent pour le moment un écran de fumée. 2015 sera d'ailleurs une année électorale, et le programme de baisse des dépenses actuellement annoncé à l'horizon des cinq prochaines années est donc susceptible d'être revu. Pour ce qui concerne notre horizon de prévision : la consommation des administrations publiques n'augmenterait que de 1,2 % en volume cette année (après 0,9 % en 2013) et baisserait de 0,5 % en 2015 ; l'investissement public progresserait de 10,7 % cette année en volume (mais ceci fait suite à une baisse de 6 % en 2013) et de 5 % l'an prochain. La santé et l'éducation sont exclues des plans de réduction des dépenses, qui portent notamment sur les prestations sociales. Comme cela était inscrit dans le budget 2013, à compter du premier avril 2013, à l'exception notable des prestations retraite, les prestations ne sont revalorisées que de 1 % par an pendant trois ans, soit bien moins que l'inflation. Ce changement de revalorisation permettrait une réduction des dépenses sociales d'environ 1,7 milliards en 2014-15 (0,1 point de PIB). Les prestations retraite sont revalorisées de 2,5 % par an.

La baisse du taux d'imposition des sociétés, annoncée dans les budgets précédents, portera le taux à 21 % en avril 2014 et 20 % en avril 2015 (soit des pertes de recettes de l'ordre de 800 millions par an). C'est un élément majeur de la stratégie de concurrence fiscale mise en place par le gouvernement britannique, qui souhaite amener le taux de l'IS au niveau le plus bas des pays du G20. Les cotisations employeurs sont allégées à partir d'avril 2014 (-1,2 milliard de livres, soit 0,08 point de PIB). Le budget 2014 annonce cependant une mesure en faveur des ménages, qui jouera en 2015-16 : le relèvement de l'abattement du seuil d'imposition sur les revenus, qui réduirait les recettes de 1,4 milliards de livres en 2015-16. Les mesures de lutte contre la fraude fiscale sont censées rapporter près de 300 millions de livres cette année et 1,3 milliard l'an prochain.

L'impulsion budgétaire serait de -0,9 point de PIB cette année et l'an prochain. Ceci, sous nos hypothèses de croissance, conduirait à un déficit public de 5,8 % du PIB en 2013, à 4,6 % cette année et 4 % l'an prochain.

Perspectives 2014-2015 : une reprise aux pieds d'argile

En 2013, la croissance a été portée par la consommation des ménages. Alors que le taux de chômage baissait, la hausse des salaires nominaux est restée faible, voisine de 1 % en rythme annuel et très inférieure à l'inflation (2,7 %). Mais les ménages ont soutenu leur consommation en abaissant leur taux d'épargne d'un point entre la fin 2012 et la fin 2013, pour l'amener à 5 points seulement. Cette baisse du taux d'épargne est à mettre en lien avec un effet richesse. En effet, le patrimoine net des ménages britanniques est resté historiquement élevé en dépit de la crise et représentait plus de 700 % du revenu annuel en 2013. Les prix de l'immobilier, qui avaient atteint des niveaux record avant la crise, ont peu baissé ensuite (graphique 2). Depuis le début 2013, ils recommencent à augmenter (soit une hausse de près de 10 % en douze mois au début de 2014). À cela s'ajoute la hausse des cours de bourse qui valorise le patrimoine financier des ménages. Par ailleurs, les ménages ont cessé de se désendetter au second semestre

2013. Leur endettement représente 136 % de leurs revenus annuels, contre 160 % au début de la crise. Nous avons fait l'hypothèse que les ménages continueraient de baisser leur taux d'épargne, de 5 % à la fin 2013 à 4 % à l'horizon 2015. Cette faiblesse du taux d'épargne et le niveau d'endettement élevé des ménages sont une première fragilité de la reprise.

Graphique 2. Évolution des prix des actifs

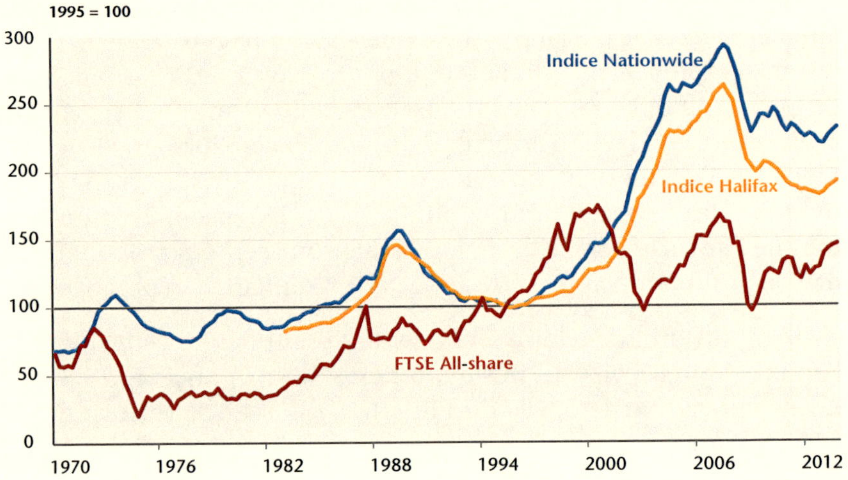

Source : marchés financiers, ONS.

La deuxième fragilité de la reprise britannique est l'investissement des entreprises. Jusqu'au deuxième trimestre 2013, le taux d'investissement des entreprises non financières était resté stable, au niveau particulièrement faible de 7 % du PIB (en volume comme en valeur). Dans la version des comptes nationaux parue le 27 mars dernier, apparaît une hausse de l'ordre de 2,5 % de la FBCF des entreprises au troisième comme au quatrième trimestre 2013. L'enquête trimestrielle sur les perspectives d'investissement dans l'industrie, parue en janvier 2014 signale aussi une hausse de l'investissement au cours des mois à venir. Le taux de marge (EBE/VA) des entreprises non financières a peu baissé pendant la crise et était d'environ 32 % de la valeur ajoutée en 2012. Etant donné les perspectives de demande à court terme et le faible niveau des taux d'intérêt, nous avons inscrit dans notre prévision une hausse du taux d'investissement à l'horizon de la fin 2015. Nous avons supposé que la productivité accélérait avec le retour de la croissance. Mais, à ce jour, ce qui est appelé outre-Manche l'énigme de la productivité demeure. Depuis le début 2008, les entreprises n'ont pas réduit leurs effectifs comme elles le faisaient habituellement lors des chutes de production. La croissance n'a pas été révisée à la hausse au fil des nouvelles versions des comptes nationaux et le cycle de productivité reste dégradé, d'environ 10 points, par rapport à une tendance de productivité de l'ordre de 2,2 % par an. L'ajustement s'est fait depuis 2008 non par les effectifs, mais par les salaires, ce qui est tout à fait inhabituel pour l'économie britannique.

La troisième fragilité de la croissance britannique est du côté des exportations. D'une part les exportateurs britanniques exportent principalement vers la zone euro, peu porteur en termes de demande, du fait des piètres performances en termes de croissance, surtout depuis le début de la crise ; d'autre part, le taux de change effectif de la livre s'est apprécié au cours des derniers mois, d'environ 5 % en termes effectifs réels (graphique 3). Au début de 2014, la moitié de la dépréciation de 2007 est effacée, or ce n'est qu'après cette dépréciation que les exportateurs britanniques avaient cessé de perdre des parts de marché. Nous avons supposé que le taux de change de la livre resterait grosso modo constant, en termes nominaux comme réels, d'ici la fin 2015, ce qui se traduirait une légère érosion des parts de marché à l'exportation. Le solde des échanges de marchandises resterait largement déficitaire (d'environ

Graphique 3. Évolution des taux de change de la livre sterling

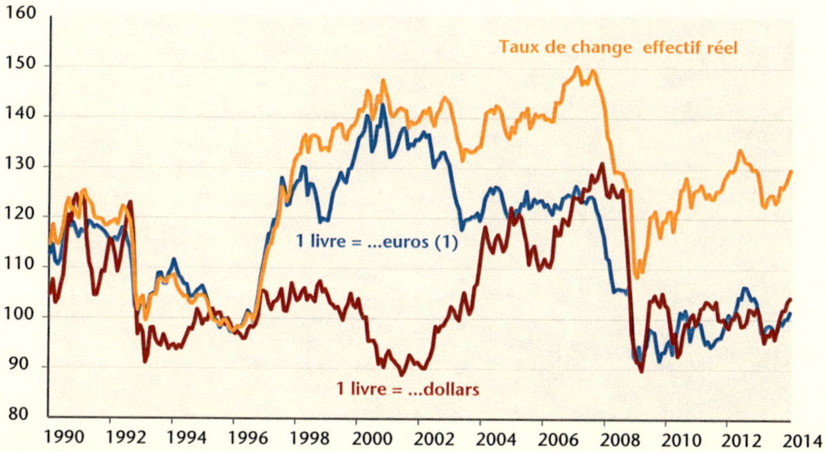

Source : Marchés financiers, FMI.

6 points de PIB), mais, en termes de solde extérieur, ceci resterait en partie compensé par la bonne tenue de l'excédent des services (environ 5 points de PIB).

La poursuite de la reprise britannique est donc fragile. Parmi les risques qui entourent notre prévision, la hausse récente des prix de l'immobilier est peut-être le plus important : une nouvelle bulle est-elle en formation ? L'endettement des ménages reste élevé et ceux-ci pourront-ils reprendre réamorcer un processus de désendettement tout en maintenant un rythme de consommation de l'ordre de 2 % cette année et l'an prochain ? Cela semble possible tant que les taux d'intérêt n'augmentent pas et que la désinflation se poursuit. L'absence de remontée des taux d'intérêt est aussi un élément clé de notre scénario d'augmentation de l'investissement des entreprises. Vu nos hypothèses d'environnement international, qui sont celles d'une croissance modérée chez les principaux partenaires commerciaux britanniques et du maintien de la livre à son niveau actuel, la croissance britannique serait de 2,7 % cette année et de 2 % l'an prochain.

Royaume-Uni : résumé des prévisions

Variations par rapport à la période précédente, en %

	2013				2014				2015				2012	2013	2014	2015
	T1	T2	T3	T4	T1	T2	T3	T4	T1	T2	T3	T4				
PIB	0,4	0,8	0,8	0,7	0,7	0,7	0,5	0,5	0,5	0,4	0,4	0,4	0,3	1,7	2,7	2,0
PIB par tête	0,2	0,6	0,7	0,5	0,5	0,5	0,4	0,3	0,3	0,2	0,2	0,2	-0,5	0,7	2,1	1,1
Consommation des ménages [1]	1,0	0,3	0,8	0,3	0,6	0,5	0,4	0,4	0,4	0,4	0,3	0,3	1,4	2,2	1,9	1,6
Consommation publique	-0,5	1,4	0,6	0,0	0,3	0,2	0,0	0,0	-0,1	-0,2	-0,3	-0,3	1,6	0,7	1,1	-0,4
FBCF totale [2] ***dont***	1,2	3,6	1,9	2,1	2,0	1,7	1,3	1,2	1,1	1,1	1,0	0,9	1,2	-0,7	7,8	4,6
Productive privée	3,3	0,4	2,3	2,8	2,2	2,0	1,4	1,4	1,3	1,3	1,4	1,4	4,6	-1,4	8,3	5,3
Logement	1,8	5,8	1,6	1,4	1,4	1,4	1,4	1,2	1,2	1,1	1,1	1,0	-3,6	4,6	6,9	4,8
Publique	-7,7	12,7	0,5	0,9	2,1	1,5	1,0	0,1	0,1	0,3	0,6	0,6	-2,4	-7,1	7,9	1,8
Exportations de biens et services	-1,0	2,5	-1,9	2,8	0,5	1,0	1,0	1,0	0,9	0,9	0,9	0,9	1,7	1,0	3,8	3,9
Importations de biens et services	-2,4	2,3	1,5	-0,4	0,9	0,8	0,7	0,7	0,7	0,7	0,7	0,7	3,4	0,5	3,1	3,0
Variations de stocks, en points de PIB	0,4	0,2	1,3	0,5	0,6	0,6	0,6	0,6	0,5	0,5	0,5	0,5	0,3	0,6	0,6	0,0
Contributions																
Demande intérieure hors stocks	0,6	1,0	0,9	0,5	0,7	0,6	0,5	0,4	0,4	0,4	0,3	0,3	1,4	1,5	2,6	1,6
Variations de stocks	-0,7	-0,2	1,1	-0,8	0,1	0,0	0,0	0,0	0,0	0,0	0,0	0,0	-0,2	0,3	0,0	0,0
Commerce extérieur	0,5	0,0	-1,1	1,0	-0,1	0,1	0,1	0,1	0,1	0,1	0,1	0,1	-0,5	0,2	0,2	0,3
Prix à la consommation [3]	2,8	2,7	2,8	2,1	1,9	1,9	1,9	1,8	1,8	1,8	1,8	1,8	2,8	2,6	1,9	1,8
Taux de chômage, au sens du BIT	7,8	7,8	7,6	7,2	7,1	7,0	6,8	6,7	6,6	6,5	6,5	6,4	7,9	7,6	6,9	6,6
Solde courant, en points de PIB	-3,2		-5,5		-4,3		-4,3		-4,0		-4,0		-3,8	-4,7	-4,3	-4,0
Solde public [4]**, en points de PIB**													-6,2	-5,8	-4,6	-4,0
Impulsion budgétaire													-1,0	-0,6	-0,9	-0,9
PIB zone euro	-0,2	0,3	0,1	0,3	0,4	0,4	0,4	0,4	0,4	0,4	0,4	0,4	-0,6	-0,4	1,3	1,6

1. Y compris ISBLSM. 2. Y compris acquisitions moins cessions d'objets de valeur. 3. Indice des prix à la consommation harmonisé (IPCH). Pour les trimestres, glissement annuel. Pour les années, moyenne annuelle. 4. Au sens de Maastricht, selon la comptabilisation de l'ONS. En 2012, la nationalisation du fonds de pension de Royal Mail réduit le déficit de 1,8 point de PIB. En 2013, la prise en compte de l'APF réduit le déficit de 0,4 point de PIB.

Sources : ONS (*Quarterly National Accounts, Q2 2013*, 27 mars 2014), prévision OFCE avril 2014.

ALLEMAGNE : À CONTRE-COURANT

Sabine Le Bayon
Département analyse et prévision

Malgré la reprise de la croissance au cours de l'année 2013, le PIB allemand n'a progressé que de 0,5 % en moyenne sur l'ensemble de l'année (contre -0,4 % dans la zone euro). L'acquis de croissance début 2013 était négatif (-0,3 point de pourcentage) et le mauvais premier trimestre a pesé sur la performance annuelle. Au second semestre, alors que la consommation des ménages a décéléré – et s'est même contractée en fin d'année – l'investissement tant en construction que productif et les exportations ont progressé plus vigoureusement. Nous inscrivons en prévision un rebond de la croissance, avec respectivement 1,8 % en 2014 et 1,7 % en 2015. D'une part, l'impulsion budgétaire sera légèrement positive (0,3 point en 2014, puis 0,1 point en 2015) et l'Allemagne pâtira moins de la restriction budgétaire de ses partenaires (avec un effet sur sa croissance de -0,5 point en 2014 puis -0,4 point en 2015). D'autre part, la bonne situation financière des agents et les conditions de financement particulièrement favorables amplifieraient le rebond de l'investissement (tant productif qu'en construction), attendu à cette phase du cycle.

L'Allemagne apparaît à contre-courant des autres pays, non seulement du point de vue de l'orientation de la politique budgétaire, mais aussi en termes d'évolution de la compétitivité. Alors que de nombreux gouvernements de la zone euro mettent en place des politiques pour stimuler la compétitivité (voir la fiche zone euro) et que le chômage de masse pèse sur les salaires, l'Allemagne est dans une logique opposée. Les augmentations salariales prévues sont proches de 3 % l'an et l'introduction d'un salaire minimum de 8,50 euros à partir de 2015 va aussi soutenir le pouvoir d'achat. Cependant, l'impact de ce dernier sera limité sur la compétitivité allemande à l'horizon de notre prévision. Non seulement des exceptions sont prévues et des dérogations sont possibles jusqu'en

2017, mais les entreprises peuvent aussi réduire leurs marges qui sont à des niveaux élevés.

Une accélération progressive de la croissance en 2013

Après une croissance nulle en début d'année 2013, la conjoncture a été plus favorable par la suite. À l'exception de la consommation privée, toutes les autres composantes de la demande ont accéléré. L'investissement en logement s'est redressé, après quelques trimestres de pause. À 5,3 % du PIB fin 2013, le taux d'investissement en logement est légèrement plus élevé que celui des grands pays de la zone euro, alors que c'était le plus faible en 2007. En effet, contrairement à la plupart des pays européens, il n'y a pas eu de boom immobilier en Allemagne durant la décennie 2000 et l'investissement est reparti dans ce secteur progressivement depuis la crise. Plusieurs raisons expliquent cette reprise : les prix immobiliers allemands sont longtemps restés contenus et les ménages ont une situation financière relativement bonne. De plus, face à une demande plus dynamique (alimentée par l'immigration et par la poursuite de la baisse de la taille des ménages), en particulier dans les grandes villes, les loyers ont commencé à progresser plus rapidement. De ce fait, les placements immobiliers apparaissent peu risqués et attractifs dans un contexte de taux d'intérêt bas. Désormais, les taux hypothécaires allemands sont parmi les plus faibles de la zone euro (2,9 % en janvier 2014, contre 3,4 % dans la zone euro). Face à la demande et malgré la reprise de la construction, les prix immobiliers ont augmenté depuis le milieu des années 2000, après des années de quasi-stabilité. Ils ont retrouvé en 2009 leur pic de 1994 et étaient en 2013 supérieurs de 20 % à ce niveau. Au contraire, après une forte croissance dans les années 2000 (+55 %), les prix ont baissé de 3 % dans la zone euro depuis lors. Les cycles immobiliers sont ainsi totalement déconnectés entre l'Allemagne et de nombreux pays de la zone euro (France, Grèce, Espagne, Pays-Bas, Irlande...)[1].

Après un bon début d'année (avec une croissance de 0,3 % au premier trimestre et de 0,6 % au deuxième trimestre), la consomma-

1. La Finlande, la Belgique et l'Autriche ont aussi connu récemment des progressions de leurs prix immobiliers.

tion des ménages a ensuite été décevante. La croissance des salaires horaires a été un peu moins dynamique que ne le laissaient présager les accords salariaux (respectivement 1,9 % et 2,4% au deuxième semestre 2013 sur un an) et moins de primes ont été distribuées dans l'industrie. Enfin, le taux d'épargne des ménages a légèrement augmenté, dans un contexte d'attentisme à la suite des élections législatives de septembre 2013 et des négociations qui ont suivi pour parvenir à un accord de coalition entre la droite et la gauche.

Le taux de chômage au sens du BIT a faiblement baissé, passant de 5,2 % début 2013 à 5 % en fin d'année. Par rapport à 2012, il y a eu dans le même temps moins de créations d'emplois (+0,6 % en 2013, après +1,1 %) mais aussi moins de croissance de la population active (0,4 % en 2013, après 0,6 % en 2012). Le taux d'activité a faiblement progressé (du fait des réformes des retraites) mais, malgré l'accroissement du solde migratoire[2], la croissance de la population en âge de travailler a ralenti, le recul de la population âgée de 15 à 24 ans s'étant accentué.

L'investissement productif a recommencé à progresser depuis le deuxième trimestre 2013, en lien avec des exportations plus dynamiques, notamment en provenance des pays de l'Union européenne. La reprise de l'investissement a été favorisée par un contexte financier particulièrement favorable. Les taux des crédits aux sociétés non-financières sont bas (1,8 % pour les prêts de plus d'un million d'euros et de moins d'un an, 2,9 % pour les prêts de moins d'un million et de moins d'un an). Ils sont même devenus durablement plus faibles en Allemagne que dans la zone euro depuis 2011, alors que c'était le contraire avant la crise (graphique). Ce mouvement récent reflète une transmission moins efficace de la politique monétaire dans les pays en crise qu'en Allemagne. L'encours des crédits aux entreprises s'est stabilisé fin 2013 en Allemagne alors qu'il continue de reculer dans la zone euro (-3,3 % sur un an en janvier 2014), traduisant tant des différences de conditions d'emprunt que de demandes de crédits.

---

2. Il s'est élevé à 519 000 personnes en 2013 (soit 0,6% de la population). C'est le solde le plus élevé depuis le début des années 1990. L'immigration est principalement alimentée par les pays européens. En effet, l'augmentation de la population étrangère s'est répartie comme suit : 55% en provenance des nouveaux pays membres de l'UE (majoritairement de la Pologne et de la Roumanie), 15% des pays du Sud de la zone euro (en premier lieu d'Italie), le reste provenant des pays hors Union européenne.

Graphique. Écart entre les taux allemands et les taux dans la zone euro des prêts aux entreprises

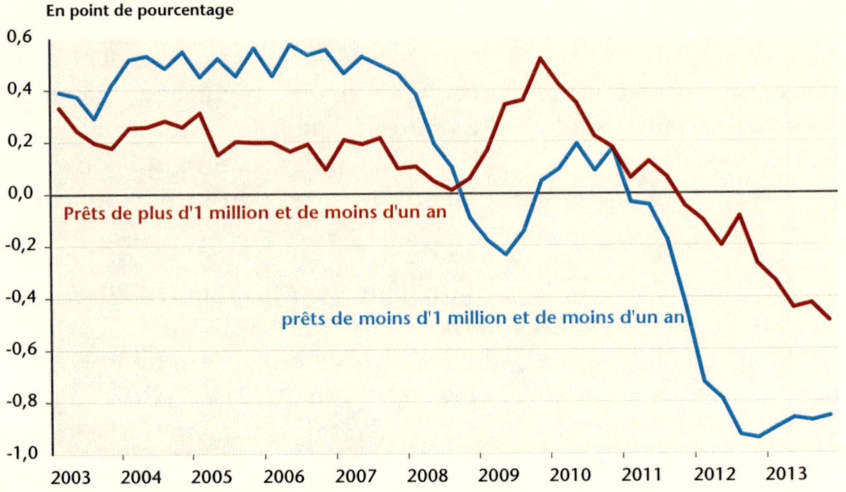

Sources : BCE, Bundesbank, Datastream.

Malgré la dégradation de la conjoncture, le solde budgétaire est resté proche de l'équilibre (-0,1 % du PIB en 2013, contre +0,1 % l'année précédente), bénéficiant de la baisse des taux d'intérêt publics : à 1,6 % début avril 2014, les taux à 10 ans sont certes un peu plus haut qu'en 2013 mais restent très avantageux. De ce fait, le taux d'intérêt apparent sur la dette publique est passé de 3 % en 2012 à 2,7 % en 2013. Les charges d'intérêt n'ont jamais été aussi faibles (2,2 % du PIB), malgré l'alourdissement de la dette pendant la crise. Cette dernière est repassée sous les 80% du PIB en 2013, mais reste environ 15 points au-dessus de son niveau de 2007.

2014 et 2015 : un impact limité du programme de coalition sur la croissance

Après deux mois de tractations intenses entre les partis de droite (CDU et CSU) et la gauche (SPD), le programme de coalition a finalement été signé le 27 novembre 2013. Au final, il n'y aurait pas de hausses d'impôts, selon le souhait de la droite. Une augmentation de 23 milliards d'euros des dépenses publiques est prévue sur la législature. La baisse de 0,6 point du taux de cotisations sociales à la retraite prévue pour 2014 a été annulée pour financer des dépenses supplémentaires de retraite : d'abord, les personnes âgées de 63 ans au moins qui ont cotisé plus de 45 ans pourront partir en retraite sans décote (ce qui était une requête du SPD) ; ensuite, la CDU a obtenu une revalorisation des retraites des mères de famille dont les enfants sont nés avant 1992 ; enfin, les faibles retraites seront revalorisées *via* la prise en compte des périodes de chômage, d'éducation des enfants ...

Des dépenses d'investissement en infrastructures de transport et pour l'accueil des jeunes enfants sont aussi prévues, ainsi que des dépenses d'éducation, de recherche et développement et pour les personnes dépendantes.

L'impulsion serait positive en 2014 (0,3 point) et en 2015 (0,1 point). Les dépenses d'investissement en infrastructures ne stimuleront la croissance que progressivement sur la législature. Seules les hausses des prestations sociales et de l'abattement personnel à l'impôt sur le revenu soutiendront dès 2014 le pouvoir d'achat des ménages. En 2015, l'impulsion sera moindre, en raison de la hausse de 0,3 point du taux de cotisations sociales pour la dépendance. Le solde public resterait proche de l'équilibre (-0,1 % en 2014, 0 % en 2015)[3] et la dette publique brute atteindrait 73 % du PIB en 2015, soit une baisse de près de 10 points par rapport au pic de 2010.

L'écart de production allemand faiblement négatif (-0,8% en 2013 selon l'OCDE) et la restriction budgétaire de ses partenaires auraient dû se traduire par une progression du PIB allemand en 2014 et en 2015 proche du rythme potentiel[4]. Nous anticipons une croissance un peu plus élevée pour plusieurs raisons. Tout d'abord, les conditions de financement très accommodantes tant pour les entreprises que pour les ménages dans un contexte où la situation financière des agents privés n'est pas dégradée favorisent les investissements. À l'horizon de notre prévision, les taux courts resteraient bas et malgré la légère remontée des taux longs allemands, en raison d'une réduction de l'écart entre les taux des pays en crise et ceux des autres pays de la zone euro, les conditions de financement resteraient favorables. Ce contexte va continuer d'alimenter le rattrapage de l'investissement dans le secteur de la

3. L'Allemagne respecterait d'ores et déjà l'objectif d'un solde structurel supérieur à -0,35 % du PIB qui entre en vigueur en 2016.
4. La croissance potentielle est estimée à 1,5 % en 2014 et 2015 par le gouvernement, avec une productivité tendancielle de 1% et une tendance de la population active de 0,5 %.

construction après plusieurs années d'atonie[5], alors qu'il va stagner ou baisser dans les autres grands pays de la zone euro.

Quant à l'introduction du salaire minimum, cheval de bataille de la gauche dans un pays où les salaires sont normalement négociés par les partenaires sociaux mais où la baisse du taux de couverture des conventions collectives a entraîné un accroissement de la part des bas salaires, elle sera progressive à partir du 1er janvier 2015. En effet, elle n'aura d'impact dès 2015 que pour les salariés non couverts par une convention collective. Pour les autres, soit le niveau de 8,50 euros s'applique déjà, soit il doit entrer en vigueur dans les prochains trimestres[6], soit il ne s'appliquera qu'en 2017 pour les conventions ne prévoyant pas d'atteindre ce niveau d'ici là. De plus, une inconnue concerne les exceptions à ce salaire minimum qui seront fixées dans le cadre du processus législatif avant l'été 2014. Enfin, l'application dépendra des contrôles effectués (notamment concernant les travailleurs détachés[7]). Le DIW a estimé que l'application d'un salaire minimum de 8,50 euros à tous les salariés actuellement rémunérés au-dessous de ce seuil impliquerait une augmentation de 3 % de la masse salariale globale[8] (2 % dans l'industrie, principalement dans l'industrie agro-alimentaire). Nous n'inscrivons qu'en partie cette hausse pour les raisons évoquées ci-dessus. De plus, une partie seulement de ces augmentations salariales se répercuterait sur l'inflation, les entreprises absorbant le reste, via une baisse de leurs marges. Cette déformation du partage de la valeur ajoutée en faveur des salariés conduirait à une consommation des ménages et des importations plus dynamiques (respectivement +1,6 % et +5,1 % en 2015). La dégradation de la compétitivité serait limitée, se traduisant par de faibles pertes

---

5. Les permis de construire pour le secteur résidentiel ont progressé de 11,7 % en 2013, après 5,9 % en 2012.
6. Par exemple, dans le secteur de la viande (et des abattoirs), les partenaires sociaux ont signé un accord en janvier 2014 prévoyant l'entrée en vigueur d'un salaire minimum de 7,75 euros au 1er juillet 2014. Le passage à 8,60 euros s'effectuera à partir d'octobre 2015. Pour les coiffeurs, le niveau de 8,50 euros sera atteint en août 2015. Dans l'intérim, le salaire minimum de 8,50 euros entrera en vigueur au 1er janvier 2014 dans les Länder de l'Ouest et en juin 2016 dans les Länder de l'Est.
7. Il s'agit des salariés détachés en Allemagne par des entreprises étrangères (souvent de pays d'Europe de l'Est). Le détachement des travailleurs est encadré par la directive européenne de 1996 mais de nombreuses infractions à la réglementation sur le marché du travail sont régulièrement dénoncées (en matière de salaires ou de conditions de travail).
8. Brenke K. et Müller K.-U., "Gesetzlicher Mindestlohn – Kein verteilungspolitisches Allheilmittel", *DIW Wochenbericht*, 39/2013.

de parts de marché à l'exportation. De plus, de nombreuses entreprises allemandes – notamment dans le secteur de l'automobile – produisent désormais directement dans les pays émergents (en particulier la Chine[9]), ce qui devrait freiner le rythme de croissance des exportations à l'avenir par rapport à sa tendance antérieure à la crise. Néanmoins, l'accélération de la demande adressée, conjuguée à celle de la consommation privée, stimulerait l'investissement productif. Tous les indicateurs de court terme sont d'ailleurs bien orientés : l'indice IFO du climat des affaires est très élevé, le taux d'utilisation des capacités de production dans l'industrie se rapproche progressivement de sa moyenne de long terme. La croissance des commandes manufacturières a continué d'accélérer (4,8 % sur un an fin 2013), en provenance tant des pays hors zone euro que de la zone euro.

Outre l'introduction du salaire minimum, les augmentations salariales vont continuer d'être dynamiques étant donné la situation très favorable sur le marché du travail et le taux d'épargne baisserait légèrement[10]. Néanmoins, les entreprises étant toujours dans une logique de redressement de leur productivité (ce qui limitera l'accroissement des coûts salariaux unitaires), il y aurait peu de créations d'emplois malgré l'accélération de la croissance et on observerait une quasi-stabilité du taux de chômage. L'inflation restera très faible en 2014 (1,1 % en moyenne), principalement du fait de la contribution négative de l'énergie (avec non seulement une baisse du prix du pétrole en dollars mais aussi une appréciation de l'euro). Elle accélèrerait progressivement en 2015 mais resterait sous le seuil des 2 %.

Dans ce contexte de demande intérieure dynamique et de dégradation de la compétitivité, l'excédent courant baisserait un peu. À 7,1 % du PIB en 2015, il resterait cependant supérieur aux normes définies dans le cadre de la procédure concernant les déséquilibres macroéconomiques au sein de l'Union européenne. Le 13 novembre dernier, la Commission européenne avait pour la première fois déclenché cette procédure à l'encontre de l'Allemagne, en raison d'un excédent courant supérieur à 6 % du PIB durant 3 ans : un rapport approfondi a été récemment publié, mais il n'a pas entraîné de recommandations dans le cadre du semestre européen.

---

9. Deutsche Bundesbank, « Reasons for the recent slump in German good exports to China », *Monthly Report*, November 2013.

10. Nous supposons que l'introduction du salaire minimum n'entraînera pas de ralentissement de la progression salariale des autres employés, étant donné les marges de manœuvre financières des entreprises.

Allemagne : résumé des prévisions

Variations par rapport à la période précédente, en %

	2013				2014				2015				2012	2013	2014	2015
	T1	T2	T3	T4	T1	T2	T3	T4	T1	T2	T3	T4				
PIB	0,0	0,7	0,3	0,4	0,5	0,5	0,4	0,4	0,4	0,4	0,4	0,4	0,9	0,5	1,8	1,7
PIB par tête	-0,1	0,7	0,3	0,3	0,4	0,5	0,3	0,3	0,4	0,4	0,4	0,4	0,7	0,3	1,6	1,4
Consommation des ménages	0,3	0,6	0,2	-0,1	0,3	0,3	0,3	0,3	0,4	0,4	0,4	0,4	0,7	1,0	0,9	1,6
Consommation publique	0,2	-0,4	1,2	0,0	0,4	0,4	0,4	0,4	0,4	0,4	0,4	0,4	1,0	0,7	1,5	1,6
FBCF totale *dont*	-1,4	1,2	1,2	1,4	1,0	1,0	1,1	1,2	1,2	1,2	1,2	1,2	-1,4	-0,6	4,6	4,7
Productive privée	-1,9	0,2	0,6	1,6	1,1	1,2	1,4	1,6	1,6	1,6	1,6	1,6	-2,6	-1,6	4,7	6,3
Logement	-0,2	0,7	2,8	1,0	0,9	0,9	0,9	0,9	0,9	0,9	0,9	0,9	1,9	0,9	4,6	3,5
Publique	-9,1	16,1	1,1	3,1	1,4	1,4	1,4	1,4	1,4	1,4	1,4	1,4	-7,1	2,0	10,3	5,7
Exportations de biens et services	-1,0	2,4	0,2	2,6	0,8	0,9	0,9	0,9	0,9	0,9	0,9	0,9	3,8	1,0	4,8	3,6
Importations de biens et services	-0,5	1,9	0,8	0,6	1,1	1,1	1,1	1,2	1,3	1,3	1,3	1,3	1,8	1,0	4,2	5,1
Variations de stocks, en points de PIB	0,1	-0,1	-0,1	-1,0	-0,8	-0,6	-0,6	-0,6	-0,6	-0,6	-0,6	-0,6	-0,1	-0,3	-0,6	-0,6
Contributions																
Demande intérieure hors stocks	-0,1	0,5	0,6	0,2	0,4	0,4	0,4	0,5	0,5	0,5	0,5	0,5	0,3	0,6	1,6	2,0
Variations de stocks	0,3	-0,2	0,0	-0,9	0,2	0,2	0,0	0,0	0,0	0,0	0,0	0,0	-0,6	-0,1	-0,4	0,0
Commerce extérieur	-0,3	0,4	-0,3	1,1	-0,1	0,0	0,0	-0,1	-0,1	-0,1	-0,1	-0,1	1,1	0,0	0,6	-0,4
Prix à la consommation (IPCH)*	1,8	1,5	1,7	1,3	1,1	1,1	1,0	1,2	1,3	1,5	1,6	1,8	2,1	1,6	1,1	1,6
Taux de chômage, au sens du BIT	5,2	5,2	5,1	5,0	5,0	5,0	4,9	4,9	4,9	4,9	4,9	4,9	5,3	5,1	5,0	4,9
Solde courant, en points de PIB													7,4	7,5	7,5	7,1
Solde public, en points de PIB													0,1	-0,1	-0,1	0,0
Impulsion budgétaire													-1,0	0,0	0,3	0,1
PIB zone euro	-0,2	0,3	0,1	0,3	0,4	0,4	0,4	0,4	0,4	0,4	0,4	0,4	-0,6	-0,4	1,3	1,6

* Pour les trimestres, glissement annuel. Pour les années, moyenne annuelle.

Sources : Bundesbank, Statistisches Bundesamt, prévision OFCE avril 2014.

ITALIE : UNE LUEUR AU BOUT DU TUNNEL ?

Céline Antonin
Département analyse et prévision

Après neuf trimestres consécutifs de baisse du PIB, le dernier trimestre de 2013 apporte une lueur d'espoir à l'Italie. Le pays, qui a réussi à ramener son déficit budgétaire à 3 % du PIB en 2012, s'était en effet astreint à une purge budgétaire au prix d'une forte récession. La crise et l'austérité ont laissé des stigmates préoccupantes, parmi lesquelles la destruction de capacités de production, la montée de l'endettement public et privé, et la fragilisation des banques avec la montée des créances douteuses. À cela s'ajoute l'instabilité politique qui s'est intensifiée, et qui a conduit au départ précipité d'Enrico Letta et à l'investiture de Matteo Renzi (du Parti démocrate) le 24 février 2014.

Avec un acquis de croissance de -0,1 %, l'Italie devrait connaître une légère embellie en 2014, portée par des mesures budgétaires de soutien aux entreprises et, dans une moindre mesure, aux ménages. La reprise de l'investissement et du commerce extérieur devrait permettre à l'Italie d'afficher une croissance de 0,7 % en 2014.

En 2015, la croissance serait plus équilibrée, portée à la fois par la demande interne et par la demande externe. La stabilisation du taux d'épargne, les meilleures perspectives du marché de l'emploi, et les baisses d'impôt pour les ménages et les entreprises annoncées par le gouvernement Renzi devraient soutenir la consommation privée, et les mesures favorables aux entreprises devraient se poursuivre, favorisant l'investissement. En revanche, le point délicat reste la question de l'ajustement budgétaire. Même s'il nous semble improbable que l'Italie excède le déficit de 3 %, le chemin vers l'équilibre budgétaire serait beaucoup plus lent que prévu, et le déficit atteindrait 2,6 % fin 2015. L'Italie étant en situation d'excédent primaire (+2,3 % du PIB en 2013), cela peut inciter la

Commission à se montrer plus flexible au moment de la renégociation des engagements de déficit en mai 2014. Cependant, si Matteo Renzi confirme ses engagements de rembourser dès 2014 les 60 milliards d'arriérés de paiement aux entreprises, la dette publique progresserait fortement, atteignant 136,5 %. Si cela devait se traduire par une hausse des taux sur la dette italienne, cela réduirait drastiquement les marges de manœuvre pour 2015, risquant d'entraîner à nouveau le pays sur la voie de l'austérité.

Après l'austérité, la relance ?

En 2013, l'impulsion budgétaire a été de -0,4 % de PIB, plus faible que prévu. En effet, la hausse de la fiscalité (augmentation de la TVA, des droits d'accise, de la fiscalité sur les auto-entrepreneurs) a été compensée par les mesures exceptionnelles, décidées par les décrets-lois d'avril et août 2013 (n°35/2013 et 102/2013), qui adoptent une provision urgente permettant d'injecter des liquidités dans le système financier en autorisant les paiements des dettes contractées par l'administration publique vis-à-vis des entreprises, pour un montant total de 22,4 milliards d'euros (1,5 point de PIB). Le déficit ne s'est pas réduit, et atteint toujours 3 % du PIB fin 2013.

Pour l'année 2014, la loi de stabilité prévoit 0,7 point de PIB de dépenses supplémentaires, intégralement financées, ce qui aurait dû conduire à une impulsion budgétaire neutre. Mais l'annonce-surprise de Matteo Renzi d'une baisse d'impôts d'un montant de 10 milliards d'euros, votée d'ici mai 2014, modifie la donne. Sur ces 10 milliards, 7 milliards seraient « indolores », provenant de la baisse des taux d'intérêt sur la dette (qui devraient passer de 5,3 à 5,1 % du PIB) : au total, l'impulsion budgétaire serait positive en 2014, de 0,4 point de PIB. Dans la Loi de finances, l'essentiel des mesures porte sur les entreprises, avec le nouveau versement des arriérés de paiement de l'administration d'un montant de 19,7 milliards d'euros[1], auquel s'ajoute plusieurs mesures de baisse du coût du travail, pour un montant estimé à 1,2 milliard d'euros.

1. D'après les chiffrages du ministère de l'Economie et des finances italien, le paiement de ces 19,7 milliards d'euros en 2014, auquel s'ajoute les 22 milliards d'arriérés payés en 2013 entraîneraient un supplément de croissance de 0,2 point en 2013, de 0,7 point en 2014 et 0,3 point en 2015.

Ainsi, le budget prévoit d'allouer un milliard d'euros aux entreprises pour réduire leurs cotisations d'assurance contre les accidents du travail et les maladies professionnelles. Pour favoriser l'emploi stable, la loi prévoit également de rembourser la contribution additionnelle de 1,4 % payée par les entreprises à l'ASPI[2] (assurance chômage) dans le cas d'une transformation d'un CDD en CDI. Le budget 2014 s'attaque également au financement des entreprises : les entreprises qui se finançaient par capitaux propres, fiscalement désavantagées par rapport aux entreprises se finançant par l'endettement, voient leurs taux de déduction des sommes autofinancées progressivement augmenter jusqu'en 2016. Le fonds de garantie pour les PME est refinancé à hauteur de 1,8 milliard d'euros, ce qui lui permettrait de lever environ 27 milliards de ressources dans les trois prochaines années. Certaines mesures portent sur le revenu des ménages, notamment la baisse de l'impôt sur le revenu par le biais des déductions fiscales, pour les salariés ayant un revenu annuel inférieur à 55 000 euros. En contrepartie, pour la période 2014-2016, la contribution exceptionnelle de 3 % sur les revenus supérieurs à 300 000 euros est prorogée. Le budget 2014 prévoit également plusieurs mesures de lutte contre la pauvreté et la précarité, notamment avec le refinancement de la Caisse d'indemnisation du chômage partiel (CIG), et la prise en compte du cas des esodati[3]. Par ailleurs, la baisse des dépenses publiques se poursuit, avec la réforme des retraites et la désindexation des pensions.

À ces mesures votées, il faut ajouter les 10 milliards de nouvelles mesures annoncées, qui incluent une baisse d'impôt pour les salaires inférieurs à 25 000 euros mensuels nets, une baisse de 10 % de la taxe professionnelle (IRAP) pour les PME, et un versement dans l'année de tous les arriérés de paiement restants, soit 50 milliards d'euros[4].

---

2. Depuis 2011, pour favoriser les contrats à durée indéterminée, les contrats à durée déterminée supportent un taux de cotisation sociale à l'ASPI de 2,7 % contre 1,3 % pour les contrats à durée indéterminée.
3. Les *esodati* sont les retraités qui avaient consenti à partir en retraite anticipée en échange de versements forfaitaires ou du maintien de leur salaire jusqu'à la date de leur retraite. Avec le relèvement de l'âge de la retraite, cet accord laisse aux *esodati* la perspective d'une longue période sans salaire ni pension.
4. Fin 2011, la Banque centrale d'Italie estimait à 90 milliards d'euros (soit 5,8 % du PIB) le montant des dettes commerciales dues aux entreprises par l'ensemble des administrations publiques.

En 2015, l'impulsion budgétaire devrait être neutre, le retour de la croissance faisant mécaniquement baisser le déficit budgétaire (qui atteindrait 2,6 % en fin d'année), même si le rythme de réduction du déficit structurel est inférieur aux objectifs fixés par la Commission européenne. En raison des arriérés de paiement de l'administration, que le gouvernement Renzi a promis de rembourser intégralement en 2014, la dette culminera en 2014 à 136,5 % du PIB avant de décroître à partir de 2015.

2014 : une reprise par l'investissement et le commerce extérieur

Sur l'ensemble de l'année 2013, seul le commerce extérieur a contribué positivement à la croissance grâce à la baisse des importations (graphique 1). Au quatrième trimestre 2013, néanmoins, l'investissement des entreprises a rebondi avec une hausse trimestrielle de la FBCF de 0,9 % en volume. En 2014, nous poursuivons la dynamique de l'investissement productif ; le commerce extérieur devrait également contribuer positivement à la croissance et la balance commerciale continuerait de s'améliorer, les exportations bénéficiant d'une amélioration de la conjoncture en zone euro, et les importations restant contenues. En 2015, la consommation des ménages devrait progresser, de même que les importations, et la demande intérieure devrait prendre le relais de la demande extérieure pour soutenir la croissance.

Graphique 1. Commerce en valeur avec le reste du monde

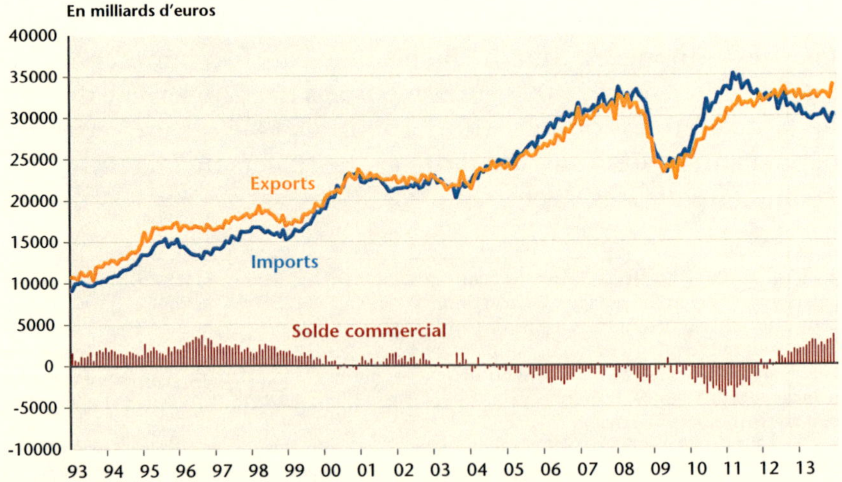

Source : Istat.

Du côté des entreprises, la situation s'est légèrement améliorée au cours du second semestre 2013. L'indice de la production industrielle se redresse lentement. Le taux d'utilisation des capacités atteint 72,3 % au dernier trimestre 2013, soit une amélioration de 5 points par rapport au premier trimestre. Le climat des affaires s'est amélioré dans les secteurs manufacturier et des biens de consommation, retrouvant ses niveaux de juillet-août 2011 avant la crise des dettes souveraines. Les enquêtes de la Commission européenne montrent une hausse des capacités de production et des nouvelles commandes au premier trimestre 2014. De même, les enquêtes Istat sur les perspectives d'exportation et de commandes à trois mois se sont améliorées depuis le début de l'année, même si l'on observe une stabilisation depuis l'été. Le versement de 22,4 milliards d'euros d'arriérés de paiement aux entreprises, intervenue au deuxième semestre 2013, a permis un léger redressement des marges, qui avaient atteint leur plus bas niveau en 2012. Le budget 2014 prévoit le versement de 19,7 milliards d'euros supplémentaires. Cela devrait permettre de freiner la hausse de l'encours des créances litigieuses qui progresse rapidement (graphique 2), et une reconstitution des marges parallèlement à la reprise de l'investissement productif en 2014.

Graphique 2. Encours de créances litigieuses du secteur privé non financier

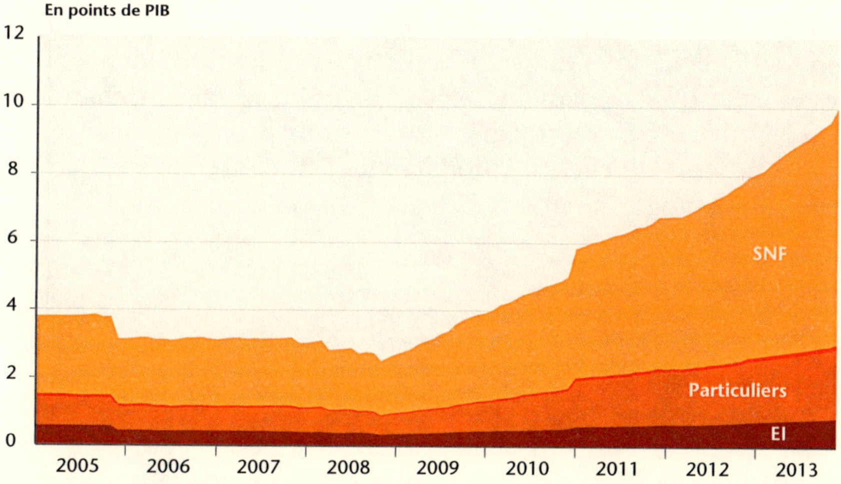

Sources : Banque d'Italie, calculs de l'auteur.

Au troisième trimestre 2013, on constate une baisse des plaintes pour non-paiement de 6 % par rapport au deuxième trimestre 2012, dans tous les secteurs, à l'exception du tertiaire. On note également une amélioration sur les retards de paiement : 31,7 % des factures échues n'ont pas été honorées au troisième trimestre, soit une amélioration d'un point par rapport au troisième trimestre 2012. Les défauts de paiement se sont réduits, et la liquidation des factures a été plus rapide. En moyenne, les entreprises honorent leurs paiements en 77,7 jours (avec une moyenne de 17,7 jours de retard), au lieu de 81,2 jours au troisième trimestre 2012 (avec une moyenne de 21,1 jours de retard). Les retards de paiement de plus de 60 jours ont baissé dans toutes les entreprises (petites, moyennes et grandes).

Pourtant, la situation est encore préoccupante. 111 000 entreprises ont fait faillite en 2013. Le total des faillites et liquidations est en hausse de 7,3 % par rapport à 2012, et touche particulièrement la filière industrielle.

L'emploi total a stagné au troisième trimestre 2013, l'amélioration dans le secteur de la construction et dans l'industrie étant compensée par les pertes dans les services marchands. En glissement annuel, la situation de l'emploi reste dégradée avec une baisse de 1,3 % au troisième trimestre 2013. Les marges, qui ont été durement rognées pendant la crise, sont à un niveau historiquement bas en Italie. La productivité s'est améliorée dans l'industrie en 2013, l'emploi industriel ayant baissé plus fortement que la valeur ajoutée. Pour autant, le cycle de productivité marchande est encore dégradé. À l'horizon de 2015, nous prévoyons une fermeture très lente du cycle de productivité : en conséquence, l'emploi marchand progresserait de 0,5 % en 2014 et de 0,8 % en 2015.

Consommation : une reprise poussive

Du côté des ménages, la montée du chômage, la baisse du revenu disponible brut liée à la hausse de la fiscalité, ainsi que le rationnement du crédit n'ont pas permis une reprise par la consommation. En 2013, le revenu disponible brut réel a baissé pour la sixième année consécutive : combiné à une remontée du taux d'épargne (passé de 11,9 % à 12,8 % du RDB entre le troisième trimestre 2012 et le troisième trimestre 2013), il n'a pas permis de soutenir la consommation privée. Le taux de chômage a continué sa progression, atteignant un point haut à 12,9 % de la population active en janvier 2014, mais sans avoir d'influence sur les salaires, avec une progression des salaires bruts nominaux par tête de 0,5 % dans l'économie totale et de 2,9 % dans l'industrie au troisième trimestre (glissement annuel)[5]. En conséquence, notamment dans l'industrie (graphique 3), les coûts salariaux par tête ont progressé plus rapidement que la productivité depuis 2007 (sauf en 2010), entraînant une hausse des coûts salariaux unitaires, et dégradant la compétitivité du pays par rapport aux principaux concurrents d'Europe du Sud, qui mènent une politique axée sur la modération salariale.

Graphique 3. Évolution nominale des coûts salariaux par tête, des coûts salariaux unitaires et de la productivité dans l'industrie, 1993-2012

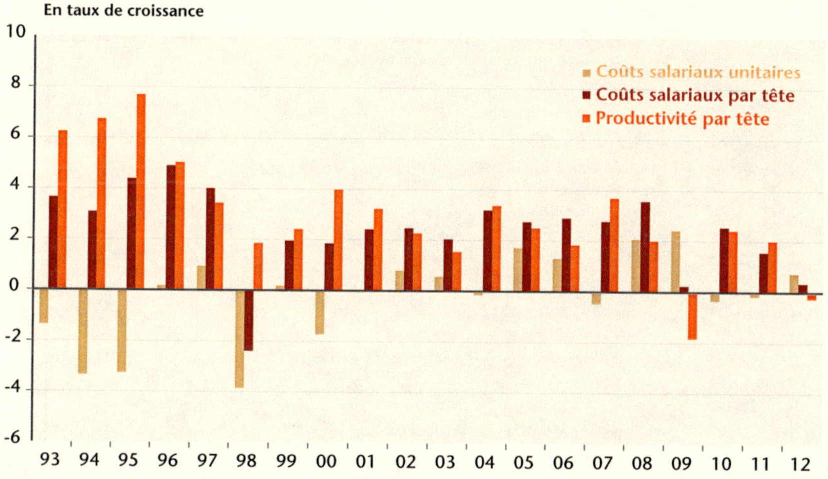

Sources : Istat, calculs de l'auteur.

En outre, l'inflation a fortement ralenti au deuxième trimestre 2013, sous l'effet de la baisse des prix de l'énergie et de l'alimentation.

En 2014, nous anticipons une hausse du revenu disponible des ménages (+0,4 %). Les mesures d'allègement de la fiscalité pour les revenus les plus faibles devraient soutenir le revenu des ménages,

5. Cette absence de causalité entre salaires et chômage est un fait saillant en Italie. Il peut s'expliquer par la dualité marquée du marché du travail, partagé entre d'un côté des salariés protégés (emplois permanents) et de l'autre des contrats temporaires et atypiques, dont le nombre a considérablement augmenté depuis le début des années 2000.

même si l'effet sera atténué par la lente remontée du taux d'épargne des ménages, l'augmentation de la fiscalité locale, avec l'introduction de la nouvelle taxe « Service tax », et des prestations sociales (santé, vieillesse) et la stagnation du chômage en 2014. En conséquence, la consommation contribuerait positivement à la croissance en 2014. Pour 2015, avec la baisse du chômage, nous anticipons une progression encore plus rapide de la consommation.

Les conditions de crédit ont retrouvé leur niveau d'avant-crise: l'apaisement des tensions en zone euro et la poursuite de la politique accommodante de la BCE ont entraîné la baisse des taux d'intérêt sur les nouveaux crédits bancaires, pour les ménages et les entreprises (graphique 4). Malgré ces conditions plus favorables, le montant des nouveaux crédits accordés aux ménages et aux entreprises est encore à des niveaux historiquement faibles fin 2013, même si l'on note une amélioration du côté des crédits à la consommation.

Graphique 4. Taux d'intérêt sur les nouveaux crédits aux entreprises et aux ménages, janvier 2005-janvier 2014

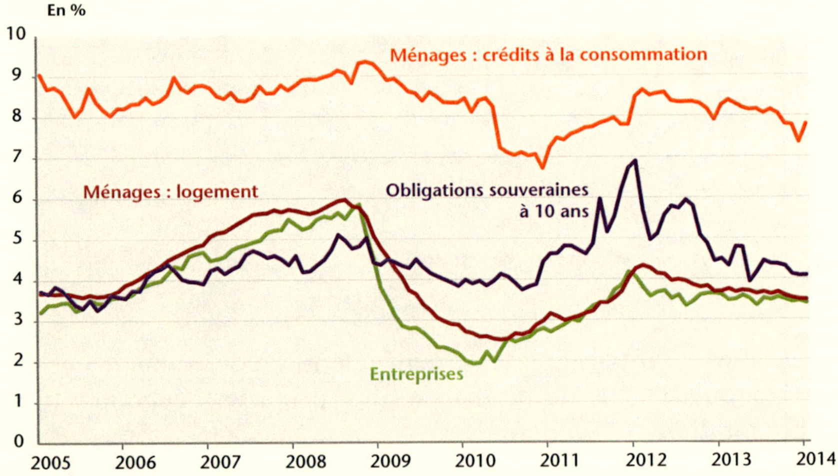

Sources : Banque d'Italie, Datastream.

Le chômage a continué sa progression, atteignant 12,9 % en janvier 2014. La récession se conjugue avec une stagnation de la population active, en partie liée à la réforme des retraites. À ces chômeurs « déclarés » s'ajoutent les salariés encore indemnisés au titre du chômage partiel (via la Cassa Integrazione Guadagni). Le gouvernement Renzi mise sur une flexibilisation accrue du marché du travail, en autorisant par exemple les entreprises à embaucher jusqu'à 20 % de leur masse salariale sur les contrats temporaires, dans la limite de trois ans (contre 12 mois auparavant). Nous anticipons une baisse de la population active en 2014 et une stagnation en 2015. Le taux de chômage devrait stagner en 2014, puis amorcer une lente décrue pour atteindre 12,4 % fin 2015.

Italie : résumé des prévisions

Variations par rapport à la période précédente, en %

	2013				2014				2015							
	T1	T2	T3	T4	T1	T2	T3	T4	T1	T2	T3	T4	2012	2013	2014	2015
PIB	-0,6	-0,3	-0,1	0,1	0,3	0,3	0,3	0,3	0,3	0,3	0,2	0,2	-2,4	-1,8	0,7	1,0
Consommation des ménages	-0,6	-0,6	-0,2	-0,1	0,0	0,1	0,2	0,2	0,2	0,2	0,1	0,1	-4,0	-2,6	-0,1	0,6
Consommation publique	0,0	-0,1	-0,2	0,2	-0,1	-0,1	0,0	0,0	-0,1	-0,1	-0,1	-0,1	-2,6	-0,8	-0,1	-0,3
FBCF totale *dont*	-2,8	0,1	-0,6	0,9	0,6	0,7	0,8	0,8	0,6	0,6	0,5	0,5	-8,1	-4,6	2,1	2,6
productive	-0,9	1,0	-1,2	1,2	1,1	1,1	1,2	1,2	1,0	1,0	0,9	0,9	-13,7	-4,1	4,3	5,5
logement + bâtiment	-1,7	-0,9	0,0	0,2	0,1	0,1	0,2	0,2	0,2	0,2	0,2	0,2	-3,5	-2,7	0,2	0,6
construction totale	-1,8	-0,9	0,0	0,2	0,1	0,2	0,3	0,3	0,2	0,2	0,1	0,1	-5,4	-6,3	0,6	1,2
Exportations de B&S	-1,3	0,6	0,5	1,2	0,5	0,5	0,5	0,5	0,6	0,6	0,7	0,7	2,0	0,0	2,6	2,3
Importations de B&S	-1,0	-0,2	0,9	0,2	0,3	0,3	0,3	0,4	0,5	0,5	0,6	0,6	-7,1	-2,9	1,3	1,9
Variations de stocks, en points de PIB	-0,2	-0,4	-0,2	-0,6	-0,5	-0,4	-0,4	-0,4	-0,4	-0,4	-0,4	-0,4	-0,2	-0,4	-0,4	-0,4
Contributions à la croissance																
Demande intérieure hors stocks	-0,9	-0,3	-0,2	0,1	0,1	0,2	0,2	0,2	0,2	0,2	0,1	0,1	-4,5	-2,5	0,3	0,8
Variations de stocks	0,4	-0,2	0,2	-0,4	0,1	0,1	0,0	0,0	0,0	0,0	0,0	0,0	-0,7	-0,1	-0,1	0,0
Commerce extérieur	-0,2	0,2	-0,1	0,3	0,1	0,1	0,1	0,0	0,1	0,1	0,0	0,0	2,8	0,8	0,5	0,2
Prix à la consommation[1]	2,1	1,3	1,1	0,7	0,7	0,9	1,0	1,2	1,0	1,0	1,1	1,2	3,3	1,3	1,0	1,1
Chômage	11,9	12,1	12,3	12,7	12,9	12,9	12,9	12,8	12,7	12,6	12,5	12,4	10,7	12,3	12,9	12,6
solde courant, en points de PIB													-0,4	0,5	1,0	1,2
Solde budgétaire, en point de PIB													-3,0	-3,0	-3,0	-2,6
Impulsion budgétaire													-0,6	-0,4	0,4	0,0
Dette publique brute, en point de PIB													127,0	132,7	136,5	135,4
PIB zone euro	-0,2	0,3	0,1	0,3	0,4	0,4	0,4	0,4	0,4	0,4	0,4	0,4	-0,6	-0,4	1,3	1,6

1. Pour les trimestres, glissement annuel. Pour les années, moyenne annuelle.

Sources : ISTAT, calculs de l'auteur, prévision OFCE avril 2014.

ESPAGNE : TIMIDE PERCÉE

Danielle Schweisguth
Département analyse et prévision

La timide reprise annoncée lors de notre dernière prévision se concrétise. La situation est encore très fragile mais de nombreux indicateurs confirment que le pire est passé et l'économie espagnole commence à remonter la pente. La route sera longue et semée d'embûches avant d'espérer refermer l'écart de production et réduire significativement le chômage. Mais les ingrédients de la reprise sont présents. La confiance des marchés financiers est de retour, comme l'attestent la baisse des taux d'intérêt souverains et le relèvement de la note de l'Espagne par Moody's le 22 février. Les exportations restent dynamiques et la consommation des ménages donne des signes de reprise. L'emploi a progressé au dernier trimestre 2013 et les salaires nominaux ont cessé de baisser. Les taux de marge se maintiennent à des niveaux élevés, permettant un redémarrage de l'investissement productif alors que le désendettement privé se poursuit. La situation budgétaire reste cependant très préoccupante, avec un solde public qui s'est établi à -7,1 % en 2013 (-6,6 % hors aides au secteur bancaire), appelant à de nouvelles mesures de rigueur à court ou moyen terme.

Ainsi, après une timide hausse du PIB de 0,1 % au troisième trimestre 2014 et 0,2 % au quatrième, le rythme de croissance trimestriel atteindrait 0,4 à 0,5 % en 2014 et 2015. La croissance annuelle s'élèverait alors à 1,2 % en 2014 et 2 % en 2015, après 5 années de récession.

Un *policy-mix* plus accommodant à condition d'éviter la déflation

Le changement principal depuis notre dernière prévision concerne les conditions monétaires et budgétaires de l'Espagne. La forte baisse des taux souverains redonne de l'air au gouvernement

Rajoy et rend crédible la soutenabilité de la dette. Le taux à 10 ans est descendu en mars à 3,3 % : son plus bas niveau depuis 2005. Un an plus tôt il était encore supérieur à 5%. Cet assouplissement des conditions de crédit profite aussi aux ménages, principalement endettés à taux variables, et aux entreprises, même si les PME éprouvent toujours des difficultés à se financer.

Mais ce repli des taux nominaux s'accompagne d'un fort ralentissement de l'inflation, avec une baisse des prix depuis deux mois (février et mars 2014). La perspective d'une inflation durablement faible impliquerait un resserrement des conditions monétaires par le biais des taux réels, menaçant la solvabilité des agents endettés. Même si certains facteurs qui pèsent à la baisse sur les prix sont temporaires (repli du prix du pétrole, modération des prix depuis la hausse de la TVA en septembre 2012), la déflation salariale pourrait ancrer à la baisse les anticipations de prix et faire basculer l'Espagne dans un scénario à la japonaise : déflation, trappe à liquidité, long processus de nettoyage des bilans bancaires, chute ininterrompue des prix immobiliers, précarisation du marché du travail, gonflement de la dette publique, etc. Si l'on tient compte du fait que l'Espagne n'a pas la mainmise de sa politique monétaire, la sortie d'un tel scénario pourrait s'avérer encore plus compliquée que dans le cas japonais. Ce risque n'est cependant pas inscrit dans notre scénario de prévision, qui mise sur le retour d'une inflation modérée en 2015 du fait d'un regain de croissance et d'une stabilisation des salaires.

Par ailleurs, après trois années d'austérité à marche forcée et avec la perspective des élections législatives en 2015, le gouvernement tend à relâcher les efforts budgétaires. Le rapport d'experts pour une réforme fiscale en Espagne, paru en février 2014, fait état de mesures plutôt accommodantes : baisse des taux d'imposition sur le revenu, baisse de 30% à 20% du taux de l'impôt sur les sociétés tout en limitant les possibilités de déductions fiscales, suppression de l'impôt sur la fortune et dévaluation fiscale via une baisse des cotisations sociales sur certains types d'emplois compensée par une hausse des revenus des impôts indirects. En contrepartie, les droits d'assises (tabac, alcool) et les taxes environnementales seraient relevées, tandis que de nombreux produits passeraient du taux réduit de TVA de 10 % au taux plein de 21 %. Enfin, le rapport recommande de nouvelles mesures pour renforcer la lutte contre la fraude fiscale. Le rapport stipule que toutes ces mesures auraient un impact budgétaire neutre. Mais le ministre des Finances Christobal Montoro a d'ores et déjà rejeté l'idée d'une nouvelle hausse de TVA au cours de l'actuelle mandature, donc d'ici 2015, ce qui rend très difficile le financement de ces baisses d'impôts.

Notre prévision est établie sur la base d'une impulsion budgétaire restrictive de -0,6% du PIB en 2014 et en 2015, soit légèrement inférieure à l'effort exigé par Bruxelles et accepté par l'Espagne dans son projet de budget publié fin 2013, qui s'élevait à -0,8 % du PIB. La possibilité d'une impulsion budgétaire neutre, voire positive en 2015 n'est pas à exclure, ce qui ne manquerait pas de doper la croissance espagnole, mais retarderait le retour à l'équilibre budgétaire.

Léger mieux sur le marché de l'emploi

L'inversion de la courbe du chômage, amorcée début 2013, se confirme en fin d'année. Selon les données de l'enquête sur l'emploi, le taux de chômage global serait redescendu de 26,5 à 26,1 % de la population active et de 57,2 à 55,1 % pour les moins de 25 ans. Mais si jusqu'au deuxième trimestre 2013 la baisse du chômage était due au déclin de la population active, l'emploi a enfin progressé en fin d'année. La hausse de l'emploi au quatrième trimestre s'élève à 0,6 % au total, mais se réduit à 0,1 % en équivalent temps plein.

Cette légère reprise du marché de l'emploi a soutenu la confiance des ménages et les ventes au détail progressent en nominal comme en réel pour la première fois depuis 2008. La consommation privée a donc rebondi aux troisième et quatrième trimestres 2013, soutenue également par une baisse du taux d'épargne.

La reprise du marché de l'emploi a sans doute été renforcée par la réforme des contrats de travail, qui permettent aux employeurs d'embaucher dans des conditions de salaires et de protection de la main-d'œuvre beaucoup moins contraignantes qu'auparavant. On peut cependant craindre que la relance de l'emploi ne s'accompagne d'une nouvelle baisse des salaires si les nouveaux entrants sont recrutés à des niveaux de rémunération inférieurs à ceux des salariés en place.

Comme nous l'avions anticipé, la productivité s'est tassée au second semestre 2013, permettant la reprise de l'emploi. Cette tendance à la stabilisation de la productivité, après cinq années de forte croissance (2,5% en moyenne annuelle entre 2008 et 2013), devrait se poursuivre à l'horizon 2015. Le niveau historiquement élevé des marges des entreprises rend possible une reprise tirée à la fois par l'emploi et l'investissement privé.

La poursuite de la modération salariale, voire une baisse des salaires, compensera la moindre progression de la productivité en termes de coûts salariaux unitaires. Ainsi l'Espagne restera compétitive et continuera à gagner des parts de marché à l'exportation. Le secteur du tourisme est en plein essor et l'Espagne a une carte à jouer en renouvelant son offre hôtelière afin d'attirer une clientèle plus haut de gamme, en provenance de Russie en particulier.

Les deux points noirs de l'Espagne restent le marché de l'immobilier et l'état du système bancaire. La purge n'est pas terminée car le nombre de logements neufs invendus reste proche des 600 000, malgré une baisse de 7 % en 2012. Selon les professionnels du secteur, il faudra attendre 2017 avant que le marché ne retrouve une situation d'équilibre permettant la stabilisation des prix. D'ici là, la valeur des contreparties immobilières détenues par le secteur bancaire ne fera que baisser, nécessitant la constitution de nouvelles provisions et accentuant les risques d'insolvabilité. Les taux de créances douteuses augmentent à une vitesse impressionnante, atteignant 13,6% pour l'ensemble de l'économie. Ce taux atteint 38% pour les promoteurs immobiliers et 34 % dans le secteur de la construction, mais se limite à 7 % chez les ménages. Ce sont donc 197 milliards d'euros de crédits qui pourraient ne jamais être remboursés au secteur bancaire, ce qui représente près de 20 points de PIB espagnol, qui pourraient s'ajouter à une dette publique qui dépassera déjà les 100 points de PIB en 2015…

Espagne : résumé des prévisions

Variations par rapport à la période précédente, en %

	2013				2014				2015				2012	2013	2014	2015
	T1	T2	T3	T4	T1	T2	T3	T4	T1	T2	T3	T4				
PIB	-0,3	-0,1	0,1	0,2	0,4	0,5	0,4	0,5	0,5	0,5	0,5	0,5	-1,6	-1,2	1,2	2,0
PIB par tête	-0,4	-0,2	0,0	0,1	0,4	0,4	0,4	0,4	0,5	0,5	0,4	0,4	-1,6	-1,0	1,5	2,2
Consommation des ménages	-0,4	0,1	0,5	0,5	0,3	0,3	0,3	0,3	0,3	0,3	0,3	0,3	-2,8	-2,1	1,4	1,2
Consommation publique	1,0	-1,1	0,6	-3,9	-0,3	-0,3	-0,3	-0,3	0,0	0,0	0,0	0,0	-4,8	-2,3	-3,7	-0,5
FBCF totale[1] ***dont***	-1,2	-1,9	0,7	0,7	0,8	0,8	0,9	0,9	0,9	0,9	0,7	0,7	-7,0	-5,1	2,6	3,6
Productive	1,9	2,3	3,2	2,0	2,0	2,0	1,5	1,5	1,5	1,5	1,0	1,0	-2,3	2,3	8,5	5,9
Logement	-1,1	-3,5	-1,4	-1,4	0,0	0,0	0,5	0,5	0,5	0,5	0,5	0,5	-8,7	-8,0	-2,3	1,9
Construction totale	-3,1	-4,5	-1,0	-0,2	0,0	0,0	0,5	0,5	0,5	0,5	0,5	0,5	-9,7	-9,5	-1,4	1,9
Exportations de biens et services	-4,5	7,0	0,6	0,8	1,4	1,5	1,5	1,5	1,5	1,5	1,5	1,5	2,1	4,9	6,4	6,1
Importations de biens et services	-4,6	6,1	2,1	-0,6	1,1	1,1	1,2	1,2	1,2	1,2	1,2	1,2	-5,7	0,4	5,0	4,9
Variations de stocks, en points de PIB	0,9	0,8	0,8	0,9	0,9	0,9	0,9	0,9	0,9	0,9	0,9	0,9	0,8	0,9	0,9	0,9
Contributions																
Demande intérieure hors stocks	-0,3	-0,6	0,5	-0,4	0,3	0,3	0,3	0,3	0,4	0,4	0,3	0,3	-4,1	-2,7	0,6	1,3
Variations de stocks	0,1	-0,1	-0,1	0,1	0,0	0,0	0,0	0,0	0,0	0,0	0,0	0,0	0,1	0,0	0,0	0,0
Commerce extérieur	-0,1	0,5	-0,4	0,4	0,1	0,2	0,1	0,2	0,2	0,2	0,2	0,2	2,4	1,4	0,6	0,6
Prix à la consommation (IPCH)[2]	2,8	1,8	1,3	0,2	0,0	0,4	-0,2	0,1	0,4	0,4	0,7	0,9	2,4	1,5	0,1	0,6
Taux de chômage, au sens du BIT	26,5	26,4	26,5	26,1	25,8	25,5	25,2	24,8	24,4	24,0	23,6	23,2	25,0	26,4	25,3	23,8
Solde courant, en points de PIB													-1,1	1,3	2,2	2,8
Solde public, en points de PIB[3]													-10,6	-7,1	-6,1	-5,2
Impulsion budgétaire													-3,6	-1,6	-0,6	-0,6
PIB zone euro	-0,2	0,3	0,1	0,3	0,4	0,4	0,4	0,4	0,4	0,4	0,4	0,4	-0,6	-0,4	1,3	1,6

1. Les comptes trimestriels espagnols ne permettent pas d'isoler l'investissement public.
2. Pour les trimestres, glissement annuel. Pour les années, moyenne annuelle.
3. Le solde budgétaire inclut les aides au secteur bancaire, qui ne sont pas comptabilisées pour le respect des objectifs de déficit. Hors mesures exceptionnelles, le déficit s'élève à 7,1 % en 2012 et 6,6 % en 2013. La prévision n'inclut aucune mesure exceptionnelle pour 2014 et 2015.

Sources : INE, prévision OFCE avril 2014.

Partie 3

ÉTUDES SPÉCIALES

POLITIQUES MONÉTAIRES : NORMALISATION OU DIVERGENCE ?

Département analyse et prévision, Céline Antonin, Christophe Blot et Christine Rifflart

Si les grandes banques centrales n'ont eu de cesse depuis 2008 de développer des outils non-conventionnels pour stimuler l'activité économique et soutenir les marchés financiers, la justification du maintien de ces politiques s'est émoussée dans le courant de l'année 2013. Aux États-Unis et au Royaume-Uni, le taux de chômage a atteint le seuil que les banques centrales avaient défini pour justifier la poursuite de leurs achats de titres publics. Dans la zone euro, la normalisation du fonctionnement du marché interbancaire s'accompagne d'une moindre demande de liquidités des banques auprès de la BCE. L'heure est donc à la sortie progressive du *quantitative easing*. L'actif du bilan de la Réserve fédérale augmente de moins en moins vite depuis janvier 2014. Celui de la Banque d'Angleterre stagne depuis un an. Quant à la BCE, il s'est retourné à la suite notamment du remboursement des anciens prêts accordés aux banques.

Cette normalisation des outils ne signifie surtout pas la fin des politiques monétaires accommodantes. La croissance reste insuffisante pour réduire les écarts de production et surtout, le risque particulièrement aigu dans la zone euro de laisser s'installer des tendances déflationnistes, nécessite que les banques centrales continuent à stimuler les économies. En effet, en renchérissant les taux réels, l'entrée dans la déflation rendrait la politique monétaire encore plus inopérante. C'est donc le message que les banques centrales veulent faire passer, notamment la BCE qui n'exclut pas, si besoin était, la mise en place d'un nouveau programme d'assouplissement quantitatif. Aussi aucun resserrement des taux directeurs n'est prévu à l'horizon de notre prévision. Les taux longs n'ont que peu réagi à cette inflexion de tendance. Néanmoins, malgré les bas taux d'intérêt et les conditions de crédits particulièrement attractives, la demande n'est pas au rendez-vous. L'heure est encore au désendettement tant du côté des entreprises dans la zone euro que des ménages aux États-Unis. Les politiques monétaires peinent à mordre sur l'activité, d'où la nécessité pour elles de rester actives.

Si les grandes banques centrales ont maintenu leur soutien quantitatif à l'activité économique et au système financier, la taille de leur bilan augmente désormais moins vite qu'auparavant, voire baisse, à l'exception de celui la Banque du Japon. Aux États-Unis, les objectifs d'achats de titres de la Réserve fédérale sont réduits à l'issue de chaque réunion du FOMC (Federal open market committee). Au Royaume-Uni, le plafond d'achats de titres fixé par le Banque d'Angleterre est stable. Enfin, dans la zone euro, les outils qui ont permis la mise en œuvre des politiques monétaires non-conventionnelles restent opérationnels mais la baisse de la demande de refinancement de la part des banques induit une réduction de la taille du bilan de la BCE. Ces évolutions récentes pourraient traduire une normalisation progressive de la conduite de la politique monétaire alors même que le risque déflationniste ne peut toujours pas être écarté, en particulier dans la zone euro. Faut-il en déduire qu'avec l'accélération de la croissance aux États-Unis ou au Royaume-Uni et la consolidation de cette même croissance dans le cas de la zone euro, la crise se termine et que les banques centrales vont pouvoir normaliser leur politique monétaire afin d'éviter que les apports de liquidités n'alimentent de nouvelles bulles ? Le cas du Royaume-Uni, avec la hausse rapide des prix de l'immobilier pourrait justifier un tel choix. Ce n'est pourtant pas celui fait pour l'instant par la Banque d'Angleterre qui n'évoque pas encore ouvertement la fin de l'assouplissement quantitatif. Dans le cas de la Réserve fédérale, le taux de chômage a atteint le seuil à partir duquel la banque centrale pourrait décider de resserrer sa politique monétaire, ce qui justifierait alors une normalisation. Pour autant, la Réserve fédérale reste soucieuse du bas niveau du taux d'emploi et de la menace déflationniste qui pèse sur cette reprise. Ce risque est particulièrement élevé dans la zone euro, plus qu'aux États-Unis et au Royaume-Uni. L'inflation ne cesse de reculer et glisse vers une zone où le basculement des anticipations sur un scénario déflationniste ne manquerait pas de concrétiser ce risque (graphique 1). Les réactions de la Banque d'Angleterre ou de la Réserve fédérale depuis le début de la crise ont témoigné qu'elles prenaient ce risque déflationniste très au sérieux, ce qui a motivé leurs mesures de politique monétaire non-conventionnelles. Dans le cas de la BCE, la primauté institutionnelle de l'objectif de stabilité des prix, le conservatisme des membres du Conseil des gouverneurs et l'hétérogénéité structurelle de la zone euro expliquent sans doute son attentisme. Les déclarations récentes de plusieurs membres du Conseil des gouverneurs témoignent des hésitations de la BCE qui se dit prête à agir mais qui écarte pour l'instant, au moins officiellement, le risque de déflation.

Notre scénario privilégie le conservatisme de la BCE à l'horizon de notre prévision. Les politiques monétaires se normaliseraient progressivement notamment parce que la situation du secteur financier s'est améliorée. Pour autant, nous excluons l'hypothèse d'un resserrement de la politique monétaire par le biais d'une hausse des taux d'intérêt directeur car la croissance reste fragile, le chômage (ou le taux d'emploi) est élevé (respectivement faible) et l'inflation reste largement inférieure à sa cible. Néanmoins, en cas de poursuite de la baisse du taux d'inflation dans la zone euro, la BCE déciderait d'un nouvel assouplissement quantitatif qui conduirait à une divergence dans la conduite des politiques monétaires.

Graphique 1. Taux d'inflation

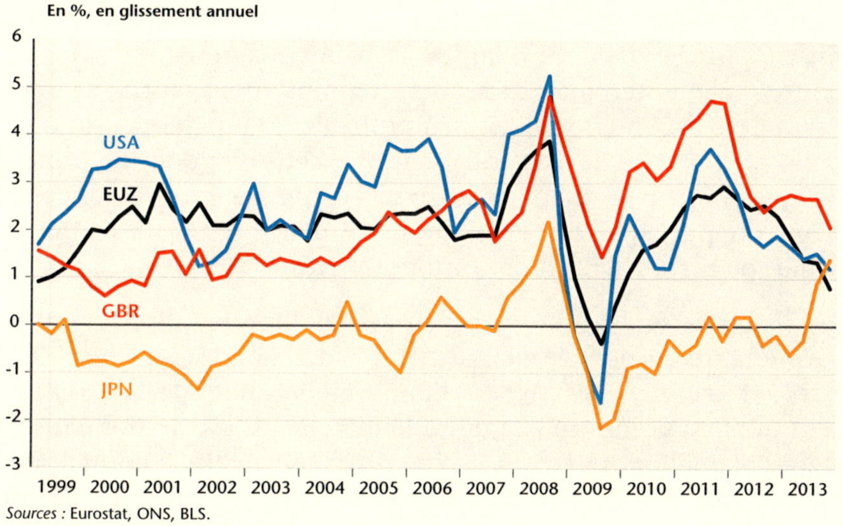

Sources : Eurostat, ONS, BLS.

1. Vers la fin des politiques monétaires non-conventionnelles… ?

Les banques centrales ont maintenu l'orientation expansionniste de leur politique monétaire tout au long de l'année 2013. Les taux d'intérêt directeurs sont restés à des niveaux exceptionnellement bas. Par ailleurs, les mesures non-conventionnelles[1] mises en place au cours de la crise ont été maintenues mais les évolutions récentes des bilans des banques centrales indiquent une atténuation progressive de l'assouplissement quantitatif.

Aux États-Unis, la Réserve fédérale réduit ses interventions sur les marchés financiers depuis le 1er janvier 2014. Ce désengagement fait suite à la décision prise lors de la réunion du FOMC du 18 décembre 2013, de réduire de 10 milliards de dollars les achats de Mortgage Backed Securities (MBS) garantis par les deux agences d'État Freddie Mac et Fannie Mae et de titres de dette du Trésor américain. Le mouvement est poursuivi après les réunions du 29 janvier puis du 19 mars 2014, chacune s'étant conclue sur un retrait supplémentaire de 10 milliards de dollars. Au final, les achats de titres publics ou garantis par l'État par la Réserve fédérale sont donc passés progressivement de 85 milliards à 55 milliards en avril. Dans l'hypothèse où la baisse des volumes achetés se poursuivrait au rythme prudent de 10 milliards de dollars par réunion du FOMC, la Réserve fédérale arriverait au terme de son programme de rachat de titres à grande échelle (*Long Scale Asset Purchases*) d'ici la fin de l'année 2014. Le bilan de la Banque centrale continuerait donc d'augmenter, mais de moins en moins vite, avant de se stabiliser en 2015. En effet, il est peu probable qu'une réduction de la taille du bilan de la Fed intervienne à cette période. Le Comité devrait poursuivre sa politique de réinvestissement du remboursement du principal des titres de dette d'agences et des MBS en achats de titres MBS et d'obligations du Trésor.

Cette stratégie d'un retrait progressif des interventions n'est pas surprenante. Annoncée en mai 2013, la décision est devenue effective à l'heure où les signes d'une amélioration de la situation économique se multipliaient, où le marché du travail donnait des signes d'amélioration et où la contrainte budgétaire commençait à se desserrer. Pour autant, le soutien des politiques monétaires non conventionnelles à l'activité demeure présent, et la volonté de

1. Les mesures non conventionnelles de politique monétaire peuvent être définies comme soit des mesures donnant lieu à une augmentation de la taille du bilan des banques centrales (*quantitative easing*) soit des mesures modifiant la structure du bilan (*qualitative easing*). Voir pour plus de détails Borio & Disyatat (2009) : « Unconventional monetary policies: an appraisal », *BIS Working Paper* n° 292. Voir également le post de Jérôme Creel et Paul Hubert : « La BCE, ou comment devenir moins conventionnel », *Blog de l'OFCE*, 9 avril 2014.

continuer à peser sur l'évolution des taux longs par une politique très accommodante est réaffirmée. Selon Mark Zanki, de Moody's Analytics, l'action de la Réserve fédérale aurait eu une action significative sur l'économie. La hausse du bilan de la Banque centrale, à travers les 3 opérations de *quantitative easing*[2] aurait réduit de 85 points de base les taux publics à 10 ans et accru les cours boursiers de plus de 10 %. La croissance du PIB aurait été relevée de 1,2 %, 1,35 million d'emplois supplémentaires aurait été créé, ceci entraînant une baisse du taux de chômage d'environ 0,7 point.

Mais c'est aussi au regard de l'arbitrage coût / bénéfice que la décision du retrait est prise, et notamment de la montée des risques que le programme entraîne. Pour le moment, les anticipations d'inflation à long terme restent bien ancrées (les anticipations à 10 ans se situaient à 2,5 % jusqu'en 2009 et oscillent entre 2,2 % et 2,5 % depuis fin 2012), et l'inflation observée reste très faible au point d'inquiéter les autorités monétaires qui peuvent y voir l'installation d'une tendance déflationniste. Le risque d'un afflux de liquidités serait plutôt à mettre du côté d'une mauvaise allocation qui viendrait perturber les marchés financiers et alimenter la création de bulles sur certains marchés d'actifs (boursiers, immobilier, ...). Pour le moment, la prudence demeure mais la Réserve fédérale considère ces risques comme secondaires au regard de la nécessité de maintenir les taux d'intérêt à long terme bas pour stimuler la croissance et l'emploi.

Au Royaume-Uni, la Banque d'Angleterre (BoE) a maintenu le *statu quo*. Depuis juillet 2012, le plafond d'achats de titres fixé dans le cadre du programme d'assouplissement quantitatif reste fixé à 375 milliards de livres sterling. Contrairement à la Réserve fédérale, la BoE n'avait pas établi d'objectifs en termes de flux d'opérations mensuelles mais un plafond, révisé en cas de nécessité. En

2. Le premier programme d'achat de titres à grande échelle (QE1), décidé lors de la réunion du 18 mars 2009 du FOMC consistait à élargir le volume d'achat d'un programme déjà existant depuis novembre 2008, jusqu'à 300 milliards de dollars en obligations du Trésor, jusqu'à 200 milliards en dettes d'agences et 1 250 milliards en titres MBS d'agences pour une période d'un an. Dans le deuxième programme (QE2), mis en place lors de la réunion du 3 novembre 2010, le plafond des achats est relevé à 600 milliards de dollars sur les obligations du Trésor à long terme pour les 8 prochains mois. Enfin, la réunion du 13 septembre 2012 annonce la phase 3 du QE avec l'achat tous les mois et pour une durée indéfinie, de 40 milliards de dollars de titres d'agences MBS, suivi le 12 décembre de l'annonce de l'achat de 45 milliards d'obligations du Trésor. 85 milliards de dollars ont donc été déversés tous les mois sur les marchés financiers jusqu'en décembre 2013.

l'absence de modification de la cible, la taille du bilan de la BoE, exprimée en pourcentage du PIB se réduit mécaniquement (graphique 2). Selon nos prévisions, la position de la BoE serait inchangée à l'horizon de notre prévision. C'est également ce qui ressort des votes des membres du Comité de politique monétaire, qui sont rendus publics lors de la publication des Minutes. L'ensemble des membres s'accorde actuellement sur le maintien du plafond à 375 milliards. La taille du bilan de la BoE continuera donc à se réduire progressivement avec l'augmentation du PIB et de façon plus marquée dès lors que les titres – principalement des obligations émises par le Trésor – arriveront à échéance. Les signaux d'un resserrement de la politique monétaire résulteront alors principalement de l'évolution des taux d'intérêt, conditionnée par la stratégie de guidage prospectif (*forward guidance*).

Graphique 2. Bilan des banques centrales

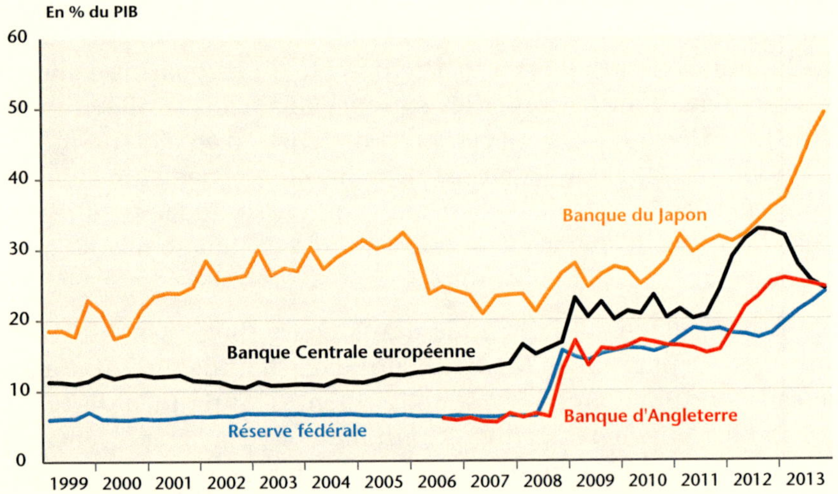

Sources : BCE, Réserve fédérale, Banque d'Angleterre, Banque du Japon, Comptabilités nationales.

C'est dans la zone euro que les signes les plus évidents d'un dégonflement du bilan sont apparus. Il tient cependant plus de la nature du cadre opérationnel pour la conduite de la politique monétaire mise en œuvre par la BCE au cours de la crise que d'une volonté délibérée de resserrer la politique monétaire. De fait, à partir d'octobre 2008, la BCE a décidé de servir l'intégralité des demandes de refinancement à taux fixes pour l'ensemble de ses opérations de politique monétaire. La taille du bilan de la BCE évolue donc principalement au gré des besoins de refinancement des banques de la zone euro. Les programmes d'achat de titres s'inscrivent dans une logique différente. Dans le cadre du programme SMP (Securities Market Program), la BCE est intervenue sur les marchés de dette publique sans avoir fixé de plafond préalable à ses interventions. Au plus fort des achats, le portefeuille de titres obligataires souverains détenus par la BCE n'a guère dépassé 200 milliards d'euros. Les programmes d'achat d'obligations sécurisées – CBPP (Covered bonds purchase program) – furent assortis d'un plafond mais relativement limité, ce qui n'a donc eu qu'une faible influence sur la composition du bilan de la BCE. Pour le reste, la BCE a essentiellement innové en allongeant la maturité des refinancements octroyés à long terme, *via* des opérations à 6 mois, 1 an, puis 3 ans (décembre 2011 et février 2012) contre 3 mois habituellement. La composition de l'actif de la BCE montre clairement le rôle joué par les opérations liées à la politique monétaire dans la dynamique d'accroissement, puis de réduction de la taille du bilan (graphique 3).

Graphique 3. Bilan de la BCE

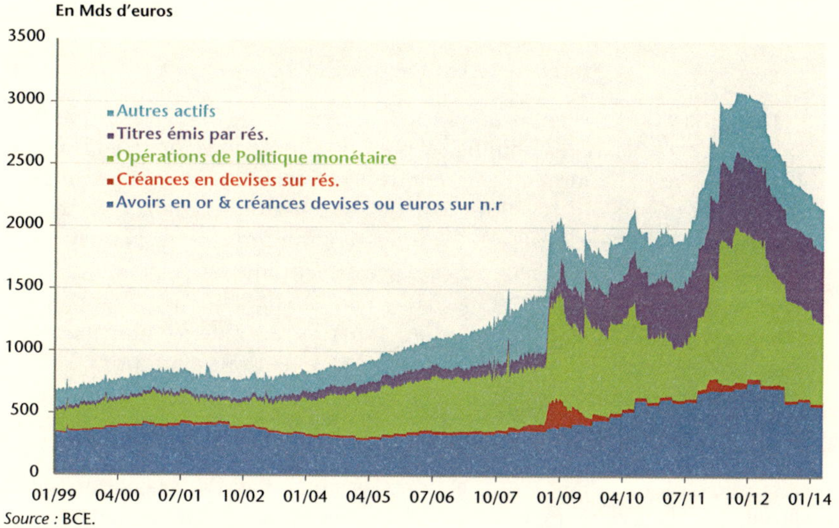

Source : BCE.

Depuis la mi-2012, les besoins de liquidité du système bancaire ont fortement baissé, les banques ayant notamment anticipé le remboursement des prêts accordés à trois ans. Il ne s'agit pas d'un resserrement de la politique monétaire *stricto sensu* mais plutôt d'une normalisation relative du fonctionnement du marché interbancaire de la zone euro. L'intermédiation réalisée par la BCE ainsi que les déséquilibres mesurés par les soldes TARGET diminuent. Pour autant, si l'on en juge à l'aune de la situation macroéconomique de la zone euro, la BCE dispose de marges de manœuvre pour amplifier son soutien à l'économie *via* un nouvel assouplissement quantitatif (voir encadré 1). Le niveau élevé du chômage et l'inflation qui s'inscrit sous la barre le seuil de 1 % justifieraient largement la mise en œuvre de nouvelles mesures d'assouplissement. Les membres du Conseil des gouverneurs de la BCE soufflent cependant le chaud et le froid sur cette question d'un éventuel assouplissement supplémentaire. Tantôt, la BCE se montre préoccupée par la baisse rapide et plus forte qu'anticipée de l'inflation dans la zone euro et se déclare prête à mettre en œuvre les mesures nécessaires pour éviter que la zone euro ne plonge en déflation. Tantôt ce besoin est écarté au motif que la désinflation ne s'amplifie pas et que les anticipations d'inflation de la BCE s'inscrivent en légère hausse : 1 % en 2014, 1,3 % en 2015 puis 1,5 % en 2016.

Encadré 1. Un QE pour la BCE ?

Les déclarations récentes de plusieurs membres de la BCE indiquent qu'elle n'exclut pas d'assouplir sa politique monétaire pour stimuler l'activité dans la zone euro et réduire le risque déflationniste. Quels pourraient être les outils utilisés par la BCE sachant que le taux directeur est déjà de 0,25 %, ce qui est considéré comme un niveau plancher ? Même si une baisse du taux directeur est techniquement possible, les marges de manœuvre sont limitées. Ceci obligerait la BCE à recourir aux mesures dites non-conventionnelles. Dans le cadre de sa stratégie de guidage prospectif (*forward-guidance*), la BCE pourrait conditionner le relèvement du taux d'intérêt directeur à une cible de taux de chômage, comme l'ont fait la Banque d'Angleterre et la Réserve fédérale. À condition que cette cible soit suffisamment basse ; une telle annonce réduirait les anticipations de taux futurs et donc les taux longs. Dans la mesure où la BCE a déjà largement soutenu l'accès aux refinancements des banques, afin notamment de limiter les risques de rationnement du crédit, un nouvel assouplissement de la politique monétaire devrait privilégier un autre canal. De nouveaux achats de titres constitueraient un recours pour amplifier le soutien de la politique monétaire à l'activité économique. La BCE pourrait acheter des titres obligataires publics afin de faire baisser les taux d'intérêt publics et assouplir par ce biais les conditions de financement. Néanmoins, un tel choix risque d'être limité par les contraintes imposées par l'OMT et notamment la conditionnalité. En effet, ne sont éligibles que les titres émis par des pays qui sont sous un programme du FESF-MES, ce qui limite les achats aux obligations grecques et portugaises. En outre, la décision récente de la Cour constitutionnelle de Karlsruhe, dont certains juges considèrent que la BCE est allée au-delà de son mandat, pourrait limiter la capacité d'action en ce domaine. En outre, l'objectif d'un nouvel assouplissement quantitatif serait de réduire les coûts de financement de marché. À cette fin, certains préconisent des achats de titres adossés à des actifs (ABS pour *asset-backed securities*). Cela permettrait notamment de soutenir le crédit aux PME en favorisant leur refinancement par la titrisation. Ce type de mesure pourrait être controversé puisqu'elle apporterait un soutien à la pratique de la titrisation dans la zone euro, technique qui a joué un rôle majeur dans le déclenchement de la crise financière en 2007. Il faut d'ailleurs noter qu'en parallèle, la Commission a également émis le souhait de relancer la titrisation. Il faut cependant souligner que ces mesures viseraient principalement à améliorer les conditions de financement. S'il est certain que celles-ci restent encore défavorables dans les pays de la zone euro en crise, il n'en demeure pas moins que l'atonie de la demande résulte en grande partie de l'orientation restrictive des politiques budgétaires. L'effet d'une baisse des taux d'intérêt à long terme pourrait avoir un effet limité si la demande interne reste contrainte. Une autre option consisterait à intervenir sur le marché des changes afin de provoquer une baisse de l'euro dont l'appréciation récente inquiète la BCE et est un facteur favorisant la déflation. Si le caractère non-conventionnel de cette mesure peut faire l'objet d'un débat, il n'en demeure pas moins qu'une baisse de l'euro réduirait à la fois les pressions déflationnistes et favoriserait probablement les ajustements de compétitivité entre les pays de la zone euro. Cependant, l'efficacité des interventions de change demeure incertaine[3]. Il faudrait sans doute qu'elles soient coordonnées avec les autres banques centrales, ce qui est incertain dans un contexte de croissance mondiale fragile.

Nous n'anticipons pas de nouvelles mesures bien que l'inflation pourrait être durablement inférieure à 2 %, cible fixée par la BCE. Ce faisant, la BCE s'en tiendrait à une interprétation stricte et asymétrique de son mandat. Bien qu'aucune menace ne pèse sur la

3. Voir Blot (2007) : « Taux de change : le temps des interventions », *Clair&Net de l'OFCE*, 20 décembre.

stabilité des prix à moyen terme, la BCE n'accorderait pas plus d'importance à l'objectif de croissance et d'emploi. On peut voir dans cette décision, la conséquence d'une hiérarchie trop stricte entre les objectifs de la BCE qui consacre la stabilité des prix et relègue les autres objectifs de politique monétaire au second rang. Rosengren (2013) considère à cet égard que le double mandat de la Réserve fédérale aux États-Unis a sans doute donné plus de liberté à l'autorité monétaire pour mettre en œuvre une politique adaptée en cas de crise. En outre, l'absence de réactivité de la BCE montre aussi son interprétation asymétrique de la cible de 2 % qu'elle s'est fixée. Les deux épisodes précipités de resserrement des taux d'intérêt en juillet 2008 puis en avril et juillet 2011 montrent qu'elle avait été beaucoup plus prompte à réagir dès que l'inflation repassait au-dessus de ce seuil.

Pour l'instant, ces variations de bilan n'ont pas entraîné de hausse des taux d'intérêt à long terme (graphique 4). Cette question se pose de façon plus prononcée aux États-Unis et au Royaume-Uni dans la mesure où les mesures non-conventionnelles s'appuient très précisément sur des interventions sur les marchés obligataires, afin d'influencer plus directement les taux longs[4]. La fin progressive du *Quantitative Easing* avait déjà été intégrée par les marchés après les premières déclarations faites en mai 2013 par Ben Bernanke. Les taux aux États-Unis et au Royaume-Uni avaient alors augmenté de plus d'un point[5] suscitant des inquiétudes sur une volatilité accrue et un durcissement des conditions financières. Les taux longs se sont stabilisés et n'ont pas augmenté malgré la confirmation de la baisse des achats, annoncée puis mise en œuvre par Janet Yellen, la nouvelle présidente de la Réserve fédérale. La multiplication de messages rassurants confirmant le maintien d'une politique monétaire accommodante a convaincu les marchés. Depuis septembre 2013, les taux sur les obligations publiques à 10 ans se maintiennent autour de 2,8 %.

4. Voir OFCE (2013) : « Politiques monétaires : est-ce le début de la fin ? », *Revue de l'OFCE, Analyses et prévision*, 130.

5. Cette hausse s'explique aussi par le mouvement de convergence des taux avec la zone euro, plutôt en lien avec la fin de l'épisode de crise des dettes souveraines.

Graphique 4. Taux d'intérêt publics à long terme

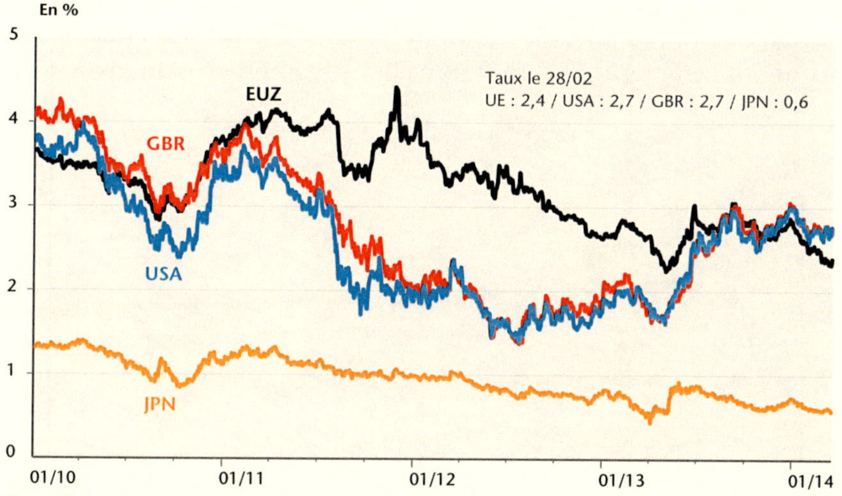

Source : Datastream.

2. … mais pas de retour aux politiques conventionnelles

Dans ce contexte de dégonflement plus ou moins rapide des bilans des banques centrales, la question de la normalisation des politiques monétaires va de nouveau se poser. Dès lors que l'assouplissement quantitatif prend fin, la politique de pilotage du taux directeur redeviendrait-elle l'instrument principal d'orientation de la politique monétaire ? Une telle normalisation ne pourra être que progressive et dépendra de l'évolution de la situation économique et du marché du travail (graphique 5). Elle sera de plus certainement annoncée *via* une stratégie de communication organisée et destinée à orienter les anticipations des agents, afin d'éviter des ajustements trop brutaux des taux longs.

C'est d'ailleurs pourquoi l'exercice de communication continue d'évoluer aux États-Unis. Réintroduite en 2008, la stratégie de guidage prospectif (*Forward Guidance*) a reposé dans un premier temps sur la détermination d'une date butoir avant un éventuel resserrement des taux des fonds fédéraux. Ainsi, à la suite de la réunion du 9 août 2011, le FOMC prévoyait de maintenir les taux des fonds fédéraux à un niveau exceptionnellement bas au moins jusqu'à la mi-2013. Cette date a été repoussée au moins à la mi-2015. Depuis la réunion du 12 décembre 2012, il n'est plus fait mention de date butoir mais de seuils quantitatifs : les taux cibles ne devront donc pas augmenter tant que le taux de chômage sera supérieur à 6,5 %, que l'inflation restera inférieure à sa cible de 2 % et que les anticipations d'inflation à long terme seront bien ancrées.

Graphique 5. Taux de chômage

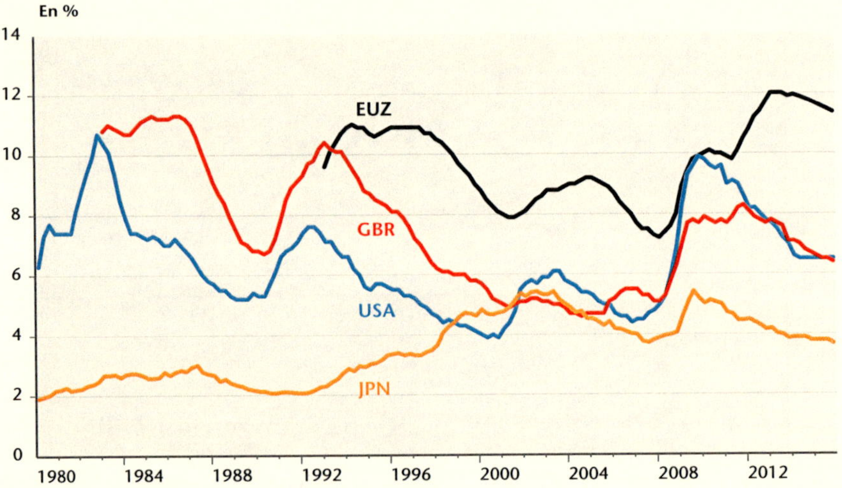

Sources : Comptabilités nationales, prévisions OFCE avril 2014.

Avec un taux de chômage frôlant le seuil des 6,5 % depuis fin 2013 et une inflation qui reste durablement faible, le comité de pilotage se devait d'ajuster son discours et surtout ses outils de communication. C'est ce qu'il a fait dans son dernier communiqué où il insiste sur l'importance de l'analyse qualitative de la situation, menée à partir d'une large gamme d'indicateurs concernant le marché du travail, les tensions inflationnistes, les anticipations inflationnistes et enfin le développement des marchés financiers. Or, la baisse du taux de chômage à 6,6 % depuis décembre ne peut masquer la situation dégradée sur le marché du travail. Le taux d'emploi reste 5 points en dessous de son niveau d'avant-crise et il faut remonter à 1977 pour trouver un taux d'activité aussi faible. La baisse du taux de chômage entre fin 2009 et décembre 2013 devrait d'ailleurs être arrivée à son terme. En effet, avec le regain des créations d'emplois observé à travers les enquêtes auprès des ménages, une partie de la population marginalisée revient progressivement sur le marché du travail. Depuis décembre, le taux de chômage reste rigide à la baisse et cette situation pourrait perdurer plusieurs trimestres. Dès lors, même si le chômage et l'inflation à long terme sont proches de leur cible, les conditions économiques peuvent, pendant un certain temps requérir de garder les taux des fonds fédéraux en dessous du niveau que le Comité considère comme normal à long terme. Dans ces conditions, le FOMC ne devrait pas modifier sa politique de taux avant 2015.

C'est bien ce qui se dégage de la position des membres du FOMC. Entre septembre 2013 et mars 2014, le nombre de membres du FOMC (16 au total) déclarant qu'un relèvement du taux cible des fonds fédéraux serait probable sur l'année 2014 est passé de 3 à 1, tandis qu'il passait de 12 à 13 pour un relèvement en 2015 (avec une majorité de membres situant le taux fin 2015 inférieur ou égal à 1 %) et de 1 à 2 pour un relèvement en 2016. C'est aussi ce que reflètent les anticipations des marchés sur l'évolution des taux courts (graphique 7). À l'horizon de moins d'un an (printemps 2015), il n'est pas prévu de relèvement du taux cible des fonds fédéraux aux États-Unis.

Plusieurs facteurs concourent à cette vigilance : le marché du travail s'améliore mais timidement, l'écart de production tarde à se réduire et la politique budgétaire reste très restrictive, même si elle l'est moins qu'en 2013. Dans ce contexte, les tendances déflationnistes qui pourraient apparaître dans l'économie inquiètent les autorités monétaires. Car si les anticipations d'inflation à long terme restent stables, l'inflation observée oscille au gré de l'évolution du prix des produits alimentaires et énergétiques pour se situer à 1,7 % en mars 2014. Mais surtout, l'inflation sous-jacente ralentit fortement depuis deux ans. Depuis le début de l'année 2014, elle se situe à 1,6 % sur un an, après une moyenne à 1,9 % un an plus tôt. Les prix des biens n'augmentent plus depuis fin 2012 et surtout les prix des biens hors énergie et produits alimentaires ont baissé de 0,5 % entre août 2013 et mars 2014. Les services, eux, enregistrent des hausses de prix de l'ordre 2,4 % l'an depuis un an, ce qui reste faible comparé à leur moyenne de longue période.

Plusieurs facteurs peuvent justifier cette modération des prix. La modération du coût salarial est le principal élément explicatif. Malgré l'accélération des salaires en 2013 (dont le rythme est passé de 1,4 % fin 2012 à 2,3 % sur un an en fin 2013), les coûts salariaux unitaires ont continué de ralentir dans les entreprises du fait du redressement de la productivité du travail. Le deuxième élément porte sur la baisse du prix des produits importés. Depuis deux ans, celui-ci n'a cessé de baisser : sur la seule année 2013, le prix des biens importés a reculé de 1,1 %. Si une partie de la baisse s'explique par le repli du cours des matières premières sur les marchés mondiaux, la faiblesse de l'inflation mondiale et l'appréciation réelle du dollar vis-à-vis des autres monnaies participent également de cette modération des prix. Hors énergie, le prix des biens a reculé de 1,2 % entre la fin 2012 et la fin 2013 (graphique 6). Pour autant, nous ne croyons pas à l'installation de tendances déflationnistes aux États-Unis. La reprise des créations nettes d'emplois qui s'amorce depuis la fin 2013 devrait au contraire s'accompagner d'un raffermissement des coûts salariaux dans les entreprises et contrer ces éventuelles pressions déflationnistes. Certes le taux d'emploi, qui a augmenté significativement depuis la fin 2013, et le taux d'activité restent encore à des niveaux exceptionnellement bas. Mais le taux de chômage de court terme est presque revenu sur sa tendance de longue période et la progression des salaires devrait se raffermir progressivement pour atteindre un rythme que nous prévoyons à 2,8 % en fin 2015. Par contre, la désinflation importée pourrait continuer de peser sur l'évolution des prix à la consommation en 2014, avec notamment la baisse attendue des prix du pétrole.

Graphique 6. Inflation sur les biens et services hors énergie aux États-Unis

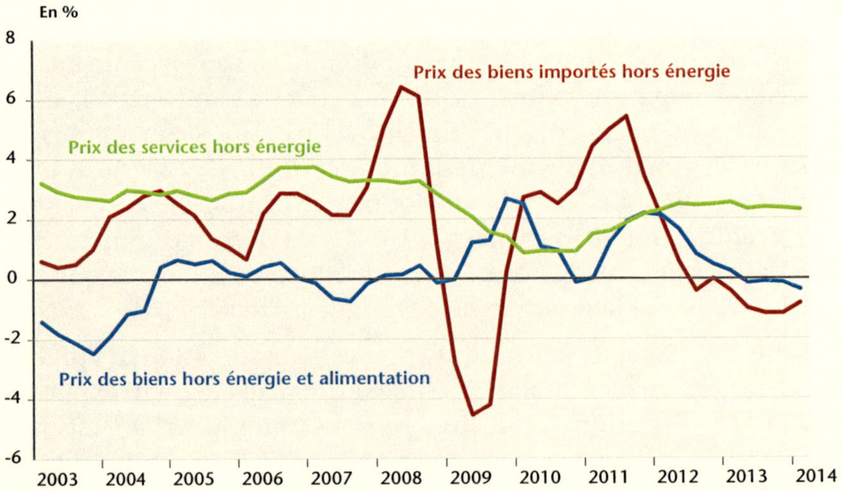

Source : BLS.

Selon nos prévisions, aux États-Unis, le taux de chômage devrait cesser de baisser à l'horizon de la fin 2015. Le raffermissement des créations d'emploi devrait s'accompagner du retour sur le marché du travail d'une partie de la population qui l'a déserté jusqu'alors. Le taux de chômage devrait se maintenir donc à 6,5 %. L'inflation devrait rester encore faible en 2014 (1,4 % en moyenne annuelle), avant de s'accélérer en 2015. À la fin de l'année 2015, l'inflation pourrait attendre 1,6 %.

Au Royaume-Uni, la hausse des taux est aussi conditionnée par la stratégie de guidage prospectif qui fixe une cible de taux de chômage à 7 % pour la Bank of England. Si la dynamique des anticipations d'inflation est aussi analysée de façon attentive par les banques centrales, les marchés accorderont une attention toute particulière à l'évolution du chômage. Il apparaît d'ailleurs clairement qu'à un horizon inférieur à un an, l'éventualité d'une hausse des taux directeur peut apparaître au Royaume-Uni. C'est aussi ce qui ressort de l'évolution des taux d'intérêt à trois mois anticipés à un horizon d'un an (graphique 7). Contrairement au taux anticipé pour la zone euro qui reste très stable, celui pour le Royaume-Uni, et dans une moindre mesure celui pour les États-Unis, reflètent une anticipation de hausse de taux. Dans le cas des États-Unis, les anticipations se modifient uniquement à l'horizon d'un an, ce qui traduit aussi sans doute un effet de marché dans la mesure où cette rupture apparaît régulièrement sur les séries de taux anticipés issus des FRA (*forward rate agreement*).

Si la BCE s'est également lancée dans une stratégie de guidage prospectif depuis septembre 2013, elle n'a cependant pas conditionné une remontée du taux directeur à une cible de taux de chômage. Elle a simplement déclaré que les taux seraient bas pour une période prolongée sans donner d'indication plus précise, ce qui correspond au premier stade de guidage des anticipations dans ce type de stratégie[6]. Cette phrase fut ensuite répétée lors des différentes conférences de presse qui ont suivi la réunion du Conseil des gouverneurs. Il n'en demeure pas moins qu'une telle annonce reste floue (voir Paul Hubert et Fabien Labondance, 2013), ce qui limite

6. Le deuxième stade revient à donner une échéance « au moins jusqu'à ... ». Enfin, la troisième étape d'une stratégie de guidage prospectif, la banque centrale fixe une cible de chômage : « tant que le chômage restera supérieur à ... ».

probablement l'efficacité de cette stratégie de communication. Tant que la phrase est répétée, il est évident que la BCE ne procèdera pas à une hausse des taux. Mais le doute ne manquera pas de s'installer le jour où la BCE change sa communication sur ce point. Cependant, étant donné les prévisions d'inflation et de chômage dans la zone euro, il semble exclu de durcir la politique monétaire. Au contraire, les débats actuels au sein du Conseil des gouverneurs portent sur la nécessité d'un assouplissement supplémentaire. Avec un taux directeur à 0,25 %, les marges de manœuvre de la BCE sont limitées. Si une baisse des taux est possible, elle serait fortement réduite à 0,1 voire 0,2 point, ce qui enverrait certes un signal aux marchés mais aurait un effet assez faible sur les conditions monétaires. Nous considérons plutôt que la BCE ne changera pas ses taux directeurs d'ici la fin de l'année 2015 et que s'il devait y avoir une expansion monétaire supplémentaire, elle serait probablement mise en œuvre *via* des mesures non conventionnelles.

Graphique 7. Taux à trois mois anticipés

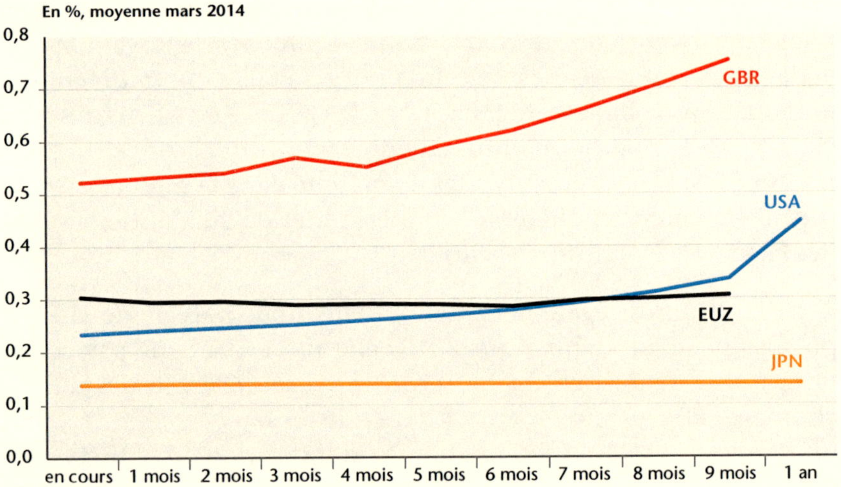

Source : Datastream.

3. Conditions monétaires et financières

Les conditions de financement du secteur privé restent globalement accommodantes. Aux États-Unis, si les taux longs publics se sont resserrés d'1 point entre le début de l'année 2013 et le début de l'année 2014, les taux longs privés après une période de hausse se sont progressivement déconnectés de l'évolution des taux publics et baissent depuis le début de l'année (graphique 8). La prime de risque entre le prix des titres publics et celui des obligations privées s'est détendue sur la période récente, les investisseurs réallouant leur portefeuille au profit des titres de dette des entreprises. Au total, les taux longs privés ont progressé de 0,3 point en 1 an. Les conditions de financement restent donc particulièrement détendues. C'est d'ailleurs ce que confirment les enquêtes auprès des banques. Au début de 2014, les conditions de crédits aux entreprises industrielles et commerciales qui sont déjà très favorables, se sont encore assouplies par rapport au trimestre précédent (graphique 9).

Graphique 8. Taux longs publics et privés aux États-Unis

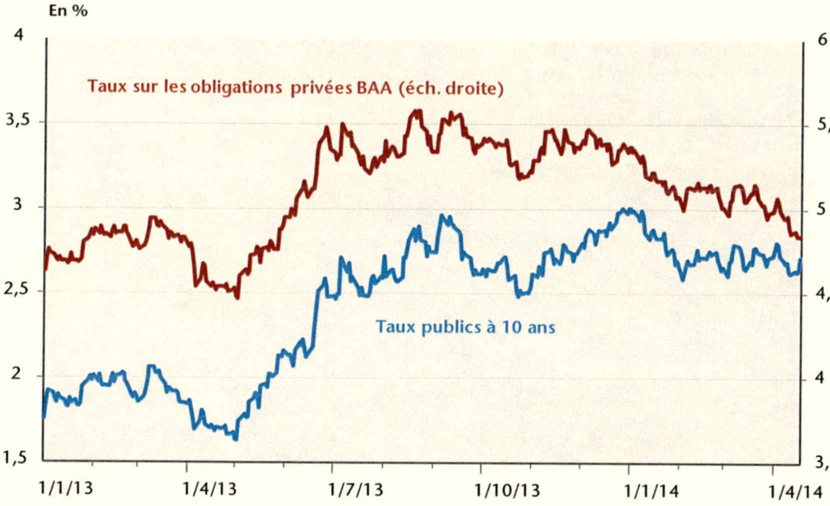

Source : Datastream.

Malgré cet environnement financier stimulant, la politique monétaire peine à mordre sur l'activité du crédit. Aux États-Unis, les ménages continuent à privilégier le désendettement hypothécaire, même si la contrainte est désormais moins forte. Le stock de dette a baissé et la reprise des prix sur le marché de l'immobilier permet de retrouver un effet de richesse positif. Pour autant, les nouveaux crédits nets des remboursements restent négatifs et la hausse des taux d'intérêt hypothécaires en 2013 semble avoir contré la velléité des ménages à contracter de nouveaux engagements. Après une amélioration à l'automne 2013, la situation sur le marché hypothécaire s'est à nouveau dégradée en fin d'année. Pourtant, les conditions d'accès des ménages primo-accédants à l'acquisition d'un logement n'ont jamais été aussi favorables (voir fiche pays : États-Unis : la fin de tous les dangers ?). L'amélioration du marché du travail et le maintien des conditions favorables en 2014 et 2015 devraient permettre une réactivation progressive des nouveaux emprunts. Du côté des entreprises, les nouveaux engagements nets ont été relativement élevés en 2013, notamment sous la forme de nouvelles émissions de dette obligataire. Après avoir baissé en 2009 et 2010 puis s'être stabilisé en 2011, l'encours de la dette des entreprises a augmenté assez fortement en 2012 et 2013, mais essentiellement sous la forme de dette obligataire, les crédits auprès des banques restant relativement modérés (graphiques 10 et 11).

Graphique 9. Enquête sur le resserrement des conditions de crédits aux entreprises industrielles et commerciales aux États-Unis

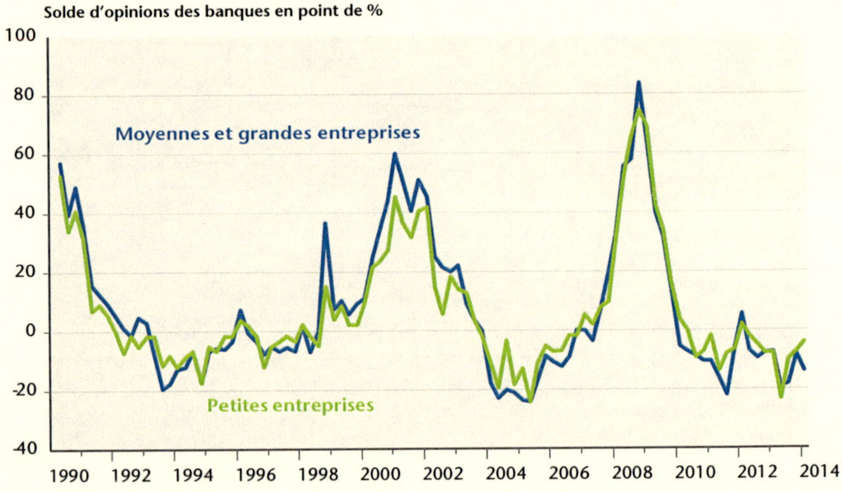

Source : Senior Loan Officer Opinion Survey.

La faiblesse des crédits distribués au regard des liquidités injectées dans l'économie peut être illustrée par le multiplicateur de crédit qui aux États-Unis demeure anormalement bas depuis le déclenchement de la crise et qui continue de baisser.

Graphique 10. Nouveaux crédits nets du secteur domestique non financier aux États-Unis

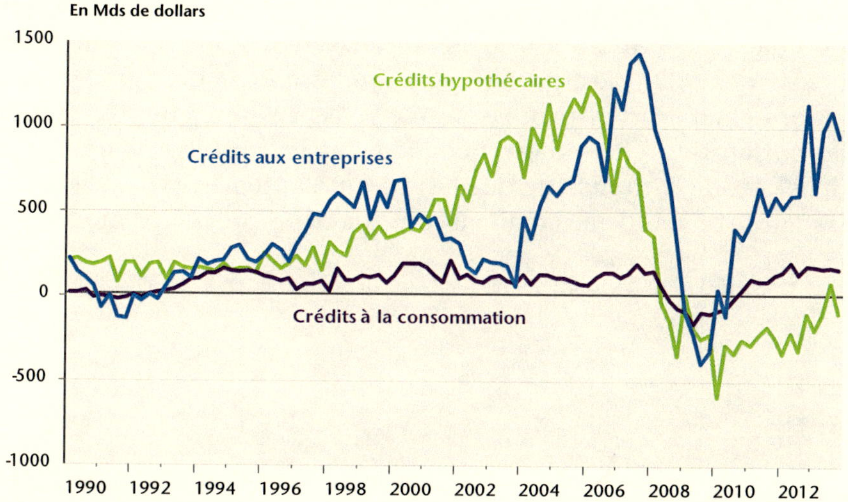

Source : Flow of funds, Federal Reserve.

Graphique 11. Encours de dette du secteur domestique non financier aux États-Unis

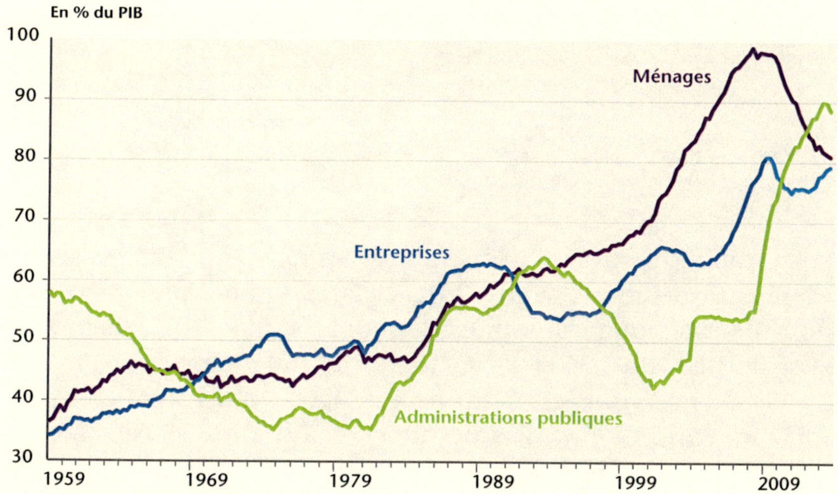

Source : Flow of funds, Federal Reserve.

En zone euro, le montant des nouveaux crédits semble stagner fin 2013 (graphique 12) : en réalité, on observe une amélioration pour le crédit immobilier, compensée par une contraction du crédit à la consommation. Pour les ménages, les taux des prêts à la consommation sont stables, et les taux sur les nouveaux crédits immobiliers restent à des niveaux très bas en moyenne (3,3 % fin 2013). Pour les entreprises, on n'observe pas d'amélioration sensible : sur le montant des nouveaux crédits, on est revenu au niveau de 2004. C'est davantage la faiblesse de la demande que le rationnement de l'offre qui explique le recul des flux de crédits vers les entreprises. Cependant, l'enquête sur les conditions de crédit dans la zone euro montre que les banques anticipent une accélération de la demande de crédit au cours des trois prochains mois.

Graphique 12. Croissance de l'encours de crédit en zone euro

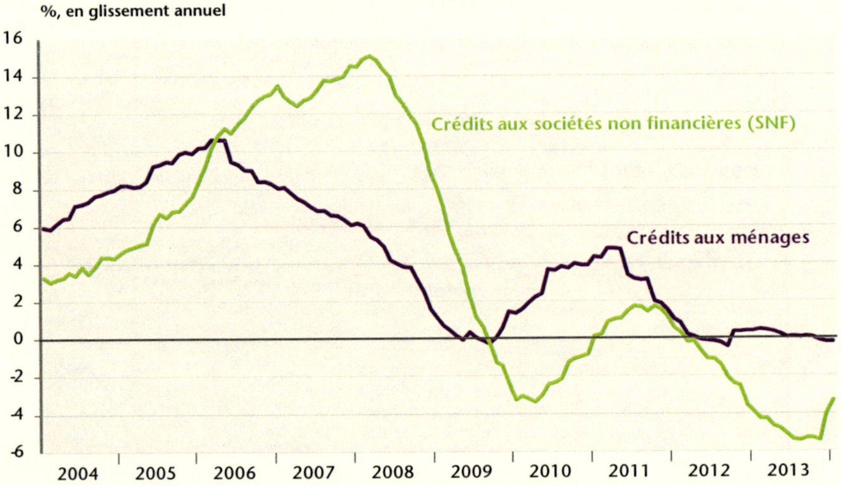

Source : BCE.

Par rapport à mi-2013, les taux sur les nouveaux crédits se sont légèrement détendus : entre 2012 et 2013 (graphique 13), le taux moyen sur les nouveaux prêts de moins d'un million d'euros est passé de 3,88 % à 3,35 % sur les maturités supérieures à un an, et de 4,07 % à 3,81 % sur les maturités inférieures à un an. Cette situation moyenne ne doit pas occulter les disparités persistantes en zone euro : sur les prêts aux sociétés non financières de moins d'un million d'euros et de maturité inférieure à un an, la France bénéficie des taux les plus bas (2,3 % en janvier 2014). Viennent ensuite la Finlande, l'Allemagne et les Pays-Bas. En position intermédiaire se trouvent l'Italie et l'Irlande (autour de 4,5 %), suivies enfin par la Grèce et le Portugal (autour de 6,5 %). Ainsi, la fragmentation qui s'est amplifiée avec la crise des dettes souveraines ne semble pas se résorber, malgré la mise en place de l'OMT et de l'Union bancaire (voir encadré 2).

Graphique 13. Taux bancaires aux sociétés non financières pour les prêts de moins d'1 million d'euros et de maturité inférieure à 1 an

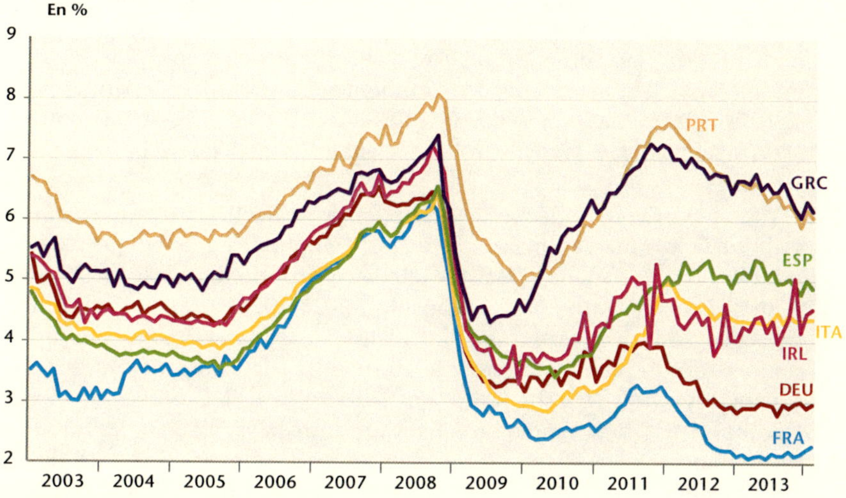

Source : BCE.

Encadré 2. Union bancaire, la fin de la fragmentation ?

L'idée de l'Union bancaire, qui remonte à juin 2012, était avant tout de briser le lien entre crise bancaire et dette souveraine en permettant une recapitalisation directe des banques en difficulté par le mécanisme européen de stabilité. En outre, pour lutter contre l'amplification de la fragmentation des marchés bancaires en zone euro, l'Union bancaire paraissait le prolongement naturel de l'Union monétaire.

L'Union bancaire, organisée autour de trois piliers (mécanisme de supervision unique, mécanisme de résolution unique et système unique de garantie des dépôts), modifie profondément l'architecture bancaire en zone euro. Le premier pilier, en permettant une supervision directe des banques « systémiques » par la BCE (et une supervision indirecte pour les banques de taille inférieure), doit permettre d'harmoniser la régulation bancaire en zone euro, en instaurant une plus grande transparence sur la santé des banques, notamment avec une revue de la qualité des actifs bancaires au printemps 2014 et des tests de résistance à l'automne 2014. Le deuxième pilier, qui consacre la logique de renflouement interne (« *bail in* ») de la banque, constitue un véritable changement de paradigme. En cas de difficultés d'une banque, on procèderait en premier lieu au renflouement interne (« *bail in* ») de la banque (par le biais d'une recapitalisation), et non plus le renflouement externe (« *bail out* ») par les pouvoirs publics. Les premiers à payer seraient les actionnaires et les créanciers par ordre de séniorité. Le renflouement interne s'appliquerait au moins jusqu'à 8% du passif de la banque. Au-delà, le Fonds de résolution pourrait être mis à contribution, à hauteur de 5% de son passif. En 2025, à l'issue d'une période de transition de 10 ans (2015-2024), le fonds, abondé par les banques, sera mutualisé et doté de 55 milliards d'euros. Ce deuxième pilier, qui instaure un fédéralisme bancaire a minima en zone euro, doit permettre de réduire la fragmentation du système bancaire. Il en va de même pour le troisième pilier, le système unique de garantie des dépôts à hauteur de 100 000 euros.

Toutefois, la réforme reste en-deçà des objectifs initiaux. Tout d'abord, la logique nationale continue de l'emporter sur la logique fédérale : le lien entre crise bancaire et dette souveraine est loin d'être rompu. Pendant la période de transition 2015-2024, les pays soumis à une crise bancaire devront demander l'aide de leur État, lequel devra se soumettre à un plan d'ajustement. Les investisseurs continueront donc à faire payer le risque bancaire aux États et le risque souverain aux banques. Enfin, la fragmentation bancaire entre pays ne serait pas forcément résorbée : soumises à des exigences plus fortes, les banques des pays fragiles devront encore restreindre leur distribution de crédit (« *credit crunch* ») et renforcer leurs liquidités auprès de la BCE. La logique de renflouement interne pourrait avoir un effet procyclique – anticipant une panique bancaire, les créanciers pourraient retirer leurs fonds , et une accélération de la divergence entre pays de la zone euro – un investisseur effectuerait ses placements en fonction de la solidité des finances publiques du pays où la banque est localisée. Par conséquent, pendant la période de transition, la fragmentation des marchés bancaires en zone euro pourrait persister, limitant l'efficacité de la politique monétaire.

TOWARDS THE END OF DEFLATION IN JAPAN?
MONETARY POLICY UNDER ABENOMICS AND THE ROLE OF THE CENTRAL BANK

Mahito Uchida[1]
SEIJO University, Institut d'Asie orientale (IAO)

In this paper, I investigate the Bank of Japan's monetary policy effects under Abenomics at the initial stage. First, I describe briefly what is "Abenomics" and "New monetary policy under Abenomics" since April 2013. I also examine the causes of the sharp response of the yen and Japanese stock prices, the increase of consumer price index and the change of the public's expectations for economic activity and prices on surveys. In the second part I explain why the new monetary policy was effective in 2013, comparing the previous policy until 2012. Although there is not so big difference between monetary policies before and after 2012 theoretically, I point out the importance of the strong commitment by central bank, the cooperation with the government and "psychological impact" on public. The third part discusses the durability of the new monetary policy. The policy effects will be sustainable if a price becomes lastingly positive, which needs a durably positive output gap. Therefore, growth strategy by Abenomics plays an important role. I also point out that the BOJ has to perform the policy over side effects such as the impact on the government bond markets, the impact on other financial market and an outflow of money to overseas.

Keywords: Abenomics, monetary policy, interest rates, inflation target.

One year has passed since Prime Minister Shinzo Abe took power in late 2012. The economic policies of the Abe administration (so-called Abenomics, same hereafter) seem to have done well.

1. This paper is based on my lecture at a seminar entitled *Towards the end of deflation in Japan?: Monetary policy and the role of the central bank*, which was held at L'Institut d'Asie Orientale (IAO) at l'École Normale Supérieure de Lyon on May 31, 2013.

There have been favorable developments spreading to financial markets and the real economy, and the public's expectations for economic activity and prices are improving thanks to the Abenomics. Especially, the "New monetary policy under Abenomics" plays an important role in stimulating the economy. For 2013, Japan seems to have positively surprised the world.

The main purpose of this paper is to examine the potential benefits and risks of the Bank of Japan (BOJ, same hereafter)'s new policy under Abenomics, which has been labeled "monetary easing of a different dimension" according to BOJ themselves, and which has been described as a revolution of monetary policy in financial market.

This paper is divided into five sections. First, the section 1 surveys Abenomics and "New monetary policy" under Abenomics. It also assesses the effects of New monetary policy at the initial stage. Section 2 considers why the new monetary policy was effective, comparing the previous policy until 2012. Section 3 discusses the issues from a long-term viewpoint. The durability of the policy, the overcoming of deflation, and unexpected problems caused by the New policy are discussed. Section 4 examines the relation between the central bank and government. Finally, Section 5 provides conclusion.

1. New monetary policy under Abenomics

(1) Abenomics

The Prime Minister Abe advocates economic policy package plan to overcome deflation and achieve economic growth.[2] His policy consists of three policy arrows;[3] that is,

— The BOJ conducts "Bold Monetary Easing" to achieve the price stability target of 2 percent at the earliest possible time through the monetary easing. Further, in January 2013, the

---

2. Prime Minister Abe intends to achieve a higher growth rate of GDP by around 3 percent in nominal terms and around 2 percent in real terms in the late 2010s.

3. It is a famous legend in Japan. During 16th century, prominent daimyo, Mōri Motonari had three sons, whom he encouraged to work together. In one instance, he handed each of his sons an arrow and asked each snap it. After each snapped his arrow, Motonari produced three arrows and asked his sons to snap all three at once. When they were unable to do so, Motonari explained that one arrow could be broken easily, but three arrows held together could not.

government and the BOJ issued a joint statement declaring they would pursue "policy cooperation" to try to end deflation.

— The government expands public investment to create real demand and employment. Public investment has been increasing mainly on the back of the emergency economic measures that were based on the supplementary budget for fiscal 2012 enacted in February 2013, 10.2 trillion yen or about 2.1% of GDP.

— The government builds a "Growth Strategy Program" that promotes private investment. "Japan Revitalization Strategy" was released in June 2013. It sets many numerical targets for various sectors in terms of increasing income and promoting exports, etc.[4]

The first two "arrows" was acknowledged as Keynesian policy. They aimed at returning Japan's economy to the sustainable growth path by expanding the size of the aggregate demand. The fiscal stimulus has worked to stimulate growth in 2013. And monetary policy played an important role in stimulating economy. The third arrow aimed at raising the potential growth in Japan.

(2) New monetary policy under Abenomics

Abenomics influenced monetary policy before Mr. Abe became Prime Minister on December 26, 2012. On December 20, the BOJ decided to increase the size of its asset purchase by 10 trillion yen. In January 2013, the BOJ declared that it is targeting 2% CPI inflation. Also, the government and the BOJ issued a joint statement declaring they would pursue "policy cooperation" to try to end deflation.

In April 2013, under the direction of the newly appointed Governor Haruhiko Kuroda, the BOJ decided to introduce the "quantitative and qualitative monetary easing" (the QQE, same hereafter), to achieve 2% inflation target. It consists of the following 4 measures.[5]

---

4. See Abe government, Japan Revitalization Strategy – JAPAN is BACK, overview set out on June 14, 2013.
5. See the Bank of Japan, Introduction of the *Quantitative and Qualitative Monetary Easing*, press release of April 4, 2013.

1) The monetary base will increase at an annual pace of about 60-70 trillion yen. As a result, the amount outstanding of the monetary base is expected to almost double in two years, from 138 trillion yen at end-2012 to 270 trillion yen at end-2014 (Figure1). The ratio of monetary base relative to GDP will amount to 60% of GDP in 2014, compared with figures of 17 to 18% for the euro-zone and US.

2) The BOJ increases Japanese Government Bond (JGB, same hereafter) purchases. The BOJ buys indirectly equivalent to 70% of government bond every month (Figure 1). Also, average remaining maturity of the bond extended from 3 to 7 years. Usually, this period is less than one year. It is because a risk becomes larger as a period becomes long.

3) The BOJ purchases directly risk assets such as ETFs (Exchange-Traded Funds) and J-REITs (Japan Real Estate Investment Trusts) to lower risk premium of asset price.

4) The BOJ promised to continue the policy as long as it is necessary for maintaining that target in a stable manner.

Figure 1. Monetary base in Japan and amount outstanding of BOJ's holdings

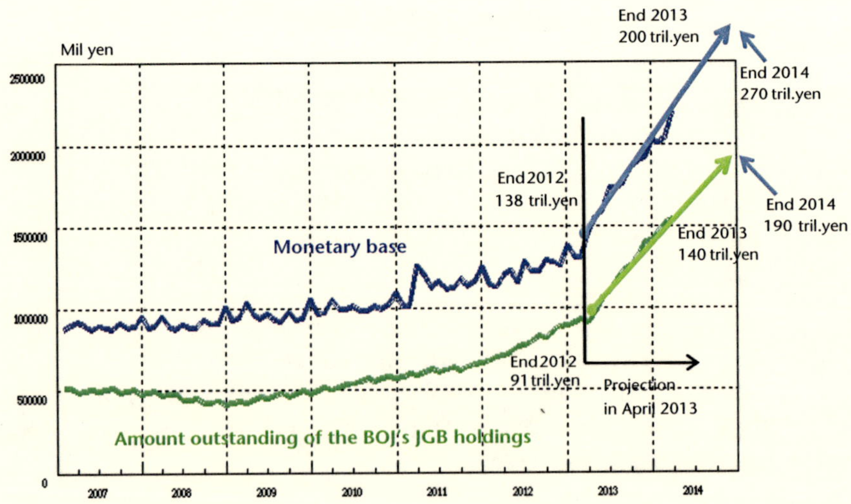

Source: The Bank of Japan.

Since April the BOJ has pursued the QQE as initially planned (Table 1). The monetary base has expanded and the amount outstanding of JGBs held by the BOJ has also increased to more than 140 trillion yen at end-2013. Also, the average remaining maturity of the JGBs purchased has extended to about seven years.

Table 1. Expansion in the monetary base and JGB holdings

Trillion yen

	Mar-2013 (Introduction of the QQE)	End-2013	
		Results	(initially planned)
Monetary base	146	202	200
the BOJ's JGB holdings	91	142	140

Source: The Bank of Japan.

This policy will create 4 transmission channels:

1) channel to the long-term interest rate (entire yield curve theoretically)
2) channel to stock prices and real estate prices
3) channel to portfolio adjustments and
4) channel to inflation expectations.

The main developments expected through the channels are as follows. Through the first channel, firms' and households' borrowing costs will be reduced. Through the second channel, there will be a rise in firms' capital raising and fixed investment, as well as in households' consumption and net exports. Through the third channel, there will be a shift from investment in government securities to banks' credit and investment in risk assets. Through the fourth channel, real interest rates will decrease and support spending activity in the economy. As a result, one could expect to see positive effects transmit to developments in economic activity and prices.

The new monetary policy has three features: drastic, political intervention, and good timing.

Firstly, this policy is "Drastic". It is drastic "Monetarism Solution". They change operation target from interest rate to monetary base. Whereas the deflation had continued for long time, the BOJ raised inflation target from 1% to 2% in January 2013. Moreover, their decision as a whole exceeded market expectations. The announcement of the policy surprised the financial market. According to Governor Kuroda, the BOJ took very drastic measures both in terms of the scale (quantity) and contents (quality) of its asset purchases.

Secondly, there is strong political intervention. Prime Minister Abe forced the BOJ to target an inflation rate of 2 percent within just two years. He insisted repeatedly that it would be necessary to proceed with revising the BOJ law if the central bank cannot produce results under its own mandate. He nominated advocate of aggressive monetary easing as Governor Kuroda and Deputy Governor Iwata.

Finally, the policy decision was made at the most effective timing. At the installation of new leadership, many people were observing the policy. Also, Japanese has much confidence in their quick action. In the financial market, stock price had remained too depressed for a long time compared with other countries. Consequently, if there was any good news, the stock price in Japan would have a room to go up. Regards to real economy side, business fixed investment had been restrained until last year because Japanese firms have postponed them. They also waited for the good news.

(3) Effects of new monetary policy

This section examines the effects of new monetary policy that have been observed in financial markets and economic activity.

Firstly, in the foreign exchange market, the yen's exchange rate against the U.S. dollar and Euro has been depreciating since November 2012 (before Prime Minister Abe took power), when it was around 80 yen to the dollar, 100 yen to the euro and has been around 100 yen to the dollar, 140 yen to the euro in December 2013. Monetary easing exerts pressure toward depreciation ceteris paribus. As for the stock price, Nikkei average rose from around 9,400 yen in November 2012 to the 15,100-16,300 yen level in December on the back of heightened expectations for economic improvement and of the depreciation of the yen. Finally, long-term interest rates rather rose a little since April. However, since June it have been almost flat low level at around 0.7 percent, even in the midst of rising overseas rates, due mainly to massive JGB purchases and flexible market operations by the BOJ.

With the view point of macroeconomic front, the Japanese economy has recovered. The GDP in Japan expanded in 2013 with an average annualized growth rate of 3 percent on a quarter-on-quarter basis, which was substantially above the potential growth rate that is estimated to be around 0.5 percent. Exports has been picking up during the process of adjusting the yen's appreciation. Consumption has been on a rising trend and housing investment increased. In Japan, we can usually see typical patterns in which the increase in export induces the capital investment and then it induces economic recovery as a whole. So, the development of export is very important. The BOJ issued optimistic economic forecasts, saying it expected GDP in fiscal 2013 will rise 2.7%.[6] In addition, IMF has kept revising up its growth projection for Japan while they have revised down its growth projection for the world.

As for consumer prices, while the year-on-year rate of change in the CPI (all items excluding fresh food, same hereafter) had been negative until the spring of 2013, it reached zero percent in May 2013 and turned positive since June, exceeded 1 percent at the end of year 2013, reflecting improvement in the economy and the yen's depreciation. The BOJ has been strongly committed to achieving the price stability target of 2 percent CPI inflation rate at the earliest possible time, with a time horizon of about two years: in April 2015.

According to the result in the Opinion Survey on the General Public's Views and Behavior conducted by the BOJ in June 2013, the share of respondents who expected that prices will go up one year from now, excluding the effects of the consumption tax hike, reached 80 percent. This suggests that the inflation expectations of households are picking up. Furthermore, according to a survey carried out by Nikkei Newspaper in May, 74% of the respondents praised the QEE policy.

At least during nine months after the start of new monetary policy, we can observe the positive reaction against the QEE.

---

6. See "Outlook for Economic Activity and Prices." (October 2013).

2. Why was the monetary policy not effective until 2012

(1) The monetary policy until 2012

This chapter deals with the question why previous monetary policy (monetary policy until 2012) was not effective and why new monetary policy is effective.

a) Japan's economy after 1990

Before analyzing the issue, I provide an overview of Japan's economy after 1990. This period is called as lost two decades in Japan. Japan suffered from a prolonged recession. Over the same period, Japan suffered from negative output gap except from 2005 to 2008. Japan experienced the collapse of the bubble in real estate and stock prices in the early 1990s, the subsequent financial crisis in the second half of the 1990s, the bursting of the U.S. IT bubble in 2000, the Lehman shock in 2008, and the Great East Japan Earthquake in 2011. When we calculate an economic growth rate of Japan per ten years, the average growth rate falls greatly from 9% in the 1960s, and 3.5% in the 1980s to 1% since 1990s.

Concerning price, the increase rate of CPI gradually dropped and shifted to a continuous modest decline from 1998. In Japan, deflation continues for 15 years. What is worse, average wages were falling about 10% in the past ten years.

Under these circumstances, the BOJ started to lower the policy interest rate since 1990 and it reached at zero in 1999. Therefore, the BOJ faced a challenging situation. Under the zero interest rates it becomes difficult to further enhance economy with the ordinary policy. The BOJ had to take unconventional monetary policy. These policies can be divided into three phases.

- The first round of policy is called the quantitative easing (the QE, same hereafter). It started in 2001 and ended in 2006 because CPI changed plus temporary. That is, the growth rate of the CPI was within the range of 0-1 percent in 2006. Therefore, in March, the BOJ concluded to exit the policy since the conditions laid out in the commitment had been fulfilled.
- The second round of monetary easing, the so-called the comprehensive monetary easing (the CME, same hereafter), starts from 2010 until the end of 2012. This time, not only

the BOJ but other central bank in advanced countries implemented the same policy.

— The third monetary policy (the QEE) stared with Abenomics which have already been mentioned in the previous chapter.

The following part reviews the first two policies individually.

b) The QE policy

The QE policy consisted of the following three main elements. First, the main operating target was shifted from the interest rate to monetary base. The target was increased gradually through money market operations by expanding excess reserves for private banks. This policy contributed to rapid expansion of the monetary base. The monetary base was expanded from 9 percent of GDP in 1999 to 22 percent of GDP by 2006. Second, the BOJ made a clear commitment to maintaining this policy until the condition of the CPI zero percent was met. This innovative monetary policy tool is nowadays often referred to as "forward guidance". Thirdly, the BOJ increased the purchase of long-term JGBs, although a scale is not so large at the initial stage.

The overall assessment of the policy was made by Governor Fukui in 2006.[7] According to his conclusion, firstly, the policy stabilized the financial system through the ample liquidity provision at a time when there were strong concerns over its stability. As a result, it successfully avoided a repetition of the large-scale credit crunch that occurred during the previous financial crises since 1997. Second, the policy created and maintained a very accommodative environment that supported the recovery of Japanese firms. Meanwhile, the BOJ stressed that the policy leads a side effect. That is, owing to fewer arbitrage transactions and reduced demand for fund-raising from the money market, there was the shrinkage of the interbank markets. Thirdly, it was clear that such policy could not promote active lending activities by banks. This was mainly attributable to the size of negative shocks triggered by the bursting of the bubble in the early 1990s and their subsequent impact on the financial system. Policies for dealing with the deteriorating balance

7. Opening speech by Toshihiko Fukui, Governor of the Bank of Japan, at the 13th International Conference hosted by the Institute for Monetary and Economic Studies, Bank of Japan, June 1, 2006.

sheets of financial institutions caused by ample nonperforming loans were very slow. At the same time, the drag on aggregate demand was severe owing to the balance sheet problems of firms and three types of excesses; employment, investment, and debt.

Empirically, the effects of the QE policy can be examined by decomposing the transmission mechanism into the following two stages: the transmission mechanism from monetary easing to financial and capital markets (first stage); and the mechanism from the first stage to the real economy and prices (second stage). To summarize the research results,[8] on financial and capital markets front, the effect of the policy was traced mainly through the forward guidance policy by pushing the yield curve downward. Meanwhile, the portfolio rebalance effect had mixed results, depending on the types of assets. In particular, the purchase of JGBs had little impact on lowering risk premiums. However, some research analyses demonstrated the presence of the portfolio rebalance effect through the channel of cross-border capital flows. Namely, the QE policy induced capital outflows, whose funds were then reinvested in Japanese stocks by foreign hedge funds, and they contributed to raising those stock prices. With regard to the second stage, some demonstrated that an expansion of the BOJ's balance sheet had a limited impact on aggregate demand and prices. Other studies showed that there was a statistically significant positive impact on industrial production, but no statistically significant impact was found on the price.

c) The CME policy

After Lehman shock, many central banks in advanced economies introduced the same unconventional policy in order to support mal-functioning financial markets. Therefore, the second policy strengthened the previous policy not only quantitatively but also qualitatively. The reflection of previous policy was also reflected. The difference between two policies was as follows.

First, the BOJ buys a wider range of risk assets. This reflects the view that the direct purchase of various financial assets may

8. See to Ugai (2007) for details. It surveys empirical analyses concerning the effects of the quantitative easing policy.

encourage the further decline in longer-term interest rates and risk premiums through greater portfolio rebalance and signaling effects.

Second, the policy directly aims at lowering longer-term interest rates and risk premiums through an emphasis on asset purchases. This is a sharp contrast from the previous policy, where the main focus was on the size of the current account balance at the BOJ. It is important to note that the volume of monetary base is less emphasized. Instead, it is important to examine whether there is room for further monetary easing by encouraging a further decline in longer-term interest rates and risk premiums.

The effect of policy is almost same as a previous policy (Table 2). On one hand, we can observe positive effects on financial markets. Long-term bond yields had been declining. In particular, the yields on JGBs up to three years have declined and flattened. Similarly, yield spreads between corporate bonds and government bonds

Table 2. A effect of comprehensive monetary easing (CME) policy

	Assess-ment	Explanation*	Reference <2013/11>
Short-Term Interest Rates	○	Low, including those with longer maturities. O/N call rate: 0.113%(2010/9), 0.089%(2012/10)	<0.071%>
Long-Term Interest Rates	○	Yields on JGBs declined across all maturities. 3-year JGBs: 0.154%(2010/9) → 0.100%(2012/10) 10-year JGBs: 0.937%(2010/9) → 0.784%(2012/10)	<0.108%> <0.736%>
Issuing conditions for bonds	○	Yield spreads had been stable at low levels Spreads of Corporate Bond A-rated: 0.2 ~ 0.4%	<0.2 ~ 0.3>
Stock price	×	Stock price remains stagnant. Nikkei Stock Average: 9,369 yen (2010/9) → 8,928 yen (2012/10)	<15,662 yen>
Real estate investment trust	Δ	J-REITs Price: 935 (2010/9) → 1,052(2012/10) Trading volume: 2,242 (2009) → 2,664(2010)	<1,468> <8,780>
Economic activity	Δ	CME may be underpin Japan's economy Real GDP (the year-on-year rate): 0.3%(2011), 0.7%(2012)	(2013 OECD estimation) <1.8%>
Deflation	×	Consumer Price Index remained minus CPI (all less fresh food, the year-on-year rate) -0.2%(2011), -0.1%(2012)	<1.2%>
Bank lending	×	Bank lending continued to weak Bank lending (the year-on-year rate): -2.1%(2011), 1.2%**(2012)	<3.6%>

* The data in September 2010 and in October 2012 were used, because CME started in October 2010 and "New monetary policy" was expected since November 2012 when Prime Minister Noda stated that the diet would be dissolved.

** Loans to electric power companies have increased since the Great East Japan Earthquake of 2011.

Sources: Minister of Finance, Ministry of Internal Affairs and Communications, The Bank of Japan, The Japanese Bankers Association, Tokyo Stock Exchange, Inc. Nikkei Inc.

corporate yields decreased across investment grades. The prices of J-REITs surged and trading volume increased following the announcement of BOJ's CME policy. However, on the other hand, on economic activity side, the effects are very limited. Although CME policy contributed to underpinning Japanese economy, they failed to exit from a period of deflation. Also, firms' demand for external funds remained weak due to a decrease in firms' demand for funds.

(2) The difference between the previous policy and new policy

Theoretically, there is not so big difference between monetary policies before 2012 and that since 2013, even if there is a difference of a scale. Among four measures of the QQE, the "Quantitative monetary easing" in Japan has already adapted in 2001. The BOJ had already purchased not only Japanese government bond but also a wider range of risk assets including exchange-traded funds (ETFs) and Japan real estate investment trusts (J-REITs). In the past, the BOJ promised to continue the policy as long as it is necessary for maintaining that target in a stable manner. The BOJ also attached great importance to its communication with market participants. However, the previous policy did not lead to economic recoveries, whereas the new policy had big influence in the economy.

As for financial market, both investors and financial institutions investing in JGBs did not shift to risk assets such as stocks and foreign-denominated bonds until 2012. However, this "portfolio rebalancing effect" seems to begin to increase in 2013.[9] Consequently, the yen depreciated. It induces increase of export. Thus, in Japan, an economic virtuous circle is beginning to turn.

The current policy has a kind of "psychological impact". The Japanese are not usually interested in a monetary policy. According to opinion survey conducted by BOJ in June 2013, when asked about their interest in the BOJ, the proportions of respondents who stated that they were "interested" in accounted for only 24 percent. However, this time, the media cannot stop talking

9. Since long-term interest rate is too low, the financial institution cannot acquire a profit when they hold government bund.

about inflation. Japanese people seemed to come to get interested in deflation. It can be said that the strong will of the BOJ got across to people. In addition, the coordination with government may be very important.

Governor Kuroda pointed out the difference from a former policy in his first speech in April 2013. Firstly, in the past, the BOJ had taken its policy gradually while examining the effects of monetary easing. However, there have been no concrete results. Therefore, Governor Kuroda does whatever is necessary to overcome deflation. Secondly, previously the BOJ hesitated to commit inflation target, because they judged achieving 2% inflation target in two years remains quite difficult only without structural reform in Japan. Rather, they tried to avoid losing credibility from the financial market. This time Governor Kuroda made a clear commitment to achieving the price stability target of 2 percent at the earliest possible time, with a time horizon of about two years. Thirdly, Governor Kuroda showed its strong policy stance with clarity. In this point, the previous Governor Shirakawa tried to have a strong stance. However, regrettably, his strong feeling was not able to reach understanding from Japanese, because his explanation may rather be rested not on the facts but on theory or ideal.

(3) The cause of deflation

Fundamentally, there is the big difference concerning the recognition about the cause of deflation between current Governor Kuroda and Former Governor Shirakawa. The cause of deflation and the actions of central bank to solve the deflation has been a focus of policy debate in Japan,[10] since the experience of deflation combined with the zero interest problems was quite unique in postwar history.

Concerning the cause of deflation, there are some common understandings such as negative output gap, appreciation of yen and subsequent inflow of cheap imported goods, downward pres-

10. Nishizaki K., Sekine T., and Ueno Y. (2012) examine structural features that may explain Japan's chronic deflation, including the zero-lower bound on the nominal interest rate, public attitudes toward the price level, central bank communication, weaker growth expectations coupled with declining potential growth or the lower natural rate of interest, risk averse banking behavior, deregulation, and the rise of emerging economies.

sures on prices from deregulation and the streamlining of distribution systems, declining trend for wages.

However, about the fundamental factor of deflation, there was a big difference between them. Governor Shirakawa accepts the finance side as one cause of deflation. But he contended that the zero-interest-rate policy already furnished enough funds to the market. Therefore, he insisted that factors other than financial, that is, structural problem such as demographic changes might also influence deflation greatly. On the other hand, Governor Kuroda insists that insufficient amount of money was the fundamental cause as deflation is ultimately a monetary phenomenon. Consequently, monetary policy taken by the former Governor had been rather restrictive. Governor Shirakawa strengthened his monetary easing gradually while examining the effects. Instead of taking radical policy, he introduced a new facility to support access to lending for growth-oriented sectors.

Many critics were calling for the policy conducted under Governor Shirakawa to adopt more radical measure. They insisted that the BOJ took the policy "too little, too late,"[11] According to them, the government also made a mistake in the turn of a policy. Japanese should recover from deflation first, and then use a tax hike if necessary.[12]

The criticism that BOJ took the policy "too little, too late," may be right theoretically. However, in performing new policies or unorthodox policy, the BOJ could not but become prudent in fact. Unlike the theory at university, the BOJ is not allowed failure. Article 2 of BOJ Law indicated as follows,

> Currency and monetary control by the Bank of Japan shall be aimed at achieving price stability, with which Japan's economy will grow in a sustainable and balanced manner, thereby contributing to the sound development of the national economy.

Therefore, the policy of BOJ tends to be conservative. Unfortunately, by means of the gradual policy, the central bank could not change expectation of price among Japanese.

---

11. See for example Ito T. and Mishkin, F. (2006). They insisted BOJ can easily purchase CPs, EFTs, REITs, and foreign currency denominated bonds.
12. A bill was passed in 2012 to raise Japan's consumption tax from 5% to 8% by April 2014 and to 10% by October 2015. Hamada (2013) blamed the policy.

3. The durability of the new monetary policy

(1) Sustainability of the new monetary policy

Theoretically, it takes about one year before a monetary policy exerts an effect. This time, the QQE, with various economic measures by Abenomics, has already started to exert effects as mentioned in the previous chapter. The economic improvement in Japan has continued more than the scenario of a central bank at least until December 2013. As a result, many Japanese expect the effect of Abenomics. It has been only nine months since the BOJ introduced the QQE. That is, the QQE was still in its early stages. Therefore, it is important to make this policy effect sustainable.

The main goal of BOJ is to overcome deflation. The BOJ clearly commits to achieve the price stability target of 2 percent CPI inflation rate with a time horizon of about two years. However, another important goal of BOJ is to have Japan's economy return to sustainable growth with price stability around 2%. The most significant contribution that central bank could make is to provide accommodative financial conditions from the financial side. Therefore, starting from dispelling deflationary expectations, the BOJ intends to create and embed an economic virtuous cycle of a moderate rise in prices, an increase in sales and profits, an increase in wages, a boost in consumption, and a moderate rise in prices. That is, the QQE policy effects will be sustainable if a price becomes lastingly positive, which needs a durably positive output gap.

In this point, one concern is the fact that "Growth Strategy Program" of Abenomics remains weak. As the two consumption tax hike is scheduled in Japan,[13] the government may ask the BOJ about the need for additional monetary easing because of "policy cooperation". However, an economic stimulus that is entirely reliant on monetary easing will cause unexpected problems. Lending activities have remained moderate under new monetary policy. This mainly reflects a shortage of credit demand arising from sluggish economic activities. In order to heighten the effect of monetary policy, it is necessary for the government to carry out bold structural reform like revolutionary monetary policy. Japan

13. The consumption tax hikes are scheduled for April 2014 and October 2015, from 5 percent to 8 percent and 10 percent, respectively.

must remove obstructing factors in economic, institutional, and social areas. In addition to that, the following must be attained with the result of reform: Firms should embark on new challenges in broaden areas. And workers should move more smoothly into businesses and industries with high growth potential in the labor market. The Bundesbank also warned that the effects of Japan's current economic policy would only be temporary unless more specific reforms are carried out.

(2) The overcoming of deflation

While the economic expansion in 2013 was real, there is yet a little evidence that the two decade long deflation is over. The year-on-year rate of change in the CPI turned positive since May 2013. It is in the range of 0.5-1.0 percent in summer 2013. In November 2013, consumer prices rose at a somewhat accelerated pace to positive 1.2 percent. However, the recent pickup in prices attributes mainly to a rise in energy prices and food prices on the back of the yen's depreciation. The change in the CPI that excludes food and energy stood still at low level of 0.3 percent. It is not certain whether the rise of CPI will accelerate further.[14] Moreover, even if the BOJ achieves its inflation target, it could not be appreciated as a success if it is the result of the devaluation of the yen. If Japanese start to anticipate higher prices and modify their behavior accordingly, inflation could become a reality. However, if price inflation is not accompanied by wage inflation, the pass-through from inflation expectations to consumer spending may be broken.

The BOJ has made a clear commitment to achieving the price stability target of 2 percent with a time horizon of 2015. Also, the BOJ estimates that CPI will reach 1.9 percent in 2015.[15] Governor Kuroda shows strong confidence in the estimation. However, we should also observe that the forecasts of the nine board members ranged widely from 0.9 percent to 2.2 percent. It is true that among deflationary factors, appreciation of yen stopped. Output gap has been reduced. However, downward pressure from deregulation and distribution system seems to continue. We are yet to see any

14. According to the monthly survey by the Cabinet Office's Economic Planning Association in January 2014, Economists on average expect core CPI to increase only 0.97% in fiscal 2015 and wages to increase only 0.3% in fiscal 2014.
15. See "Outlook for Economic Activity and Prices." (October 2013, the Bank of Japan).

notable upturn in the wage growth, especially in the manufacturing sectors. Therefore, achieving 2% inflation in two years remains yet uncertain.

We might not adhere to inflation 2% of a level. There has been no in-depth discussion about the level of target in fact. If people's expectations change from deflationary to inflationary, their behaviors change, and developments in the economy as a whole would start to change. It can be assessed that this policy is successful if Japanese economy goes into orbit of sustainable growth.

As for inflation expectation, the most important point of the QEE is to dispel the deflationary expectations that had been firmly embedded after nearly 15 years of deflation, and to generate mild and stable inflationary expectations. Many indicators suggest that inflation expectations have been picking up in the market, as well as among firms and households. Deputy Governor Iwata insisted as the following.[16]

> Intrinsically, monetary policy can elicit its effects through the public's expectations. In the initial stage of the QEE, the important key is for the public to expect that prices will go up. Going through this process, demand will increase and prices will start to rise in reality toward the price stability target of 2 percent. This in turn will reinforce the public's expectations that prices will rise stably in the future, thus contributing to low and stable expected real interest rate.

Until December 2013, Japanese economy has improved as the BOJ explained. However, according to results of Opinion Survey on the General Public's Views and Behavior in June 2013, the proportions of respondents who stated that they were "interested" in the activities of BOJ accounted for 24 percent in June 2013, increasing only 1% from 23 percent in December. In addition, the proportion of respondents who described the explanations to the public by BOJ as "unclear" and "clear" accounted for 58 percent and 6 percent respectively (Figure 2). We can see little improvement in this field. It is true that the expectation of inflation changed among some investors. However, at a present stage, it cannot be confirmed whether the expectation of inflation has spread among Japanese.

16. See Iwata, (2013).

Figure 2. Results of the opinion survey on the general public's views and behavior (June 2013)

1) Interest in the Bank's Activities

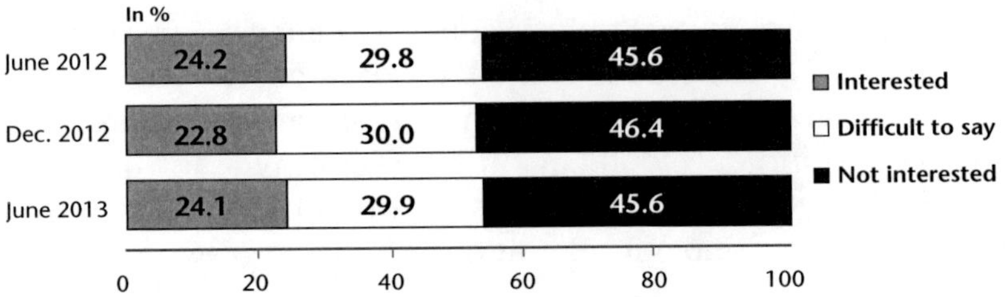

Notes: "Interested" comprises the choices "interested" and "somewhat interested" that are found in the questionnaire. "Not interested" comprises "not interested" and "not particularly interested."

2) The Bank's Explanations to the Public

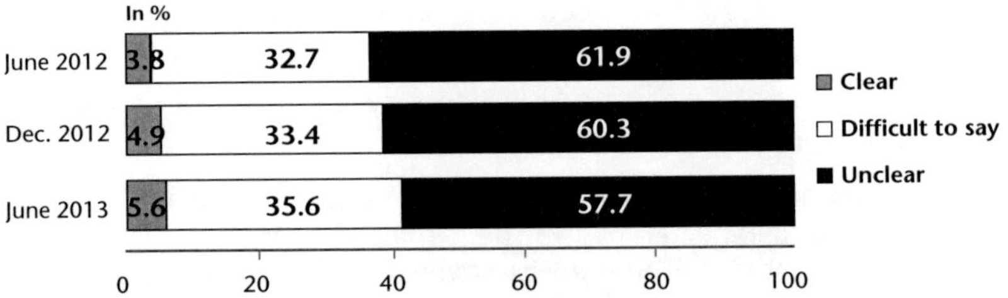

Notes: "Clear" comprises the choices "clear" and "somewhat clear" that are found in the questionnaire. "Unclear" comprises "unclear" and "somewhat unclear."

Source: the Bank of Japan.

(3) Unexpected problems caused by the new policy

The QEE entails some risks. This section considers the issues such as the impact on the government bond markets, the impact on other financial market and an outflow of money to overseas.

a) An impact on the government bond markets

First is a formation of a bubble on the government bond markets. It is well-known that Japan has the highest debt to GDP ratio in advanced economy, much higher than some European countries such as Greece and Ireland, which have been in sovereign debt crisis since 2010.The government bonds and borrowings in Japan has increased sharply from 643 trillion yen in 2002 to 997 trillion yen in 2012[17] due to the increase in growing spending

17. They include "Government bonds" (812 trillion yen), "Fiscal investment and loan program bonds" (113 trillion yen) and "Borrowings" (54 trillion yen).

to fund the rising social security costs and the falling tax revenues resulting from economic downturn. The International Monetary Fund published the report in 2010 saying that Japan's government debt would reach 250% of GDP in 2015. However, yields on 10 year JGBs remains low at a historical low level of 0.7 percent in 2013. There are mainly two reasons. First, there is no safest asset in Japan than JGBs. Secondly, large-scale JGB purchases by the BOJ under QQE has exerted downward pressure.

In Japan, more than 90% of JGBs are held by domestic investors. Japan's household financial assets (at 1,590 trillion yen in June 2013) are the second largest in the world after the United States. However, it has increased by only 178 trillion yen in the past 10 years. As a result, if government debt in Japan continues to increase at the present pace, it will be difficult for domestic investors to purchase further JGBs in the near future. Concerning the sale of JGBs, Japan will be forced to depend on foreign investors.[18] Another possibility is the holdings of JGBs by the central bank. However, the current money policy has already been extraordinary in that the BOJ buys more than 70 percent of government bonds issued every month. If the BOJ were to further increase the volume of government bonds it purchases, it could cause market functions to fail, lead to the interpretation that the central bank is forced to make up for the budget deficit, and eventually cause the credit rating of Japanese government bonds to decline. This could end up sharply increasing interest rates. In order to avoid a doubt regarding the BOJ's increasing purchases of JGBs as financing fiscal deficits, it is necessary for the government to clearly show the future course of fiscal consolidation and steadily make progress to reform the fiscal structure.

Even if these problems do not occur, the financial market price in 2013, that is the combination of depreciation of yen, a low long-term interest rate and the rise of stock prices, did not have compatibility. Theoretically, long-term interest rates (i_l) are considered to be determined mainly by two factors: first, the forecast of future short-term interest rates or the future inflation rate (p^e), and

18. Foreign investors have already increased their JGB holdings. China became the largest holder of JGB since 2010 (18 trillion yen in 2011).

second, an extra interest rate required for risk associated with long-term bond (*riskp*).

$$i_l = p^e + riskp$$

In 2012, the prices of Japan had been minus 0.1%. The long-term interest rate was 0.7%. As a result, it is guessed that a risk premium had been around 0.8%. On the other hand, suppose if the BOJ attains 2% of inflation target in two years, and if the policy actions by the BOJ are intended to lower interest rates at the current 0.7% level, risk premium should be minus 1.3%. It is not sustainable. When a central bank purchases government bonds in the bond market and absorbs the amount of bonds in circulation, the bond price will rise and the yield will decline. However, the risk premium cannot become minus for a long time. From April to June 2013, the higher inflation expectation leaded to the rising of long-term interest rates.[19]

If the government bond market crashed, fiscal deficit will get worse. The BOJ holds a massive portfolio of JGBs. It raises doubts about the viability of the BOJ's balance-sheet problem. Also, it is private financial institutions that hold a massive portfolio of JGBs. Therefore, large losses on the profit will arise for financial institutions again. Governor Kuroda said in May 2013 that estimates by the BOJ showed a rise in interest rates by around 1-3 percentage points would not cause major concerns over Japan's financial system, as long as the rise is accompanied by improvements in the economy. However, there is another forecast by think-tank that Japanese banks will lose profit if the rise in interest rates is not accompanied by improvements in the economy and is driven by heightened concern over Japan's fiscal deficit.[20]

b) An impact on other financial market

The financial markets may become unstable if the QEE is based on the market's illusion.

19. In this point, Krugman (2013) insisted that as long as Japanese short-term rates are up against the zero lower bound, long-term JGB rates does not rise much as a result of expected inflation, and they might even fall slightly if the BOJ gets perceived as less ready to raise rates in future.
20. See BNP Paribas, (2013).

As for exchange rate, the yen depreciated by 30% against a dollar and a Euro in 6 months. Theoretically, according to Purchasing Power Parity calculated by the Japan-U.S. consumer price index ratio, one dollar corresponds in the second half of the level of 90 yen.[21] The exchange rate of the yen was around 100 yen per dollar in December 2013. It can be judged that the current exchange rate of the yen stands within appropriate range. Rather, the Japanese yen is bought too much in a foreign exchange market until 2012. That may be why the BOJ often use the expression "the process of adjusting the yen's appreciation" instead of the depreciation.

As for the stock price, after two "lost decades", it surged by more than 60% during one year since the beginning of the year 2013. We can see some analysis that saying there are many foreigner's stock trade transactions during the period. The volatility (model free implied volatility; MFIV) of Japanese stock prices has remained at a high level in 2013 relative to volatility in overseas markets.[22] Although it is dependent on the Japanese economy of the future, stock market seemed overheat in 2013. In fact, the stock market repeated fluctuation since June 2013. Also, in the J-REIT market, prices rose substantially after end-2012 against the background of an improving outlook for conditions in the business office market. After a correction phase entered in May 2013, the market picked up again in September thanks to Tokyo's selection to host the 2020 Olympics. The Tokyo Stock Exchange REIT Index delivered a 35.9% price return in 2013, their highest annual returns in the index's history.

On the other hand, the real estate market remains stable as a whole, although the monetary easing is gradually raising land prices in some urban areas such as Tokyo, Osaka and Nagoya. In July 2013 it fell by 1.8% in residential areas and 2.1% in commercial areas from figures posted the year before. Japanese people remain prudent in real estate deals by experience of the collapse of the 'bubble' economy in 1990.

21. PPP is calculated using Ministry of Internal Affairs and Communications, "Consumer Price Index" and U.S. Bureau of Labor Statistics, "Consumer Price Index."
22. See in detail BOJ, (2013).

c) An outflow of money to overseas

The QEE policy does not only cause stock price and JGB in Japan to sharply rise. It could also increase risks pertaining to overseas markets. Japanese investors started to increase holdings of overseas debt since 2013. Investors in US intend to borrow yen in order to buy higher yielding assets. In fact, junk-bond markets overseas have been expanding since April 2013. The U.S. central bank has warned about such invisible risks.

Moreover, it seems that the money in Japan is flowing also into Asian countries mostly by way of the U.S. There are few signs of asset bubbles forming in Asia due to Japan's massive monetary easing. As far as recovery in the Japanese economy is expected, the currency wars don't occur. The BOJ's monetary policy is focused on achieving the domestic objective to lead Japan's economy toward overcoming deflation. Achieving this goal will eventually provide the global economy with favorable effects. It seems that the international community shares a common understanding on these points. However, the BOJ should monitor whether its monetary easing could have an unintended spillover effect on emerging economies carefully.

4. Independence of the Central Bank

When we consider the role of a central bank from a long-term viewpoint, the issue of the independence of a central bank is important. Actually, the BOJ law grants the central bank independence from the government. Historical experience shows that central bank independence is of crucial importance for lasting price stability and growth. For example, the lesson from Bank of England shows that wide operational and financial independence given to monetary and credit policy in the public interest subjects the central bank to incentives detrimental for macroeconomic and financial stability. An independent central bank needs the double discipline of a priority for price stability and bounds on expansive credit initiatives to secure its promise for stabilization policy.[23] Against those backdrops, central banks are nowadays granted formal independence. If central banks are to pursue price stability,

23. See Goodfriend M., (2012).

they should be able to conduct monetary policy from a medium to long-term perspective, away from short-term concerns. This is legally secured by recognizing the independence of central banks in national laws. Moreover, no central bank of advanced economies loses independence.

However, Japan has not been able to escape from a vicious cycle of deflation and stagnant economic activity for the past 15 years. Therefore, Prime Minister Abe repeated it would be necessary to revise the BOJ law if the central bank cannot produce results under its own mandate. At the time of deflation, the aim towards the overcoming the deflation is in the same direction between the government and the central bank. However, at the time of inflation, the government focused on growth, whereas the central bank should focus on price stability. The BOJ says repeatedly that they carefully examine risk factors such as market conditions and developments in economic activity and prices. However, the concern that the policy measures of the BOJ would be delayed remains. Once the independence is thrown into doubt, the prevailing expectation formation processes may undergo fundamental change to a bad direction of inflation.

5. Conclusion

It has been 9 months since the BOJ introduced the QQE. Overall, the QEE under Abenomics has already provided a considerable stimulus to the economy. Taking into account Japan's current situation of protracted deflation, it might be confirmed that this kind of policy should be effective. There has been a favorable turn not only in financial markets and corporate finance but also in the public's expectation. In a real economy side, not only public spending but also export and personal consumption has increased. A cause of bold monetary easing, the real interest rate fell and it caused a weak yen. Consequently, the export increased. The psychological impact of the monetary policy has played the large role in increasing in personal consumption. At least until January 2014, the scenario of aiming to achieve 2 percent CPI inflation materializes in line with the intended path. The public gradually senses this development and raises its level of confidence regarding the economic activity and price outlooks.

For the QQE to actually exert effects, the BOJ express its strong commitment that it is responsible for achieving the price stability target of 2 percent, and that this is accompanied by concrete measures underpinning such a commitment. In addition, the QEE is performed in cooperation with the government. In order to revitalize the economy which has fallen into this vicious cycle of deflation and a decline in aggregate demand, it showed that the bold monetary easing is effective at least in the short run as a means of stopping the continued fall in prices and bringing economic activity to the level that should have been achieved.

However, there is also a limit in a monetary policy. The base money supplied by the BOJ would be more effective if the government proceeds an accelerated depreciation scheme for capital investment or a bold plan for deregulation. To maintain positive output gap, growth strategy plays an important role. Abenomics, which consists of three policy arrows, is an appropriate policy package. However, among three arrows, while monetary policy and fiscal policy are already being implemented, the third have been slow in coming. The obstacles of government restrictions, anticompetitive laws and regulations, bureaucratic interference and inflexibility, relatively high taxes have weakened profitability, international competitiveness, and growth from vasst swaths of Japan's economy. If these obstacles cannot be substantially lowered or removed, it will be hard to see how Japan can avoid further economic marginalization.

It is expected that many side effects arise by the present policy. The BOJ has to perform the policy over side effects. Among some issues, most concerned is the adherence of inflation target of two percent. The BOJ promises to achieve an inflation target of 2% in April 2015. If the BOJ continues to stick to its 2 percent inflation target strictly, the central bank may not only lose its flexibility in its policy implementation. The goal is to produce real growth not to produce inflation. It is true that the change of deflation anticipation is mostly important. However, if Japanese get the growth, the aim is attained. Then, it should be reversed as soon as the sustainable growth is achieved. The BOJ would lose its credibility as the central bank if it lets its desire to much to achieve the inflation target of 2 percent.

References

Bank of Japan HP, 2013. *Results of the 54th Opinion Survey on the General Public's Views and Behavior.*

Bank of Japan HP, 2013. *Financial System Report.*

BNP Paribas, 2013. *Q&A about an Abenomics.*

Cabinet Office, Ministry of Finance, Bank of Japan, 2013. *Joint Statement of the Government and the Bank of Japan on Overcoming Deflation and Achieving Sustainable Economic Growth.*

Cabinet Office, Ministry of Finance, Bank of Japan 2013. *Basic Policies for Economic and Fiscal Management and Reform - Ending Deflation and Revitalizing the Economy.*

Deutsche Bundesbank, 2013. *Macroeconomic Implications of Japan's new economic policy.* Monthly Report.

Goodfriend M., 2012. "The Elusive Promise of Independent Central Banking." *IMES Discussion Paper Series* 2012-E-9.

Hamada K., 2013. "The United States Knows Revival of Japanese Economy." (in Japanese), *Kodansya.*

Ito T. and F. Mishkin, 2006. "Two Decades of Japanese Monetary Policy and the Deflation Problem." Takatoshi Ito and Andrew Rose eds. Monetary Policy with Very Low Inflation in the Pacific Rim, *The University of Chicago Press.*

Iwata K., 2013. "Quantitative and Qualitative Monetary Easing and its Transmission Mechanism: Logic behind the First Arrow." *Speech at a Meeting Held by the Kyoto Chamber of Commerce and Industry.*

Krugman P. R., 1998. "It's Baaack: Japan's Slump and the Return of the Liquidity Trap."*Brookings Papers on Economic Activity.*

Krugman P. R., 2013. "Abenomics and Interest Rates: A Finger Exercise." *The New York Times,* The opinion pages on 10th June.

Kuroda H., 2013. "Quantitative and Qualitative Monetary Easing." *Speech at a Meeting Held by the Yomiuri International Economic Society in Tokyo.*

Nishizaki K., T. Sekine, Y. Ueno, 2012. "Chronic Deflation in Japan." *Bank of Japan Working Paper Series* 12-E-6.

Prime minister of Japan and his cabinet HP, 2013. *New Growth Strategy: The Formulation of Japan Revitalisation Strategy-Japan is Back.*

Prime minister of Japan and his cabinet HP, 2013. *Japan Revitalization Strategy: Examples of Major Policies.*

Shirakawa M., 2013. "Toward Strengthening the Competitiveness and Growth Potential of Japan's Economy." *Speech at the Executive Member Meeting of the Policy Board of Nippon Keidanren* (Japan Business Federation) in Tokyo.

Uchida M., 2013. "An Effect and Limit of an Unconventional Monetary Policy: Overcome of Deflation and a Monetary Policy." (in Japanese), *Annual report of the Institute for Economic Studies*, 26.

Ueda K., 2005. "The Bank of Japan's Struggle with the Zero Lower Bound on Nominal Interest Rates: Exercises in Expectations Management." *International Finance*, 8(2).

Ugai H., 2007. "Effects of the Quantitative Easing Policy: A Survey of Empirical Analyses." *Monetary and Economic Studies*, 25(1), Institute for Monetary and Economic Studies, Bank of Japan.

Watanabe T., 2012. "Long-Lasting Deflation under the Zero Interest Rate Environment." (in Japanese). Paper presented at the conference on Price Developments in Japan and Their Backgrounds: Experiences Since the 1990s, November 24, 2011, *Bank of Japan Working Paper Series* 12-J-3, Bank of Japan.

INDEX DES TABLEAUX, GRAPHIQUES ET ENCADRÉS

Banques centrales, dernier rempart contre la déflation

Zone euro : convalescence

France : ajustements graduels

Fiche thématique et fiches pays

Banques centrales, dernier rempart contre la déflation

Zone euro : convalescence

France : ajustements graduels

Fiche thématique et fiches pays

Politiques monétaires : normalisation ou divergence ?

Banques centrales, dernier rempart contre la déflation

France : ajustements graduels

Fiche pays

Politiques monétaires : normalisation ou divergence ?

LISTE DES ABRÉVIATIONS DE PAYS

AFG	Afghanistan
AGO	Angola
ALB	Albanie
AND	Andorre
ARE	Émirats arabes unis
ARG	Argentine
ARM	Arménie
ATG	Antigua-et-Barbuda
AUS	Australie
AUT	Autriche
AZE	Azerbaïdjan
BDI	Burundi
BEL	Belgique
BEN	Bénin
BFA	Burkina Faso
BGD	Bangladesh
BGR	Bulgarie
BHR	Bahreïn
BHS	Bahamas
BIH	Bosnie-Herzégovine
BLR	Biélorussie
BLZ	Belize
BOL	Bolivie
BRA	Brésil
BRB	Barbade
BRN	Brunei
BTN	Bhoutan
BWA	Botswana
CAF	République centrafricaine
CAN	Canada
CHE	Suisse
CHL	Chili
CHN	Chine
CIV	Côte d'Ivoire
CMR	Cameroun
COD	République démocratique du Congo
COG	République du Congo
COL	Colombie
COM	Comores
CPV	Cap-Vert
CRI	Costa Rica
CUB	Cuba
CYP	Chypre
CZE	République tchèque
DEU	Allemagne
DJI	Djibouti
DNK	Danemark
DO	DMA Dominique
DOM	République dominicaine
DZA	Algérie
ECU	Équateur
EGY	Égypte
ERI	Érythrée
ESP	Espagne
EST	Estonie
ETH	Éthiopie
EUZ	Zone euro
FIN	Finlande
FJI	Fidji
FRA	France
FSM	Micronésie
FYR	Macédoine
GAB	Gabon
GBR	Royaume-Uni (Grande-Bretagne)
GEO	Géorgie
GHA	Ghana
GIN	Guinée
GMB	Gambie
GNB	Guinée-Bissau
GNQ	Guinée équatoriale
GRC	Grèce
GRD	Grenade
GTM	Guatemala
GUY	Guyana
HND	Honduras
HRV	Croatie

HTI	Haïti
HUN	Hongrie
IDN	Indonésie
IND	Inde
IRL	Irlande
IRN	Iran
IRQ	Irak
ISL	Islande
ISR	Israël
ITA	Italie
JAM	Jamaïque
JOR	Jordanie
JPN	Japon
KAZ	Kazakhstan
KEN	Kenya
KGZ	Kirghizistan
KHM	Cambodge
KIR	Kiribati
KNA	Saint-Christophe-et-Niévès
KOR	Corée du Sud
KWT	Koweït
LAO	Laos
LBN	Liban
LBR	Liberia
LBY	Libye
LCA	Sainte-Lucie
LIE	Liechtenstein
LKA	Sri Lanka
LSO	Lesotho
LTU	Lituanie
LUX	Luxembourg
LVA	Lettonie
MAR	Maroc
MCO	Monaco
MDA	Moldavie
MDG	Madagascar
MDV	Maldives
MEX	Mexique
MHL	Marshall
MLI	Mali
MLT	Malte
MMR	Birmanie
MNG	Mongolie
MNP	Îles Mariannes du Nord
MOZ	Mozambique
MRT	Mauritanie
MUS	Maurice
MWI	Malawi
MYS	Malaisie
NAM	Namibie
NER	Niger
NGA	Nigeria
NIC	Nicaragua
NLD	Pays-Bas
NOR	Norvège
NPL	Népal
NRU	Nauru
NZL	Nouvelle-Zélande
OMN	Oman
PAK	Pakistan
PAN	Panama
PER	Pérou
PHL	Philippines
PLW	Palaos
PNG	Papouasie-Nouvelle-Guinée
POL	Pologne
PRI	Porto Rico
PRK	Corée du Nord
PRT	Portugal
PRY	Paraguay
QAT	Qatar
ROU	Roumanie
RUS	Russie
RWA	Rwanda
SAU	Arabie saoudite
SCG	Serbie-et-Monténégro
SDN	Soudan
SEN	Sénégal
SGP	Singapour
SLB	Salomon

SLE Sierra Leone
SLV Salvador
SMR Saint-Marin
SOM Somalie
STP Sao Tomé-et-Principe
SUR Suriname
SVK Slovaquie
SVN Slovénie
SWE Suède
SWZ Swaziland
SYC Seychelles
SYR Syrie
TCD Tchad
TGO Togo
THA Thaïlande
TJK Tadjikistan
TKM Turkménistan
TLS Timor oriental
TON Tonga
TTO Trinité-et-Tobago
TUN Tunisie
TUR Turquie
TUV Tuvalu
TWN Taïwan
TZN Tanzanie
UGA Ouganda
UKR Ukraine
URY Uruguay
USA États-Unis
UZB Ouzbékistan
VAT Vatican
VCT Saint-Vincent-et-les-Grenadines
VEN Venezuela
VNM Viêt Nam
VUT Vanuatu
WSM Samoa
YEM Yémen
ZAF Afrique du Sud
ZMB Zambie
ZWE Zimbabwe

DÉBAT SUR LES PERSPECTIVES ÉCONOMIQUES À COURT TERME DU 17 AVRIL 2014

Participants au débat :

Paola Monperrus-Veroni : *Économiste senior zone euro et Italie, Crédit Agricole S.A*

Xavier Ragot : *Chercheur au CNRS et à l'École d'Économie de Paris, Conseiller Scientifique au CGSP (Commissariat Général à la Stratégie et à la Prospective)*

Éric Heyer, Xavier Timbeau : *OFCE*

Xavier Timbeau : Commençons par la conjoncture mondiale ; les prévisions de l'OFCE vous semblent-elles fondées ? Pensez-vous que la zone euro risque de tomber en déflation ?

Paola Monperrus-Veroni : Nous avons un scénario proche du vôtre, il est consensuel et il est difficile de s'écarter du consensus. J'ai noté quelques petites différences, notamment sur la périphérie de la zone euro mais ces différences sont minimes. Concernant votre analyse de l'état de l'économie mondiale, nous sommes plutôt d'accord. Pour répondre à votre question : la zone euro va-t-elle tomber en déflation ? À l'évidence, ce n'est pas notre scénario. Tout le monde craint cette déflation en constatant une reprise assez fragile. Les enchaînements sont carrément déflationnistes. Les écarts de production sont négatifs, le taux de chômage est élevé et va le rester à l'horizon de la prévision, les dynamiques déflationnistes sont déjà à l'œuvre dans la périphérie, même si on corrige tous les effets de base, l'énergie, la consommation alimentaire… et de plus, globalement, au niveau mondial on est sur une trajectoire de baisse tendancielle de la productivité, de ralentissement du monde émergent… La stratégie de sortie de crise des institutions européennes est clairement déflationniste puisque tout le monde doit gagner de la compétitivité aux dépens des pays voisins ; tous les agents améliorent leur bilan et il en résulte un excédent dans la zone euro et un euro fort qui n'arrange pas la situation, conjugué à une politique monétaire inefficace, les taux sont négatifs en termes réels. Nous craignons tous d'inscrire dans notre scénario un risque élevé, nous avons tous des interrogations sur le rempart constitué par la BCE. Au total nous restons dans un cadre timidement optimiste.

Xavier Ragot : Le sujet de fond est bien celui de la déflation et de l'ajustement en zone euro, qui pèse au niveau mondial. Les conditions d'ajustement dans la zone euro dépendent de l'évolution des coûts de financement, public et privé, et donc de la courbe des taux mondiale dans les années à venir. Les taux d'intérêt réels vont-ils rester bas durablement ? Les gains de la technologie ou du progrès technique décroissent-ils ou une nouvelle vague de technologies va-t-elle venir ? S'ils restent inférieurs au taux de croissance, il n'y a plus de problème de dette publique dans dix ans parce que le rendement de la croissance va permettre de rembourser l'intérêt des dettes. Et si on pense que les taux d'intérêt vont rester durablement bas, on peut aussi avancer l'idée que c'est le moment de relancer l'investissement public. C'est intéressant de remarquer que même le FMI suggère aujourd'hui aux pays excédentaires, typiquement l'Allemagne, de lancer l'investissement public. Cela permettra de rééquilibrer les déséquilibres européens et de profiter des taux d'intérêt bas, les marchés ayant une appétence pour la dette publique, allemande notamment. Le débat énoncé par Larry Summers et repris par Oliver Blanchard prévoit des taux faibles pendant très longtemps, inférieurs au taux de croissance de l'économie – ce qui doit rassurer Thomas Piketty sur l'évolution des inégalités. Il existe beaucoup de manières de canaliser l'épargne nationale vers les dettes nationales pour absorber les dettes publiques (réforme de l'assurance-vie...). Tous ces éléments vont aller dans le sens de taux d'intérêt faibles qui vont changer beaucoup de choses.

Xavier Timbeau : Deux points sont importants : 1) les taux réels vont augmenter par la déflation et 2) la croissance sera moins forte que les taux réels. Les agents économiques épargnent, cherchent la sécurité et l'addition de ces comportements induit peu d'investissement, une croissance faible, même plus faible que les taux d'intérêt pourtant bas. Le sous-investissement induit le ralentissement de la compétitivité, de la croissance de la productivité et, dans ce schéma, les taux d'intérêt réels peuvent être supérieurs à la croissance avec le maintien des pressions déflationnistes par le marché du travail. Summers dit lui-même que pour s'en sortir il faut renoncer à rembourser la dette publique, belle idée mais peu populaire.

Xavier Ragot : J'avoue que je ne comprends pas très bien le problème de la stagnation séculaire. Il y a un excès de l'épargne mondiale, la question est : où va-t-elle, où s'investit-elle ? Avons-nous un problème de mauvaise allocation du capital (c'était le cas avec l'immobilier). Cela change le focus : comment se fait l'allocation du capital au niveau mondial et au niveau européen ? Certains diront qu'il est optimal que l'investissement européen se fasse en Allemagne, du fait de sa puissance industrielle. Personnellement, je ne le pense pas. Il me semble que le problème de sous-investissement en France et dans les pays du Sud est un problème de surévaluation du taux de change intra-européen structurel qui pèse sur l'activité, j'y reviendrai. Par ailleurs je ne crois pas qu'il y ait un risque de déflation aux États-Unis. Les taux d'intérêt sont faibles, l'activité se maintient et en Chine le risque est différent : il s'agit plutôt d'instabilité financière, de bulle immobilière. Somme toute, il faut bien distinguer le problème de la consolidation européenne de la dynamique mondiale. La trappe à sous-activité que décrit Xavier Timbeau est typiquement européenne et pas mondiale. C'est le résultat des difficultés de l'Europe, plus précisément de la France, de l'Espagne et de l'Italie au niveau européen et du pouvoir du pays le plus puissant par ses exportations, l'Allemagne. Ce pays est un des premiers du monde aujourd'hui en termes de capacités à exporter. L'asymétrie des rapports de force est très défavorable à la zone euro. Par ailleurs le *policy mix* américain rend assez confiant comparé au *policy mix* européen qui inquiète.

Paola Monperrus-Veroni : Je suis assez d'accord sur la confiance, mais en même temps, si on regarde la performance des États-Unis, nous sommes encore en deçà des objectifs de la Fed et les États-Unis sont toujours sous perfusion monétaire exceptionnelle. Tout le monde fait le pari d'une sortie bien gérée mais des interrogations persistent sur la capacité de réaction de l'économie américaine une fois cette perfusion terminée, d'autant plus que si on examine par quoi est tirée la croissance américaine, ce sont surtout des effets de richesse, c'est moins une progression des revenus. La question aussi se pose au Japon qui peine à relancer l'inflation en termes monétaires et budgétaires ; la boucle prix-salaires ne se met pas en place. La soutenabilité à l'horizon de notre prévision de la croissance connue en 2013 et 2014 au Japon ne peut être prolongée en 2015 sans une dose supplémentaire d'assouplissement monétaire mais aussi de relance budgétaire.

Je suis d'accord avec vous sur l'analyse de la situation européenne, quant à la question sur où va l'investissement mondial, il est allé là où ses rendements diminuent, dans les pays émergents qui sont devenus moins productifs.

Xavier Timbeau : L'hypothèse du découplage des pays émergents a-t-elle vécue ?

Xavier Ragot : Il existe différents types d'émergents. En Chine l'évolution des excédents a été freinée très rapidement, on a le sentiment que les Chinois sont en train d'essayer de construire une demande interne autonome en réformant le marché du travail, l'accès au logement pour les classes moyennes. À chaque fois des excès apparaissent, des bulles immobilières, du crédit... dont on prédit les pires explosions depuis 10 ans. Mais à chaque fois des politiques macroéconomiques sont menées qui rétablissent les équilibres. Je pense qu'en Chine et en zone Asie nous assisterons à un recentrage régional dont malheureusement la France ne profitera pas et qui profitera aux pays les plus exportateurs.

Paola Monperrus-Veroni : Effectivement le maintien d'une croissance de moyen terme à 7 % en Chine paraît difficile, notamment à cause de l'évolution démographique. Nous n'écartons pas le risque d'un retournement majeur mais il semble peu probable car des marges de manœuvre existent bien. Si les autorités arrivent à bien gérer les excès du secteur financier, les réserves sont suffisantes pour recapitaliser.

Mais on peut aussi assister à une cumulation de risques au même moment, par exemple une baisse massive des prix des actifs avec un ajustement côté promotion immobilière et un autre ajustement du côté des administrations locales. Il faudrait alors hiérarchiser les ajustements afin d'éviter un impact important.

Sur d'autres émergents on a le sentiment qu'ils n'ont pas su profiter de la manne des dernières années, ils n'ont pas démocratisé afin de développer une classe moyenne, ils n'ont pas su faire la transition vers une demande intérieure au moment où les capitaux étaient bon marché. Il est plus difficile aujourd'hui avec un moindre risque européen et une réappréciation du risque émergent d'engager ces réformes. Je parle là surtout du Brésil, de la Russie, de la Turquie.

Xavier Timbeau : Peut-on faire baisser un taux de change ? Même si l'on est Européen ? L'euro est-il trop fort ? Les injonctions faites à la BCE pour faire baisser l'euro sont-elles possibles ?

Xavier Ragot : Si je me mets dans la peau d'un banquier central conservateur, globalement il n'y a pas de problème de balance commerciale sur la zone euro et donc pas de problème de taux de change. Le problème est donc intra-européen. Il me semble que la France est surévaluée par rapport à l'Allemagne de 15 %. Malheureusement, cet aspect de la divergence européenne n'est pas assez discuté en France, mais il est crucial pour les politiques nationales. Il faudrait déprécier l'euro pour avantager les pays du Sud, et l'Allemagne en profiterait aussi, et aurait à gérer une surchauffe économique. Il ne faut donc pas considérer les moyennes européennes et se concentrer sur la façon la moins coûteuse de faciliter la convergence européenne.

Paola Monperrus-Veroni : Sur l'inflation : l'inflation allemande reflète-elle vraiment sa situation de croissance et de compétitivité ? Nous sommes dans une phase d'ajustement massif, il faut quand même bien des objectifs communs, se donner un programme d'accompagnement par le taux de change est peut être une bonne chose, comme d'autres zones l'ont fait. Ces zones ont aussi mis la politique monétaire au service de cet objectif. Faire les frais de tous ces ajustements mondiaux n'est pas se voiler la face dans la conjoncture actuelle très difficile.

Xavier Ragot : Il faut trouver le moyen d'accepter un point supplémentaire d'inflation en Allemagne par rapport à la France. Aujourd'hui, pour de nombreux pays un point en moins d'inflation les plonge dans la déflation : le coût social est colossal et complètement asymétrique. Ce problème d'asymétrie intra-européenne était déjà évoqué par Krugman dans les années 1990. Un *quantitative easing* de la BCE serait utile mais il ne faut surestimer l'efficacité de la politique monétaire pour augmenter le PIB ou même l'inflation.

Xavier Timbeau : Le graphique page 23 de notre prévision met en rapport le taux de chômage en zone euro avec l'évolution des salaires réels. La corrélation est élevée et on voit aujourd'hui en Espagne un ajustement annuel de l'ordre de 3 points, à la baisse par rapport à l'Allemagne. De même entre la France et l'Allemagne, le processus est très lent. L'écart ne peut que s'accentuer. L'ajustement interne est en train de se produire, à l'exception de la France, assez rapidement. Le problème est de savoir comment faire pour l'arrêter plutôt que de l'accentuer. Cet écart de trois points en termes de salaire réel, de coût du travail entre l'Allemagne et l'Espagne dure le temps qu'il y a 25 % de chômage en Espagne, cela signifie 10-15 ans et que l'Espagne va gagner 30 points de compétitivité sur l'Allemagne. L'Espagne va entraîner tout le monde dans la déflation dans laquelle les dettes privées et publiques seront réévaluées en termes réels, dans laquelle on s'enfermera. Une politique de change pourrait accompagner ce processus pour le rendre moins douloureux ; un peu plus de demande interne en Europe permettrait de jouer sur le taux de change et de « reflater » un peu l'Allemagne. La question aujourd'hui est plutôt d'accompagner ce processus, ce serait moins violent que dans le schéma où nous sommes à taux de change variable.

Xavier Ragot : C'est juste et tout ce qui diminue le coût de l'ajustement est bénéfique, l'inflation, le taux de change, ... il faut le faire. Mais la question est de savoir quelle est l'ampleur de l'ajustement nécessaire, a-t-il vraiment lieu dans les pays et comment se fait-il en termes nominaux. Par exemple au Portugal les salaires nominaux baissent très peu, la baisse des salaires passe par le chômage. Si jamais la zone euro éclate, quel sera pour l'Espagne le taux de change d'équilibre par rapport à l'Allemagne ? D'après certains calculs, l'Espagne pourrait dévaluer de plus de 50 % par rapport à l'Allemagne, de l'ordre de 20 % pour la France. En Espagne les taux de marge ont augmenté très fortement. En effet, les salaires ont diminué drastiquement et les prix sont restés fixes. La question est de savoir où va le profit. Grâce à cela l'Espagne attire les investissements internationaux, ce qui améliore les comptes extérieurs mais cet ajustement n'était pas anticipé ! Dans ce sens il se peut que l'ajustement macroéconomique soit plus rapide que prévu mais avec un coût social très important. En Italie on voit mal l'ajustement, ce pays a une très belle industrie, le problème est sa dette publique ; on voit mal comment l'ajustement va se faire. C'est en France que le problème de l'ajustement persiste.

Paola Monperrus-Veroni : Sur l'Italie, si on regarde les variations du taux de change, il s'est stabilisé, la compétitivité italienne n'était pas si dégradée, les parts de marché aussi sont stables. L'érosion a été stoppée grâce à des montées en gamme, à des positionnements à l'allemande. Mais en Italie la réorientation nécessaire de l'activité et de l'emploi vers le secteur industriel sera moindre car les destructions ont été plus modérées qu'en Espagne. Les ajustements en termes de prix relatifs sont moins nécessaires.

Xavier Timbeau : Quel sera selon vous l'impact de l'introduction du salaire minimum en Allemagne ?

Paola Monperrus-Veroni : Cela va sans doute éroder un peu la profitabilité des entreprises allemandes à un moment où on assiste à un ralentissement des marchés émergents porteurs pour l'Allemagne ; mais en même temps les taux de marge sont suffisamment élevés.

Xavier Timbeau : Passons à la France, est-ce le pays le plus malade de la zone euro ?

Xavier Ragot : Le cœur du débat est celui de la croissance potentielle. Il y a deux positions, celle des optimistes et celle des pessimistes. Sur ce sujet vous faites dans le consensus, et plutôt sur la partie un peu optimiste. Votre croissance potentielle entraîne un *output gap* très élevé et si ce dernier est élevé sans croissance, c'est la demande qui explique la morosité de l'activité économique. Et c'est cohérent avec des multiplicateurs élevés. Mais la question préalable est quelle est la croissance potentielle française et la marche d'escalier spectaculaire avec la croissance effective va-t-elle se résorber ? En regardant les crises dans les pays en voie de développement, ces pays n'ont jamais restauré la marge. Pour avoir une vision juste, il faut regarder l'état du stock de capital industriel. On voit qu'aujourd'hui la valeur financière nette des entreprises françaises est stable. Il faudrait regarder les valeurs financières brutes, le bilan de toutes les entreprises à l'actif et au passif. L'endettement des entreprises françaises a augmenté de près de plus de 60 % entre 2005 et aujourd'hui ; ce phénomène a été caché par des fonds propres qui ont un peu augmenté et l'actif qui a aussi augmenté.

Mais dans cet actif on observe beaucoup d'immobilier, et on voit que l'investissement en termes nominal a augmenté mais tiré par le secteur de la construction. La meilleure façon de restaurer la compétitivité française est de faire baisser le prix de l'immobilier. Donc la question importante est de savoir où nous en sommes du stock de capital des entreprises. On aura alors une indication de la croissance potentielle. Je pense qu'on sous-estime le retard du tissu productif français (nombre de robots, ...) et l'hétérogénéité dans les territoires. Je suis donc plus pessimiste que vous sur la croissance potentielle française.

Paola Monperrus-Veroni : Oui mais il faut aussi tenir compte des effets de structure, nous sommes plus orientés vers les services. Je vois moins grande en France la marche d'escalier entre le PIB potentiel et le PIB effectif puisqu'il y a eu moins de destruction humaine et de capital physique, moins de défaillances, de fermetures d'entreprises, la crise a pu être mieux amortie. Dans nos prévisions, la croissance potentielle est à 1,6, pas très éloignée, nous avons aussi une croissance de 1,5 à l'horizon 2015.

Éric Heyer : Je ne crois pas que l'on soit optimiste sur la croissance potentielle. Il faut au préalable distinguer la croissance potentielle et le niveau de la production potentielle. Sur le niveau de la production, nous ne savons pas évaluer la hauteur de la marche d'escalier due à la crise économique. Mais pour nous l'écart est tel qu'on restera avec un *output gap* négatif compris entre 3 et 7 points de PIB. Par conséquent, à court terme, cela n'a aucune incidence sur notre prévision : il existe à l'horizon de 2 ans un supplément de croissance lié au phénomène de rattrapage et de fermeture de l'*output gap*. En ce qui concerne la croissance potentielle, le calcul est simple puisqu'elle dépend de la croissance de la population et de la productivité du travail. Notre question est donc quelle est l'augmentation de la population et celle de la productivité ? C'est sur cette dernière question que divergent les points de vue : certains pensent qu'elle est nulle, nous non. Il ressort de notre équation d'emploi une croissance de 0,9 % de la tendance de productivité depuis le début de la crise. Ce chiffre est compatible avec ce que nous disent les chefs d'entreprises dans les enquêtes de conjoncture de l'INSEE : le résidu de notre équation correspond aux enquêtes.

Xavier Timbeau : Autant le débat sur le rythme est spéculatif, calculé sur la croissance de la population active, la productivité, ... autant la question de la marche est importante. C'est un paramètre essentiel pour l'ajustement budgétaire, pour 2017.

Xavier Ragot : Sur le tissu productif, la France compte seulement 200 grandes entreprises qui font 60 % de R&D privé (y compris le crédit impôt-recherche) et 50 % des exportations. Si 10 entreprises quittent la France, le résultat est macroéconomique et plus industriel. C'est la grande différence avec l'Italie et le Mittlestand allemand.

Xavier Timbeau : À un détail près que les grandes entreprises ne s'effondrent pas d'un coup ou ne délocalisent pas entièrement. Elles peuvent devenir de moins grandes entreprises.

Xavier Ragot : C'est juste, ces grandes entreprises sont des conglomérats d'activité. Cependant, il ne faut pas sous-estimer la destruction du capital humain et organisationnel en cas de défaillance.

Xavier Timbeau : Si on parlait des questions budgétaires.

Xavier Ragot : L'ajustement a été très rapide en France, essentiellement par une hausse massive des impôts, ce qui n'était pas justifié par la situation économique de la France. La question du rythme de consolidation budgétaire est malheureusement rendue confuse du fait de règles qui ont peu de sens économique, comme les 3 %, et de négociations européennes d'ordre plus diplomatique qu'économique. Certains pays ont réalisé des efforts importants comme l'Espagne ou le Portugal. Il est diplomatiquement malaisé de ne pas demander aux autres pays de faire les efforts auxquels il se sont engagés, même si ces efforts ont peu de justification économique. En l'absence de débat général, cela donnerait l'impression qu'il y a deux mesures dans l'application des règles européennes. Pour éviter cela, et permettre un ajustement nécessaire mais plus progressif, il faut une discussion générale sur les rythmes de consolidation budgétaire en Europe.

Paola Monperrus-Veroni : Il existe pourtant des raisons macroéconomiques dans le sens où ce sont des gages donnés aux décideurs allemands en échange d'assouplissements à venir sur le front monétaire. Effectivement derrière tout cela il y a le projet européen qu'on voudrait bien faire avancer car l'organisation institutionnelle n'est pas bonne.

Xavier Ragot : Le gouvernement n'a pas choisi d'objectiver le problème français, il a préféré rester optimiste, sur l'évolution du chômage par exemple. Il me semble que les efforts auraient été mieux compris et peut-être mieux répartis si une présentation lucide des problèmes de l'économie française et européenne avait eu lieu.

Éric Heyer : En 2012, les experts, plus que les politiques, prônaient l'austérité, les multiplicateurs étaient jugés faibles, à 0,5 dans la littérature de l'époque (FMI, OCDE, etc.). Nous nous les évaluions à 1,5 ou 2. En janvier 2013, FMI et OCDE ont fait leur *mea culpa*.

Xavier Ragot : Aujourd'hui un keynésianisme honteux se développe, il faut revisiter la période précédente pour repartir sur des bases saines. Pourquoi les économistes américains sont-ils toujours beaucoup plus lucides que les économistes européens, en particulier sur les impacts des multiplicateurs ?

Éric Heyer : Je trouve encore plus paradoxal de faire un projet de Loi de finance rectificative maintenant et d'y rajouter encore de l'austérité pour parvenir à des objectifs de déficit.Persévérer encore aujourd'hui est très étonnant.

Xavier Timbeau : Si on parvient aux 3 % en 2015, ensuite 2016 et 2017 sont totalement libres, ce sera *open déficit* ! C'est un cycle électoral combiné à la politique européenne.

Xavier Ragot : Économiquement ce n'est pas optimal, mais on sent que politiquement c'est défendable !

Achevé de rédiger en France
Dépôt légal : mai 2014
Directeurs de la Publication : Jean-Luc Gaffard et Henri Sterdyniak
Publié par les Éditions du Net SAS 92800 Puteaux

Réalisation, composition : Najette Moummi